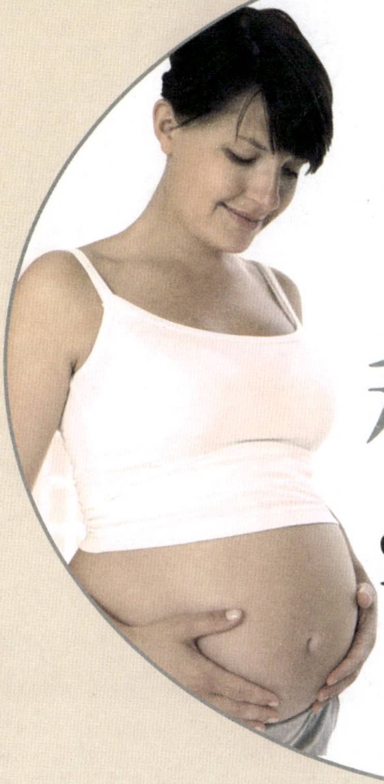

Learn
Prenatal Education
with
Sithedick

和斯瑟蒂克学胎教

游川/主编

中国妇女出版社

前言

PREFACE

翻开这本书的读者，肯定听说过斯瑟蒂克家的胎教奇迹。

斯瑟蒂克夫妇是美国一对普通的夫妇，他们培养了4个天才儿童：大女儿5岁时，便从幼儿园一下子升到高中一年级，10岁便成为当时全美最年轻的大学生；其他3个女儿也同样优秀。4个孩子的智商都在160以上，都被列入了仅占全美5%的高智商者的行列。他们所采用的胎教方法一时之间成为人们的话题。根据这对夫妇的名字，此胎教法被称为“斯瑟蒂克胎教法”。

到底是什么造就了这样4个天才儿童？斯瑟蒂克夫妇一直坚信“每一个胎宝宝都是天才”，正是在这种观念下，从斯瑟蒂克夫人怀孕开始的时候起他们就坚持对胎宝宝说话，还利用卡片教授胎宝宝文字和数字。除此以外，他们的胎教方法还包括听音乐和浏览图书，以及将他们的生活趣事用非常自然的语调说给胎宝宝听。他们认为：只要以爱为基础制订周全的怀孕计划，并积极地将其付诸实践，无论是谁都可以生下聪明伶俐的宝宝。

斯瑟蒂克夫人并不比别的准妈妈更出众，她所做的，只是比别人更加用心，除了注意维持和美的夫妻感情外，他们夫妇二人从生活非常琐碎的细节中意识到了胎教的作用，并且下定决心去这样做。

斯瑟蒂克夫妇的成功还有一点非常重要，也是需要每一对准父母引起注意的，那就是因心中对孩子的爱与祝福而由衷地引发胎教行为，如果没有了真心作为基础，仅凭想要培养天才的想法，那么胎教的根基就是非常脆弱的，敷衍与被迫是与胎教背道而驰的。

斯瑟蒂克夫妇分享了自己宝贵的胎教经验，本书基于此，将斯瑟蒂克胎教理念进行了更通俗的解读，并提供了更多实用、可操作的胎教方案，比如讲有趣的故事，欣赏意境优美的名画，听美妙的乐曲，唱欢快的儿歌，看会心一笑的小幽默，做妙趣横生的手工，搭配营养的美味，做舒心的运动，制作斯瑟蒂克胎教的经典道具——闪光卡片……这是一本孕期必备的工具书，它能令准妈妈的生活变得多姿多彩。

斯瑟蒂克夫人曾经送给每一对准父母这样一句话：“每时每刻把深深的爱倾注在腹中胎儿的身上吧！”谨以这句温情的提示，献给每一个孕育新生命的幸福的家庭。

目录

CONTENTS

斯瑟蒂克经典胎教智慧

胎教前准备：预约最棒的一胎

第一个月（1~4周）
小种子悄无声息地萌芽

仲夏夜之梦序曲　　蓝色多瑙河

第二个月（5~8周）
神秘莫测的脑发育

第三个月（9~12周）
小小胎儿初长成

第四个月（13~16周）
尽可能多地陪陪胎宝宝

第五个月（17~20周）
快快回应胎宝宝的动作

第六个月（21~24周）
随时随地传递爱的讯息

第七个月（25~28周）
让胎宝宝多听听外面的世界

第八个月（29~32周）
以胎宝宝为中心·安排未来的生活

第九个月（33~36周）
珍惜与胎宝宝在一起的最后时光

第十个月（37~40周）
迎接分娩，做好最后的胎教

早教是斯瑟蒂克胎教的见证与巩固

斯瑟蒂克经典胎教智慧

人们也许会问："你们是怎么想起要对腹中的胎儿进行胎教的呢？"这是因为我们结婚以后经常在一起谈话，憧憬将来有了孩子以后家庭是多么幸福温暖。每当这个时候，约瑟夫总是对我讲起他自己关于胎教的设想。

——斯瑟蒂克

要想取得成功的胎教效果，首先准父母要对胎教有信心，并且对此要有充分的了解和认识，达成一致的计划，然后用一颗充满期待的心去积极实施。这样，胎教就已经成功了一半。接下来孕期需要做的，就是丰富和开发胎教的内容，让胎教成为生活中像呼吸空气一样自然的事情。

胎宝宝有巨大的潜能

胎宝宝的记忆力是惊人的。胎宝宝的大脑就像一台不断被存入程序的计算机，各种刺激信息都会被存入，特别是反复的刺激。胎宝宝不但有记忆，而且还会产生固定的条件反射，这对胎宝宝出生后的发育有很大的影响。

胎宝宝很小就开始运动了。2个月的胎宝宝就已经开始在羊水中进行类似游泳的运动了。3个月时，胎宝宝的身体已经能做反屈、前屈、侧屈和翻转等动作，就像一个小小的运动员。5个月的胎宝宝已经具有呼吸、吞咽、排尿等能力了。从5个月起，胎宝宝每天喝羊水、排小便，靠自己来维持生活环境中羊水的平衡。

胎儿可感知光线的变化。胎宝宝在7个月时能通过光线强弱的变化感觉出外界光线的变化。当一束光照到准妈妈的腹部时，睁开双眼的胎宝宝会将脸转向亮处，他看见的是一片红红的光晕，就和用手电筒照手背时从手心所见到的红光一样。

胎儿的听觉已很发达。胎宝宝大约在6个月时就有了听觉。外界的声音可以传到子宫里，500赫兹~1500赫兹的声音会令胎宝宝感觉比较舒服。胎宝宝喜欢听节奏平缓、流畅、柔和的音乐，讨厌节奏又强又快的音乐，更害怕各种能强烈的噪声。

胎儿有自己的喜怒哀乐。胎宝宝6个月后大脑发育成熟，开始有明显的自我意识，并能把感觉转换为情绪，能感知准妈妈的喜、怒、哀、乐。当受到外界的压迫时，他会猛踢子宫壁，以示抗议。听到讨厌的声音后，会因为不愉快而躁动，或拼命吸吮手指。

不用怀疑，胎宝宝个个都是学习的天才，胎宝宝在出生前就具有惊人的能力！胎儿在6个月时，大脑细胞的数目已接近成人，各种感觉器官趋于完善，对母体内外的刺激能作出一定的反应，如果实施积极的影响，胎宝宝的智商将显著提高，呈现很多不一样的特征。

温馨提示

胎宝宝虽然有着无限的潜力可以挖掘，但不要以生天才儿童为目的而进行胎教，否则的话，就会使腹中的胎宝宝感到是被迫的，并由此不愿倾听准父母对他所讲的一切。

受过良好胎教的宝宝真的不一样

受过良好胎教的宝宝真的会不一样吗？相信很多准妈妈都有这样的疑问。事实证明，确实如此。受过良好胎教的宝宝与没有受过胎教的宝宝相比较有以下优势：

语言能力强。能较早地理解语言，出生2~3天就会张合小嘴想说话，2个多月就能认识爸爸妈妈，3个多月就能听懂自己的名字，6~7个月时能辨认手、嘴、奶瓶等，还会较早学会用姿势表示语言，会做“欢迎”“再见”“谢谢”等动作，显得特别聪明可爱。

学习能力强。受过良好胎教的宝宝学习能力强，宝宝出生2~3天就会通过小嘴张合与大人“对话”，4个半月时能认出第一件东西。他们喜欢听儿歌、故事，喜欢看书、看字，在他们还不会说话的时候，就拿书要妈妈讲，他们有惊人的学习汉字的能力，智能得到超常发展。

运动能力发展好。受过胎教的宝宝运动能力发展很好，他们抬头、翻身、坐、爬、站、走都比较早，而且动作敏捷，协调，精细运动能力方面，宝宝手的抓、握、拿、取、拍、打、摇、对击、捏、扣、穿、套等能力强。

情绪积极、稳定。受过良好胎教的宝宝一般情绪比较稳定，总是乐呵呵的，非常活泼可爱，夜里很少哭闹。爸爸妈妈会觉得宝宝好带，与整天笑呵呵的宝宝在一起，家人也会有无限的乐趣。

受过良好胎教的宝宝虽然在饥饿、尿湿和身体不适时也会啼哭，但得到满足之后就会停止。另外，受过胎教的婴儿有较强的感应能力，所以，他们听到妈妈的脚步声、说话声便会停止啼哭。

温馨提示

受过胎教的宝宝会具备一定的优势，但出生后仍需要巩固。如果宝宝出生后不继续训练，胎教的影响在6~7个月时就会消失，因此要做好胎教与早教的衔接工作。

情绪胎教：准妈妈的情绪响胎宝宝的性格

情绪胎教是保障孕期准妈妈和胎宝宝心理健康的重要方法，决定着准妈妈和胎宝宝关系的和谐与否，以及宝宝后天心理素质及心理健康。也是直接影响家庭关系，保障孕期健康顺利的主观因素。

准妈妈的情绪对胎宝宝的影响

胎宝宝有看、听和感觉的能力，能够感知准妈妈的思想和感情。

准妈妈的情感诸如怜爱胎宝宝，欢迎胎宝宝，拒绝胎宝宝，以及恐惧、不安等信息也将传递给胎宝宝，进而产生潜移默化的影响。比如说，当准妈妈在绿树成荫的小路上散步，心情愉快舒畅时，这种信息便很快地传递给胎宝宝，使他体察准妈妈恬静的心情，随之安静下来；而正当准妈妈盛怒之时，胎宝宝则迅速捕捉来自准妈妈的情感信息，变得躁动不安。

准妈妈的情绪可以通过神经递质的作用影响到胎宝宝。孕期生活幸福美满、心情愉快的准妈妈所生的宝宝大都聪明伶俐，性格外向；而生活不幸福，心情躁郁的准妈妈，生的宝宝却往往反应迟钝，存在自卑、怯弱等心理缺陷。因此，请不要忽视准妈妈与胎宝宝之间这条情感传递途径，要随时想到腹中的小生命是个善解人意的胎宝宝，多给他一些温暖，多给他一些爱，使他对准妈妈及外面的世界充满美好的想往，让他在爱的情感氛围中健康成长。

准妈妈要保持好的情绪

整个孕期，准妈妈都要力求保持好的情绪，情绪胎教是斯瑟蒂克胎教成功的基本。

情绪不好的时候建议准妈妈深呼吸，放松；还可以看一些轻松搞笑的

温馨提示

准妈妈应有一颗平常心，不高估自己也不能低估自己，将孕育胎宝宝看作是一件平常事，既积极主动，尽力而为，又顺其自然，不苛求事事完美，做好每天要做的事情，享受生活，享受做好每一件事情所带来的快乐，这会让自己有足够的力量承担挫折和承受苦闷。

节目、读一则小笑话或者找家人倾诉等来调适心情。

准爸爸如何做好情绪胎教

妊娠后，准妈妈体内激素分泌变化大，会产生种种令人不适的妊娠反应，因而情绪不太稳定，这时，准爸爸应了解怀孕会使准妈妈产生一系列生理及心理的变化，应加倍爱抚、安慰、体贴准妈妈，尽可能使准妈妈快乐，多做美味可口的食物，营造美好的生活环境，让准妈妈情绪稳定，尽心尽力当好准妈妈和胎宝宝的“后勤部长”。

语言胎教：为提高后天学习能力打好基础

准妈妈或家人用文明、礼貌、富有感情的语言，有目的地对子宫中的胎儿讲话，给胎儿的大脑皮质输入最初的语言信息，为后天的学习打下基础，称为语言胎教。

语言胎教的方法

1. 日常生活语言诱导

例如：可给胎宝宝起好名字，每天反复对胎儿讲日常生活语言。对话随时随地都可以进行，如在准妈妈开始做家务前，就可以先抚摸一下腹部，跟胎宝宝说：“宝宝，现在我们开始做家务了。”然后，做好必要的防护措施，比如戴上胶手套、口罩，穿上防滑鞋等，这些也都可以跟胎宝宝说。

2. 系统性语言诱导

例如：讲儿歌、童谣，分阶段、由浅入深地进行。如给胎宝宝讲故事，准妈妈可以选一则自己认为读来非常有意思、能够感到身心愉悦的儿童故事，将作品中的人、事、物详细、清楚地描述出来，例如：太阳的颜色、房子的形状、主人公穿的衣服等，让胎宝宝融入到故事描绘的世界中。

温馨提示

给胎宝宝讲故事，要避免暴力的主题和太过激情、悲伤的内容。选定故事内容之后，设定每天的“讲故事时间”，最好是准爸爸和准妈妈每天各念一次给胎儿听。

语言胎教的注意事项

1. 语言胎教可从4~5个月开始，每天定时刺激胎儿，每次时间不宜过长，5~10分钟即可。不要讲太复杂的句子，最好每次都以相同的词句开头和结尾，以加深记忆，这样可以不断强化，效果会很好。

2. 在“对话”时环境一定要保持安静，避免给胎儿带来噪声，就是拿放物品都不要出声太大，不要用力摔门或摔物品，以免产生突发性的噪声刺激胎儿，引起胎儿的惊吓反应。

闪光卡片胎教：向胎宝宝传递“语言之画”

“闪光卡片”就是用彩笔在白纸上写上文字、数字的卡片，其内容包括：数字以及用这些数字进行加法、减法、乘法、除法时的算式等。制作卡片时，因为使用色彩很醒目的笔，因此我们将它称作“闪光卡片”。

在制作闪光卡片时，还要考虑它们相互间的色彩搭配，要用鲜艳的色彩勾画，并用黑色勾边，使边具有醒目和有利于区别的作用，而且，把英文字母和数字描绘得鲜艳醒目，在进行胎教的过程中能更好地强化准妈妈的意念，让准妈妈集中注意力，并促使准妈妈获得明确的视觉感。

在教胎宝宝学习前，准妈妈要保持平静的心情，这样才能更好地集中注意力，让感觉与思考和胎宝宝吻合，准妈妈不妨先进行一下深呼吸，或者做一些能让自己平静下来的其他事情。之后，准妈妈一面正确发音，一面用手指临摹字形，并将注意力集中在字的色彩上以加深印象。

温馨提示

制作闪光卡片是件辛苦而重要的任务，因此，准妈妈最好是能在妊娠前期或是妊娠初期，把它们一点点写出来并准备好。

美育胎教：给胎宝宝以美的熏陶

生活中充满了各种各样的美，人们通过各种功能器官来享受着这一切。胎教中的美育是根据胎宝宝意识的存在，通过准妈妈对美的感受而将美的意识传递给胎儿的胎教方法。

美育胎教的途径

美育胎教要求准妈妈通过看、听、体会生活中一切的美，将自己的美的感受通过神经传导输送给胎儿。

1. 看

主要是指阅读一些优秀的作品和欣赏优美的图画。准妈妈要选择那些立意高、风格雅、个性鲜明的作品阅读。准妈妈在阅读这些文学作品时一定要边看、边思、边体会，强化自己对美的感受。准妈妈还可以看一些著名的美术作品，比如中国的山水画、西方的油画。在欣赏美术作品时，调动自己的理解力和鉴赏力，把生活中美的体验传导给胎宝宝。

2. 听

主要是指听音乐，无论是休息还是做家务时，准妈妈都可以听音乐，欣赏音乐名曲，使自己处于优雅的音乐环境中。

3. 体会

指贯穿看、听活动中的一切感受和领悟，准妈妈通过欣赏美从而产生出的美好的情怀，这样也是一种不错的胎教。

美育胎教的内容

对胎儿进行美学的培养需要准妈妈将感受到的美通过神经传导输送给胎儿，美学培养也是胎教的一个组成部分。它主要包括音乐美学、形体美学和大自然美学 3 部分。

1. 音乐美学

对胎儿进行音乐美学的培养可以通过心理作用和生理作用这两种途径来实现。

A. 心理方面：音乐能使准妈妈心旷神怡，浮想联翩，从而使其情绪达到最佳状态，并通过神经系统将这一信息传递给腹中的胎儿，使其深受感染。同时安静、悠闲的音乐节奏可以给胎儿创造一个平静的环境，使躁动不安的胎儿安静下来，使他朦胧地意识到世界是多么和谐、多么美好。

B. 生理方面：悦耳怡人的音响效果能激起准妈妈自主神经系统的活动，由于自主神经系统控制着内分泌腺使其分泌出许多激素，这些激素经过血液循环进入胎盘，使胎盘的血液成分发生变化，有利于胎儿健康的化学成分增多，从而激发胎儿大脑及各系统的功能活动，来感受准妈妈对他的刺激（教育）。

2. 形体美学

主要指准妈妈本人的气质，首先准妈妈要有良好的道德修养和高雅的情趣，知识广博，举止文雅，具有内在的美。其次是颜色明快、合适得体的准妈妈装束，一头干净、利索的短发，再加上面部恰到好处的淡妆，更使人显得精神焕发。

3. 自然美学

准妈妈多到大自然中去饱览美丽的景色，并将所见所闻描述给胎儿，可以促进胎儿大脑细胞和神经的发育。

温馨提示

性情暴躁、情绪波动大、容易发怒、多愁善感、敏感多疑、心胸狭窄的准妈妈，妊娠早期以及中期发生流产，要比正常准妈妈高出 3~5 倍。因此，准妈妈在孕期要学会培养性情，切忌大悲大怒，更不要吵骂争斗，在情绪不好的时候听些轻柔的音乐可以让烦躁的心平静下来。

音乐胎教：利用音乐的神奇作用

美妙的音乐能唤起准妈妈美好的情感和艺术想象力，同时能使她气血畅通、细胞活动显得活跃、心情愉快，这对准妈妈的生理、心理都极有好处，胎宝宝也会产生共鸣，感到身心愉悦，从中受益。

音乐胎教的常用方法

1. 哼歌谐振法

准妈妈每天哼唱几首歌，最好是抒情音乐，也可以是摇篮曲。唱时应心情愉快，富于感情，通过歌声的和谐振动，使自己和胎宝宝获得感情、感觉上的满足。

2. 音乐熏陶法

准妈妈在每天多次的音乐欣赏中，会产生许多美好的联想，如同进入美妙无比的境界，而这种感受可通过准妈妈的神经体液传导给胎宝宝。

3. 教“唱”法

胎儿虽有听觉，但毕竟不能唱，准妈妈可以想象自己腹中的胎宝宝会唱。准妈妈可以从音符开始，然后教一些简单的乐谱，通过反复教唱，使胎宝宝产生记忆印迹。

4. 器物灌输法

将音响放在离准妈妈腹部较近的地方，播放舒缓的乐曲，也能收到良好的效果。

进行音乐胎教的注意事项

1. 要有感情地听

音乐可以调节人的情绪，通过准妈妈的音乐体验，胎宝宝可以在情绪上与准妈妈达到和谐与平衡。

2. 不要使用高频音

一般，音频应在1400赫兹以下，噪声不要超过70分贝，多听一些优美舒缓的音乐，不要听节奏太快的音乐，比如摇滚乐。

3. 控制听音乐的时间

长时间听音乐容易导致胎宝宝听觉神经和大脑疲劳，准妈妈可以每天多听几次，每次时间不超过20分钟。

温馨提示

准妈妈在聆听音乐时要加入自己的情感：诗情画意，浮想联翩，在脑海里形成各种生动感人的具体形象，在潜意识中同胎宝宝进行情感交流。

意念胎教：放飞充满爱的想象

意念胎教就是准妈妈想象美好的事物，使自身处于一种美好的意境中，再把这种美好的情绪和体验传递给胎宝宝。

怎样施行意念胎教

从受孕开始，准妈妈和准爸爸就可以共同为将出生的孩子做形象设计：取每个人相貌中最理想而具有特点的部位加以组合，想象成未来小宝宝的可爱形象，或找一张最喜爱的幼儿画像挂在卧室里，经常看看。

准妈妈还可以经常想象美好的事物，如名画、风景、优美音乐、文学作品和影视中美好的镜头，通过想象使自己经常处于一种愉快的心境中。

准妈妈的联想内容十分重要，美好内容的联想无疑会对胎宝宝产生美的熏陶；内容不佳的联想，则会起到反作用，或把准妈妈本不想传递给胎宝宝的信息传递给了他。所以在实施联想胎教的时候，一定要想那些最美好的事物。

施行意念胎教要注意的问题

1. 循序渐进

施行意念胎教必须循序渐进，由浅入深，由具体到抽象，从感性到理性。

2. 充满爱心

爱是一种高级情感活动，也是人的本能。爱在意念胎教中，是加速开发胎儿智力的催化剂。

3. 持之以恒

胎宝宝的每一点、每一滴的变化，准妈妈不能目睹，也就很难知道自己所做的一切对胎宝宝到底起多大作用。于是，准妈妈做过一段时间之后，热情就降低，也有半途而废者，这样，胎教自然不会成功。准妈妈要树立信心，持之以恒，坚持到底。

温馨提示

意念走神是一种常见现象，这时切忌急躁紧张，不要强迫自己集中注意力。一发觉自己走神，要顺其自然，不慌不忙，有意无意地将意念收回来。顺便对胎儿说：“对不起，妈妈开小差了，小宝宝不要学妈妈，要学会集中注意力。”这也很自然、很好。

准爸爸胎教：准爸爸是胎教不可缺席的主角

在以往的观念中，总以为胎教是准妈妈一个人的事，而事实上，准爸爸在胎教中的作用是不可忽视的。

准爸爸参与胎教的好处

1. 男性低频率的声音比对女性高频率的声音更容易保真地传给胎儿。而且，准爸爸参与胎教让准妈妈感觉受到重视与疼爱，胎宝宝也能感受到，对日后性格发育大有益处。

2. 准爸爸能丰富生活情趣，让准妈妈不会觉得长长的孕期有枯燥感。

3. 准爸爸可以协助准妈妈一起做胎教，使得胎教氛围充满爱意，更加生动有效，也能让准妈妈感受到体贴与关心，从而保持一个好心情。

4. 可以建立宝宝日后对父亲的信任感。

准爸爸如何参与到胎教中来

1. 养成对胎宝宝讲话的习惯。胎宝宝对常常听到的声音有着特别敏感的反应，如果经常对他讲话，那么，他就会通过对你声音的感受，促进智力的发育。

2. 准爸爸应积极支持准妈妈为胎教而做的种种努力，并主动参与进来，如陪着准妈妈一同与胎儿“玩耍”，给胎宝宝讲故事，描述自己每天的工作及收获，让胎宝宝熟悉自己低沉而有力的声音。

3. 关心、爱护、体贴准妈妈，让妻子更多感受到家庭的温暖，避免妻子有愤怒、惊吓、恐惧、忧伤、焦虑等不良情绪的刺激，保证妻子能心情愉快、精力充沛地度过孕期。

温馨提示

准爸爸做胎教的内容，主题不需要特别规定，既可以跟胎宝宝讲自己当天的工作，也可以根据自己的爱好、兴趣或知识范围随意制订每天的课程。

运动胎教：让胎宝宝拥有健康好体质

准妈妈进行适宜的体育锻炼，有利于正常妊娠及顺利分娩，可以促进胎宝宝的大脑及肌肉健康发育，这也是一种胎教，称为运动胎教。

运动胎教的好处

1. 有助于准妈妈控制体重，不至于长得太胖，同时能够促进血液循环、增强心肌收缩力、增加氧气的摄取量、促进新陈代谢，缓解孕期便秘、失眠、腿脚水肿等症状。

2. 运动能使准妈妈吸入更多的新鲜氧气，加速体内废物的排出，有效地缓解孕期的不良反应。

3. 适当运动可以使准妈妈保持良好的心理状态，缓解紧张感。

4. 使胎宝宝位置相对改变及子宫内羊水晃动，训练胎宝宝的平衡感觉。

5. 有助于减轻临产时的阵痛，促进顺利地自然分娩以及产后恢复。

6. 运动促进母体血液循环，也增加了对胎宝宝的氧气和营养供给，促进胎宝宝大脑和身体的发育。

运动胎教需要注意什么

1. 着装宜宽松舒适，鞋要合脚轻便；运动中及时补充水分，防止虚脱；注意保暖，以免着凉；最好在空气清新、绿树成荫的场所锻炼，这对母体和胎儿的身心健康均有裨益。

2. 对于准妈妈来说，最好做不紧不慢的中强度运动，如游泳、散步、做孕妇体操、骑固定自行车等。

3. 准妈妈一定要避免强烈的腹部运动，也要避免做和别人身体有大幅度接触的运动。

4. 在活动时准妈妈应注意自我保护，避免摔跤及碰撞腹部。

温馨提示

运动中准妈妈如出现晕眩、恶心或疲劳等情况，应立即停止运动；如发生腹痛或阴道出血等情况，要及时到医院检查。

胎教前准备：预约最棒的一胎

俗话说得好："好的开端是成功的一半""开始好结尾则佳"。任何一件事情的开始总是十分重要的。进行胎教育儿，同样要求怀孕前的受精必须在最佳状态下进行。也就是说，必须使最健康的精子和卵子结合。

——斯瑟蒂克

完美的胎教从受精卵形成之前就开始了，女性的身心状况对胎儿很重要，这是毋庸置疑的。在此之前，卵子的质量也决定了受精卵的质量，所以女性应该有所准备。男性的精子也同样重要。为了健康新生命的到来，在计划怀孕的日子里，夫妻双方都需要特别注意身体健康，并且可以学习有关胎教的知识了。

做好充分的思想准备

宝贝的到来，会给夫妻双方的工作、心理及经济等方面带来挑战，也会使他们遇到很多障碍和困难。因此，在怀孕之前，夫妻双方要做好要宝宝的思想准备，这样才能更快地完成为人父母的角色转变，也有利于双方在孕育胎宝宝的过程中保持一份轻松、平和的心态，避免心理失调。

首先，女方要有心理准备去面对自己身体将发生的一系列变化，这样才能保持良好的心态，因为自己的情绪将会影响对胎宝宝的胎教。

不少女性十分担心怀孕后的情况，一是怕怀孕后影响自己原来的体形，二是怕难以忍受分娩时产生的疼痛，三是怕自己没有经验带不好宝宝。其实，这些顾虑都是没有必要的。毫无疑问，怀孕后，由于内分泌激素和分娩过程的影响，体形会发生较大的变化，但这只是一种暂时现象，只要坚持锻炼，进行母乳喂养，合理增加营养，就可以恢复产前体形。事实证明，凡是在产前进行适度运动，产后给宝宝喂母乳并认真进行健美锻炼的年轻女性，身体的素质和体形都会很快地恢复原状。另外，分娩时所产生的疼痛也只是短暂的一阵，只要按照医生的要求密切配合，就能减轻痛苦，顺利分娩。

作为男方，也会担心宝宝的到来会破坏两人的小世界，会担心自己没有经验养育好小宝宝等。其实，这些担心也是多余的，宝宝的到来或许会给夫妻的生活带来一些麻烦，但是会给生活带来更多的乐趣和憧憬。做爸爸是一件神圣的事，既是对人类社会繁衍、发展的贡献，也是一种神圣的责任，能让男人感到自豪和骄傲。

宝宝是夫妻爱情的结晶，是夫妻共同生命的延续，为了人类的不断繁衍，为了夫妻间诚挚的爱，妻子应当有信心去承担孕育、生育的重担。拥有强烈的责任感和坚定的信念，夫妻双方才能克服一切困难，迎接小宝宝的到来，从而体验到人类最美好的情感——母爱和父爱。

温馨提示

准妈妈怀孕之后，由于生理发生变化，心理上也会产生许多变化，会更渴望得到亲人的爱抚和关怀，准爸爸要理解并认识到了这一点，充分做好思想准备，采取各种方法给予妻子更多的关怀和爱抚，使妻子心情愉快，顺利地度过孕期和产期。

做个全面的孕前检查

孕前体检能帮助夫妻双方在医生的指导下有计划地进行孕育，在孕前检查出有任何的不利于怀孕的疾病或不适，都能让夫妻双方有机会、有时间选择对孕育没有伤害或伤害最小的治疗方案，尽可能生出最优质的宝宝。

女性孕前体检内容

检查项目	检查方法	检查目的
询问病史	口头问答	在第一次孕前检查的时候，医生会常规性地对男女双方的整个身体情况和家庭情况进行详细的询问。千万不要因为医生的这些问题涉及隐私，或者感到不好意思而拒绝回答，或提供错误的答案。了解真实正确的情况是医生作出正确诊断的重要前提。
病毒感染	静脉抽血	检查风疹、巨细胞、乙肝、梅毒等病毒。因为怀孕后一旦感染，容易引起母婴传播，所以应早发现、早干预。
肝功能	静脉抽血	如果女性是肝炎患者，怀孕后会造成胎儿早产等后果，肝炎病毒还可直接传播给宝宝，所以要提前确诊。
尿常规	尿液检查	检查准妈妈的肾脏功能，有助于肾脏疾患的早期诊断。
口腔	看牙医	怀孕后，准妈妈免疫力降低，牙菌斑菌落生态改变，从而促使牙周组织对牙菌斑感染的局部刺激反应加重，出现牙龈炎症等牙病。因此在怀孕前应进行口腔检查，去除牙菌斑，消除牙龈炎症，可避免孕期进行牙病治疗对胎宝宝产生不利影响。
内分泌	静脉抽血	诊断月经不调等卵巢疾病，为受孕和孕期做好健康准备。
ABO 溶血	静脉抽血	女性血型为 O 型，丈夫为 A 型、B 型，或者有不明原因的流产史的夫妇，应该做血型和 ABO 溶血滴度检查，以避免宝宝发生溶血症。
染色体	静脉抽血	检查遗传性疾病，特别是有遗传病家族史的夫妇必须做这项检查，避免遗传性疾病遗传给下一代。
生殖系统	妇科体检 阴道宫颈分泌物检查、宫颈脱落细胞涂片检查	通过检查排除一些生殖系统疾病，如细菌性阴道病、念珠菌性阴道病、淋病等。有疾病的话，应先治病再怀孕。

男性育前体检内容

男性的健康决定宝宝一半的健康，所以男性最好也能在妻子孕前 6 个月陪同她一起做个体检。不过，跟女性的孕前体检不一样的是，男性检查的重点是精液检查。通过精液检查

温馨提示

在采取精液的前 3 ~ 7 天应暂停性生活。另外，由于男性精液检查结果的波动范围较大，加上化验方面的差异，因此一般精液检查至少要进行 3 次，每隔 1 ~ 2 周进行一次。

得知自己精子的数量、活动能力、形态、存活率等，以判断性功效的强弱。同时，可辅助诊断男性生殖系统疾病。

怎样让卵子更优质

胎宝宝的到来，是卵子与精子的结合。准备怀孕的女性该如何在日常生活中对自己的卵子进行保护，让它成为最健康的卵子呢？

运动

适当的运动可帮助女方提高身体素质，确保卵子质量。对于任何一个计划怀孕的女性而言，应该进行一段时期有规律的运动后再怀孕。例如，在计划怀孕前的3个月，进行适宜与合理的运动或相关的体育锻炼，以提高自身的身体素质，为怀孕打下坚实的基础。

饮食

1. 受孕前的1个月，应多吃些富含蛋白质的食物，如瘦肉、鸡、鱼及蛋类，蔬菜和水果也应多吃，身体棒了卵子自然也会更优质。

2. 来月经时多补铁。月经期间，经血会带走身体中一些铁元素，而铁能为卵子提供充足养分。因此月经期间多吃菠菜、动物内脏等含铁高的食物，才能让卵子更健康。

3. 戒烟限酒。烟酒的毒性可以直接作用于卵子，为孕育后代埋下“地雷”。尤其是抽烟，更会伤害身体的整个激素系统，影响卵巢的功能。

4. 不要滥用补品。盲目服用补品或药物，使受孕的可能性下降。一些保健品含有大量的雌激素，短期服用可能会感到精神愉悦，精力旺盛，但是如果长期服用，可能会导致内分泌紊乱，影响受孕。

温馨提示

美容院流行的卵巢保养不可靠！美容师手上的精油渗入身体后，会影响内分泌水平，甚至降低卵子活性。

环境

有害的生活和工作环境，对受孕有一定影响。如果在生活和工作中频繁接触化学物品、铅、麻醉剂或 X 光等化学污染、物理辐射等，人的生殖功能会受到一定的伤害。因此，在准备怀孕前半年，应远离有害的环境。

情绪

如果女性背负压力，精神始终处于紧张、焦虑的状态，大脑皮层就无法使激素正常分泌，会抑制卵巢的正常排卵功能。

怎样让精子更有活力

精子的产生是男性发育成熟的标志，它持续于整个成年期，也是繁衍后代不可缺少的遗传物质，而培育最优的精子则是男性的优生任务。

运动

1. 男方每天做 30~45 分钟有氧运动，可以增强精子活力。

2. 少骑车。骑车会使脆弱的睾丸外囊血管处于危险之中。建议骑车坐椅装软坐垫，并选择减震功能良好的自行车。

3. 不做剧烈运动。剧烈运动会破坏精子成长所需的凉爽环境。

饮食

1. 少量或者不要饮酒。大量饮酒可导致精子质量下降，最好从同房的前 1 个星期就不要喝酒了。

2. 多吃绿色蔬菜。绿色蔬菜中含有维生素 C、维生素 E、锌、硒等有利于精子成长的成分。

3. 坚果、鱼类中富含不饱和脂肪酸，也利于精子成长，可适当多吃。

4. 注意少喝含咖啡因的饮料和食品，如可乐、咖啡、巧克力等，以免影响精子质量。

5. 合理营养，粗细粮搭配。

情绪

男方在精神压力大的时候，应主动做些能让自己放松的事情，如散步、洗澡等，然后再享受性生活。因为精神压力过大也会对精子的成长有负面影响。

生活习惯

1. 少去或不去桑拿房、蒸气浴室。精子是十分娇嫩的，它存活的温度比体温低，高温蒸浴会直接伤害精子。

2. 少穿或不穿不透气的、紧身的裤子，否则不仅压迫睾丸，还会导致睾丸高温，影响生精功能。

3. 手机和笔记本电脑放在远离下体的地方。减少和避免辐射对睾丸的不利影响，提升精子质量。

温馨提示

身体过度肥胖，会导致腹股沟处的温度升高，损害精子的成长，从而导致不育。因此，身体肥胖的男性，要注意体重控制。

选择最佳怀孕时机

在计划怀孕的时候应注意选择最佳受孕时机。力求在达到优身、优时、优境的最佳状态下，让最健康、最富活力的精子和卵子在天时地利人和时，把夫妻双方的精良基因如容貌、智慧、个性、健康在受精卵中高度重新组合并表达。

最佳生育年龄

女性在 25 ~ 30 岁之间。男性在 30 ~ 35 岁之间是生育的最佳年龄。

女性在 25 ~ 30 岁之间。这一时期女性全身发育完全成熟，卵子质量高，若怀胎生育，女性并发症少，分娩危险小，胎宝宝生长发育好，早产、畸形儿和痴呆儿的发生率最低。

男性在 30 ~ 35 岁之间，男性精子质量在 30 岁时达高峰，然后能持续 5 年的高质量。

最佳身体状况

1. 应在男女双方身体健康的情况下受孕。怀孕前 3 个月要双双身体健康无病。

2. 要选择男女双方的心理状态良好，特别是精神舒畅，无任何忧愁干扰时受孕。在心情愉悦，没有忧郁和烦恼的状态下进行负有受孕使命的性交相当重要，丈夫要重视并让妻子达到性高潮，它对于得到一个健康聪明的孩子至关重要。

最佳受孕时间

1. 最佳受孕时刻。21 ~ 22 时是同房受孕的最佳时刻，因为 21 ~ 22 时是大多数人睡觉的时间，又正好处于人的身体机能状态上升的时期，最适合同房。

2. 一年当中的 7 月上旬到 9 月上旬是受孕的最佳时间。从营养方面来看，这段时间怀孕的话，早孕反应正好是在秋季，避免了夏天食欲不佳的情况；从气候条件来看，这一阶段怀孕的话，预产期是在来年的春末夏初，有利于准妈妈产后身体的康复；从疾病预防的角度来看，宝宝出生时是春夏之交，从而避开了病毒、病菌感染的高发季节。

最佳受孕环境

选择受孕时机也要注意环境，受孕环境的选择也很重要。如果在天气阴冷、风雨交加、电闪雷鸣这样的环境受孕，可能会影响胚胎的质量，导致受精卵异常、胎宝宝畸形等。

环境清洁安静，阳光充足，并保持冷暖适宜、空气新鲜流通，这样两人的精神会得到彻底放松，孕育的宝宝也更加健康。

温馨提示

如果想要宝宝，夫妻的性生活以每周 1 ~ 2 次为宜，在排卵期前后可以适当增多。

制订一个完美的胎教计划

斯瑟蒂克夫妇制订了细致入微的胎教计划，他们按照这个计划表每天按部就班地实施某些固定的、有规律的活动，直到孩子出生。

胎教计划可以建立胎儿的信任感

事实证明，有规律的胎教活动是很重要的，因为这是让胎儿对准妈妈产生信赖的好方法。这种信赖关系一旦确立，孩子什么时候想听准妈妈讲故事，什么时候高兴得动弹，什么时候休息，准妈妈都能通过身体感觉到。

斯瑟蒂克胎教计划参考

0~4个月：

时　间	内　容
早上起床，晚上睡觉前	一起向胎宝宝问早安、晚安
清晨、工作间隙、晚饭后或者边工作边进行	听音乐，哼唱喜欢、熟悉的歌曲
随时随地	和胎宝宝聊天，包括所有听到的、看到的、想到的事物
休息时间或者平静心情时	读一些喜欢看的书，或者可以静心的小文章；欣赏名画以及看一些富有创意的儿童画等
清晨、工作间隙、晚饭后	散步、做瑜伽、做体操等运动
清晨、晚饭后、周末	准爸爸讲自然、社会、科学等百科知识以及自己的见闻、兴趣、工作等

5~10 个月：

在前 4 个月的基础上，当准父母有空闲时间时（清晨、睡前、周末等），可以适当增加以下 3 项内容：

1. 读故事、童谣、唐诗，或者自己创作的小儿歌等；

2. 进行数字、加减法以及图形、颜色的学习；

3. 学习临摹简单汉字以及拼写英文字母。

温馨提示

胎教计划应尽可能贴近自己的作息以及实际，这样才能坚持每天留出一些时间来进行胎教。时间不在于有多长，也不应焦急，本着“爱和耐心”的原则，只要按照准妈妈和胎宝宝能够适应的情况进行即可。

第一个月（1~4周）

小种子悄无声息地萌芽

当我得知脑的发育这么早就开始了，并以如此快的速度进行着的时候，我被胎儿所具有的伟大生命力所感动，同时也认识到胎儿的能力是充满着神秘莫测的巨大可能性的。

——斯瑟蒂克

如果已经在计划要一个孩子，那么就要时时告诉自己：一旦怀孕，过不了几天他的大脑就先于所有器官开始发育了，所以需要随时拥有好心情。准爸爸、准妈妈的爱，是腹中胎儿每时每刻都离不开的，如果下定决心要坚持做胎教，就一定要舍得倾注自己的精力和爱。

准妈妈与胎宝宝的变化

准妈妈

1. 第1~2周

这两周，准妈妈还没有怀孕，真正从受精卵形成直到分娩的时间，一般在38周左右。而40周的孕期计算方法是把受精卵形成前的两周都计入在内。

刚经历完上个月的月经周期，这两周，准妈妈体内的新卵子正在成熟，为即将到来的受孕过程做好了准备。

到了第2周周末时，准妈妈的排卵期就会开始。一般在卵子排出后15~18小时受精效果最好。

2. 第3周

到了这周，准妈妈才真正算是怀孕了。卵子成功与精子相遇、结合，受精卵开始进入子宫。

这会儿大部分准妈妈还没有什么特别的感觉，有的准妈妈可能偶尔会有发寒、发热、慵懒、困倦及难以成眠的症状，这都是正常的孕期反应。

3. 第4周

这周受精卵进入子宫，会完成在子宫内着床的过程，在受精卵着床的过程中，有的准妈妈会出现轻微的不舒服，有类似感冒的症状，这属于正常反应。

受精卵到达子宫后，准妈妈体内的激素分泌水平已经发生变化，子宫壁变厚并且柔软而有弹性，为胚胎提供了绝好的发育环境。

温馨提示

怀孕9周之前的胎儿在医学上还只能称为胚胎或胚芽，9周开始称为胎儿。所以，第3周的胎儿还只能称为胚胎。胚胎期是人器官分化发育的时期，许多导致胎儿畸形的因素都非常活跃，科学证明大多数人的先天畸形在胚胎期就已经形成。为了胎宝宝的健康，准妈妈在怀孕早期避免药物等对胎儿的不良影响。

胎宝宝

1. 第1~2周

目前胎宝宝还不存在，他以精子和卵子的“前体”状态分别存在于准妈妈和准爸爸的体内。

2. 第3周

这一周，卵子成功与精子相遇，变成一颗受精卵。大约受精30小时后，受精卵即分裂成两个细胞，然后是4个、8个……当它从输卵管到达子宫时已经成为一个小小的球体——桑葚胚（桑胚体）。随后桑葚胚变中空并充满液体，即我们所说的胚泡。在本周结束时，胚泡将到达子宫内膜。子宫内膜将为不断发育的胎宝宝提供营养、转移废物。子宫内膜就是胎盘的雏形，随着时间推移，它会发展成为胎盘。

3. 第4周

受精卵着床一般在受精后6~7天开始，于11~12天内完成，也就是说，第4周是受精卵着床的关键期。这个时期胎儿的大脑已经开始发育了，在卵子受精后1周，受精卵不断地分裂，其中的一部分形成大脑，其余的形成神经组织。此后，胚胎细胞将以惊人的速度分裂，细胞数量急剧增长，并逐步分化成不同的组织和器官。最激动人心的是，胎宝宝的心脏开始跳动了。

宝宝心声

爸爸、妈妈，生命的缔造，有时候只是个美丽的意外，有时候却是苦苦守候之后的幸福收获。无论如何，现在我真真切切地存在于这个世间，存在于妈妈的体内了。

我的诞生，是无数的精子先生努力拼搏后的结果，它们在一条陌生却温暖的赛道上，奋力地往前游，但最终，只有进入卵子体内的精子才是这场大赛的冠军。这是一场多么惊心动魄的旅程！

卵子小姐的一半基因和来自精子先生的一半基因融合成为了受精卵，我这个用肉眼无法看到的小球球，像爸爸的精子一样勇敢地开始了我的人生旅行。

虽然体内的变化可能翻天覆地，但是妈妈对我的到来可能全无知觉，我在子宫安家落户了，开始建造一个可爱宝宝的伟大工程了。爸爸、妈妈，耐心等待吧，很快，你们就能知道我的到来了。

温馨提示

虽然有不少民间方法说生男孩怎么做，生女孩怎么做，不过建议准妈妈将这当趣谈就可以了。顺其自然，男孩、女孩都是爸妈的“心头肉”。

情绪胎教

斯瑟蒂克：怀孕时我总告诫自己，如果准妈妈常怀有一种平静、开朗、和蔼的心情，那么受此影响，胎儿就会完成良好的身心发育。所以，在此期间我不曾生过气，不曾和约瑟夫吵过架，也不曾使自己心神不安过。

胎教首先是一种态度

1. 胎教态度很关键

就胎教效果而言，准妈妈对待胎教的态度以及在做胎教时所怀有的情绪是极为重要的。在进行胎教时，教什么，教多少，教到什么时候？这些并没有一定的规定，时间充裕的人可以教更多的东西，而没有时间的人只反复教字母和算术也并非不可，但不可缺少的是准父母的爱。

准妈妈与胎宝宝之间是心心相印、彼此影响的。胎儿在母体内不仅“看到”、听到、感觉到很多东西，而且他还能领会到准妈妈的感觉。很多准妈妈都有这样的体会，当自己非常生气或十分恐惧的时候，胎宝宝就会用力踢自己的肚皮；而当自己闷闷不乐时，平时很活跃的胎宝宝也像没有力气一样不动了。

如果准妈妈把注意力集中在胎儿身上，保持一种安详、和蔼和稳定的情绪，那么准妈妈说的话、想教他的东西就一定会被他接受。

2. 保持积极的胎教态度

在怀孕期间，准妈妈可以为将要出生的宝宝做些物质上的准备。由于这时还不能知道将来是生男还是生女，所以就用中间色的布和线来为未来的宝宝缝制和编织些小衣服、小袜子等。做这些事情，能使准妈妈获得一种即将成为母亲的真情实感：“啊，我的孩子就要出世了。”准妈妈会感到对宝宝的爱是那样的深沉，从而使母子之间的纽带连接得更加紧密。

温馨提示

准妈妈要经常以一种安详、和蔼和稳定的情绪，保护这个小生命，直到他来到这个世界。只有这样，胎儿才能安心地倾听准妈妈的话，学到更多的东西。

胎宝宝会领会准妈妈对他深深的爱，并知道自己是在一个十分安全可靠的地方。这一切都给了胎宝宝向未来世界迈出第一步的勇气和力量。可以说，对父母、对外面世界的信赖与安全感是产生创造力的源泉。

受孕瞬间的胎教

《景岳全书》指出，“男女交合应在时和气爽、情思清宁、精神闲裕”下进行，这样“得子非唯少疾，且聪慧贤明”。这就便是受孕瞬间的胎教，意思是说如果夫妻同房时，双方心情愉悦、情感共鸣，出生的孩子会更健康，而且容貌、智慧、品德等方面也更突出。

在选择好的最佳受孕日里，夫妻双方可以早些回家，共同操持家务，在和谐愉快的气氛中共进晚餐，饭后放上一曲轻音乐，一边听一边进行感情交流，体会对方的情感和需求，表达自己的感受，憧憬未来家庭和孩子的美好。

当双方在情感、思维和行为等方面都达到和谐统一的境地时可以进行同房，同房的过程中，夫妻双方都应有好的意念，妻子可以把一些好的意念转化为具体的形象，想象一切美好的东西，引导丈夫以最饱满的激情进入“角色”。

温馨提示

受孕前后几天里，性生活的频度以次日不感到疲劳、心情愉快和不影响健康为度，一般来说，30~40岁的准爸爸一周2~3次为好。

即将成为母亲的心境

从备孕开始，女性就要开始认识到自己即将担负起的重大职责，这决定了女性对未来将在腹中生长发育的小生命的认同。

怀孕生子，是女性正常的生命历程。备孕女性多看漂亮、可爱的宝宝照片，多听育儿趣事，多了解孕育知识，做好孕育的心理准备等，这都会令自己的心境更好，更适宜怀孕。

温馨提示

心理认同对胎教有重要意义，想生一个孩子的心理会让自己的身体积极地接纳即将到来的胎宝宝，给他一个舒适、良好的内环境。

写胎教日记，记录生活点滴

1. 写胎教日记的意义

写日记不但可以记录胎宝宝的成长变化、准妈妈与胎宝宝之间的互动内容，写日记还可以令准妈妈心情安静祥和。

写怀孕日记更多的是一种纪念，纪念这段人生的特殊时刻带给准妈妈心理上的感受，同时它也是母亲送给日后长大成人孩子的最好礼物。看到妈妈用爱心写成的日记，孩子会很感动并且内心充满力量。

2. 如何写胎教日记

胎教日记可以记录下准妈妈认为比较重要的事，如每日的胎教情况，听什么曲子，听多长时间，每天听了几次……等到第5个月开始，准妈妈和胎宝宝的胎教互动增多，胎教日记也可以增加一些内容，如胎动开始日期、胎教内容、胎宝宝反应等；其他如产前检查、健康状况、孕期用药状况、生活健康状况、家庭胎动自我监护情况等也都可以记录。

准妈妈可以用表格、图文日记、流水账等任何一种自己喜欢的方式记日记。不论是哪一种形式，不论是准妈妈写，还是准爸爸写或是两人一起写；不论是记录胎宝宝的情况，还是准妈妈的感觉；或是怀孕时的烦恼和不愉快的事。只要是用心，用真情去写的，这本胎教日记便有血有肉，充满孕期生活特有的气息。不仅可以作为自己回顾往事的资料，还是给日后长大成人的孩子独一无二的礼物。

温馨提示

准妈妈可以将写日记当作经过一天的忙碌之后最好的放松方式。就算哪天或者哪段时间比较忙，忘记写了，也不要就此放弃，坚持下来，这满载爱的胎教日记将是给未来宝宝最好的见面礼。

别把孕育当压力

良好的受孕心理是胎教不可缺少的组成部分。准父母应充分重视这一环节，在充分的准备下，在极大的喜悦中，等待与自己血肉相连的新生命的诞生。

1. 受孕心理对胎儿的影响

虽然母体与胎儿的神经系统没有直接联系，但当准妈妈情绪变化时，能激起其自主神经系统活动，由神经系统控制的内分泌腺就会分泌出多种激素，这些激素通过血液循环进入胎盘，使胎盘的血液成分发生变化，从而影响胎宝宝的生长。

有些年轻夫妇，由于工作、学习、生活等诸多因素的影响，暂时没准备要孩子，但又未能有效地采取避孕措施，而是怀有侥幸心理。一旦怀孕，他们往往犹豫不决，不知道是要还是不要宝宝。此外，还有一些父母盼子心切，一心只想生男孩，从心理上不能接受女孩；或者是婚姻生活不幸福，想生个孩子来维系日渐分裂的婚姻，弥补精神上的空虚等。诸如此类的种种受孕心理都是不健康的，如不及时纠正，会对胎宝宝产生消极的影响。

当然，绝大多数青年男女组成家庭后，都越来越感到有一种需要，一种共同孕育一个孩子来寄托他们的希望的需要。于是，在热切的期待和希望中，等来了怀孕的消息——“太好了，盼望中的宝宝终于来了!”这是一种健全的受孕心理。持有这种心理的夫妇，当然对受孕有了积极的心理准备，成功地将情感和理智合二为一。选择最佳受孕时机，创造最好的孕育条件，施行最积极的胎教手段，为即将降临人世的孩子奠定了良好的生理基础，能对宝宝的心理上和生理上的健康成长起到积极作用。

2. 孕前心理调试

接受自己将要孕育一个小生命的事实是孕前心理调试的主要目的。

在还未怀孕之前，夫妻双方一定要有足够的心理准备，因为宝宝的降临意味着目前生活方式的转变，在带来喜悦的同时也会增加很多责任，在宝宝的喂养、教育、健康安全等方面都需要付出很多的时间和心血。但从另一个角度看，宝宝带来的欣喜和乐趣是无法替代的。

准妈妈要调节好自己的心理，通过调整心理上的认知，将妊娠纳入自己的生活计划，对妊娠过程中出现的各种生理现象有正确的认识，并为进入母亲的角色做好心理准备。

温馨提示

准妈妈长期处于忧虑的心理状态，会引起自主神经功能失调，干扰激素的正常活动，影响正常排卵。克服负面情绪的影响，保持轻松愉快的心情，有利于提高受孕概率。

孕期也应注意仪表美

怀孕以后，虽然准妈妈的体形发生了很大变化，但是不可因此而邋邋遢遢。每天花点时间打扮自己，不但会让自己心情更好，也是一种良好的胎教行为，而且对容颜的关注会令准妈妈忘掉妊娠的不适。

1. 穿衣

准妈妈可以参考一下其他准妈妈的装扮，或者看一看时尚杂志，为自己搭配选择几款合身又美丽的孕期服装，将自己装扮得灵巧、俏丽。

2. 化妆

孕期化妆应以“安全第一”为原则，以淡雅为宜，化妆品应以无香料、低酒精、无刺激性霜剂或乳液为最佳。

3. 保持整洁

仪容美的关键在于整洁，准妈妈只要注意卫生，保持整齐，形象一定会大为改观的。

语言胎教

斯瑟蒂克：有时，我给孩子读有美丽图画和文字的幼儿画册，画册里有着我未曾体验过的美丽世界。每当我讲愉快的故事时就兴奋激动，讲到去冒险，就鼓起勇气。我想，就这样和胎儿一起漫游这个世界吧。

讲故事：《女娲造人》

女娲造人

女娲是一个人身蛇尾的女神，她在盘古开天辟地后，就在天地间游历。有一天，她看着热闹的大自然，却总觉得有一种说不出的寂寞。疲倦的她偶然在一个池子旁边蹲下来。澄澈的池水照见了她的面容和身影。她笑，池水里的影子也对着她笑；她假装生气，池水里的影子也对着她生气。她忽然灵机一动：为什么不创造一种像自己一样的生物加入到世间呢？

于是她顺手从池边掘起一团黄泥，掺和了水，在手里揉着，揉成了第一个娃娃模样的小东西。她把这个小东西放到地上。说也奇怪，这个泥捏的小家伙，刚一接触地面，就活了起来，并且开口就喊："妈妈！"接着一阵兴高采烈的跳跃和欢呼，表示他获得生命的欢乐。

女娲看着她亲手创造的这个聪明美丽的生物，又听见"妈妈"的喊声，不由得满心欢喜，眉开眼笑。她给她心爱的孩子取了一个名字，叫作"人"。这样，她用黄泥做了许多能说会走的可爱的小人儿，一心要让这些灵敏的小生物布满大地。但是，大地毕竟太大了。疲倦的她从崖壁上拉下一条枯藤，伸入一个泥潭里，搅成了浑黄的泥浆，向地面这么一挥洒，泥点溅落的地方，就出现了许多叫着、跳着的小人儿，和先前用黄泥捏成的小人儿，模样一般无二。"妈妈""妈妈"的喊声，震响在周围。不久，大地上就布满了人类的踪迹。

女娲又考虑着：人是要死亡的，死亡了一批再创造一批吗？这未免太麻烦了。后来她终于想出了一个办法，就是把那些小人儿分为男女，让男人和女人配合起来，叫他们自己去创造后代。这样，人类就世世代代绵延下来，并且一天比一天增多了。

——节选自《古代神话故事》

胎教点读

生命的起源是神奇的，除了科学且不那么浪漫的进化论外，世界上还有很多美丽的神话和传说，这些传说讲述着人们对创造者的爱。读这些故事，可以感受人类繁衍、血脉相承的意义。

讲故事：《中西送子传说》

1. 西方的白鹳送子

白鹳被欧洲人称为送子鸟。相传，送子鸟落到谁家屋顶造巢，谁家就会喜得贵子，幸福美满。因此，在欧洲乡村，经常能看到人们在屋顶烟囱上搭着一个平台，那是专为送子鸟准备的。

事实上，白鹳建巢跟房舍主人家生育子女也确有一定关系，欧洲人在有人怀孕时，烧火取暖的时间比一般人家长，而白鹳较易于选择这家的烟囱口造巢。也就是说，是女主人怀孕招来了白鹳，而不是白鹳来给女主人“送子”。但是千百年来，人们还是认为白鹳是吉祥的送子鸟，成为一种民俗。

2. 东方人的麒麟送子和观音送子

麒麟是中国传说中的神兽，是吉祥的象征，人们相信它能为人们带来子嗣。民间有这样一个传说：古代有位画师，老而无子，画师偏爱画麒麟，屋里铺满他所画的麒麟。有一天晚上，他突然看到一匹金光闪闪的麒麟，身上驮着一个小孩子，朝着他走来。画师一高兴，笑醒了，原来只是一场梦。到了第二年，他的夫人便得一“老来子”，小孩子绝顶聪明，6岁就能赋诗作画，人们称这孩子为麒麟童。于是“麒麟送子”这一习俗就在民间广泛传开了。

至于观音送子，其实原来的故事是观音救回被恶人偷走的小孩，然后送回家，以讹传讹之下，观音被民间奉为求子膜拜的偶像，被称之为“送子观音”或者“送子娘娘”。“送子观音”很受人们喜爱，人们认为，只要摸摸这尊塑像，或是口中诵念和心中默念观音，即可得子。

胎教点读

民间流传这么多的送子传说，也是代表人们对生育的渴望和对家丁兴旺的心愿。和新入驻的胎宝宝一起了解一下中西送子传说吧，这会给准妈妈一些美好而温暖的心理寄托。

讲故事：《快乐的人》

快乐的人

在一个遥远的国家里，国王正病得厉害，所有的御医都来瞧过了，可国王的病情丝毫不见好转，反而一天天恶化了。

后来，宫里只得从国外请来了一位名医，这位医生看了一下国王的病情，严肃地说：“陛下，只有一样东西能够救你！”

国王问：“什么东西？只要你能救活我，无论你要什么，我都能给你。”

医生说：“只要穿着一件快乐的人的衬衫睡上一夜，你就会好的。”

于是，国王派了两个大臣去找医生说的快乐的人，把他的衬衫带回来。

两个大臣首先找到了城里最富裕的人，问他：“你是不是一个快乐的人？”最富裕的人说：“快乐？我难以预料明天我的船会不会遭难，我每天还要防着小偷跑到家里来。唉！有一箩筐的烦恼事，一个人怎么会快乐呢？”

后来，两个大臣又找到了权力只在国王之下的宰相家里，宰相却说：“别傻了！外国有人要侵略我们，奸佞企图夺走我的大权，奴仆们希望增加收入，有钱的人又想少缴些税，你们说，作为一个宰相会是一个快乐的人吗？”

两个大臣走遍了整个国家，虽然疲惫极了，但始终没有找到一个快乐的人，只得准备回宫了。这时，他们看到一个乞丐坐在路旁，生了一堆火，正在用一只破锅煎香肠、煮饭吃，还得意地唱着歌！

两个大臣对望着：“他就是我们要找的人！”于是上前攀谈：“看上去，你很快乐！”

乞丐回答：“当然，我很快乐！”

两个大臣高兴极了，连忙异口同声地说：“朋友，我们想出高价借用你的衬衫！”

乞丐一阵大笑，“对不起，先生们！我可是一件衬衫也没有哇！”

——选自《英国寓言故事》

胎教点读

看来，国王的病是心病啊，如果他能看到一无所有的乞丐的快乐，他的病就会不医自好的。每个人都有各种各样的烦恼，快乐其实就在心里，越是简单的生活越是乐趣无穷。

品诗歌：《孩童之道》

孩童之道

如果孩子愿意，此时他就能飞上天堂。

他之所以没离我们而去，这不是没有原因的。

他喜欢将头靠在妈妈的胸间休息，一刻也不能忍受将视线离开她的身体。

孩子知道各种各样的乖巧话，尽管世间很少有人能理解这些话的含义。

他从来不说，这不是没有原因的。

他想要做的一件事，就是学习从妈妈嘴里说出的话语。那也是为什么他看起来如此天真的缘故。

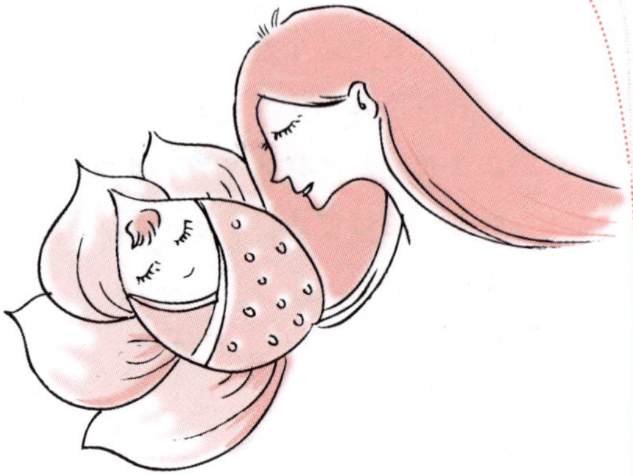

其实，孩子拥有成堆的金子和珍珠，然而他却像个乞丐一样来到这个世界上。

他之所以以假扮的方式来，这不是没有原因的。

这个可爱的裸露着身体的小乞丐，假装成完全无助的模样，

便是想向妈妈乞求得到爱的财富。

孩子如此无拘无束地生活在这小小的新月世界里。

他之所以放弃了他的自由，这不是没有原因的。

他知道在妈妈内心小小的角落里充满着无穷无尽的快乐，

被妈妈亲爱的臂膀拥在怀里的甜蜜要远远超过对自由的获取。

孩子从来不知道怎样哭泣，他居住在完美的乐土上。

他选择了流泪，这不是没有原因的。

尽管他带着微笑的、可爱的小脸儿引动着妈妈的心向着他，

然而他的因为细小的麻烦引起的小小的哭泣，却编织成了怜与爱双重约束的纽带。

——选自泰戈尔的《新月集》

胎教点读

全诗着力描绘了一个天真、可爱的儿童形象，孩子天真的内心表达了对母爱的依恋与渴望，母子情深，令人动容。读着这首诗，使人犹如置身于阳光明媚的春天，优美流畅的诗句，如缕缕清风轻柔地拂面而过。

这首诗不但给人以美的享受，也给人智慧的启迪。读完这首散文诗，准妈妈不妨想一想：宝宝为什么会来到这个世界上？为什么会成为自己的宝贝？泰戈尔的《孩童之道》这首诗将给准妈妈一个不一样的答案。

读童话：《3只母鸡》

3只母鸡

从前，在一个王国里生活着3只母鸡，一只叫小金，一只叫阿彩，一只叫花花。她们天天都在争论自己怎么漂亮，谁都不肯认输。

当然，她们确实个个都很漂亮：小金的羽毛是金色的，而且非常光滑，看上去就像一只金凤凰一样；阿彩的羽毛是彩色的，她看上去像一只美丽的孔雀；花花那小小的鸡冠很像一朵娇艳的玫瑰花，在太阳的光芒下就如同天边那醉人的晚霞。

有一天，她们3个又在一起争论了，而且越来越激动，还惊动了国王。国王就说："光外表漂亮分不出胜负，明天你们在我的大厅里比试一下，每人下一个蛋，谁下的蛋最奇特，我就封她做公主！"

第二天，3只母鸡好好地打扮了一番，穿着美丽的衣裳来到了国王的大厅。国王的大厅可热闹了，王国里所有的鸡都来观看。

首先是小金下蛋，"喔喔喔——喔！"小金下了一个金光闪闪的大鸡蛋，观众们都啧啧称赞！轮到阿彩下蛋了。"咯哒"一声，阿彩下了一个硕大无比的蛋，观众们抱以雷鸣般的掌声！花花安静地坐在地上，大家都替她捏了一把汗，"喔——"花花身子底下出现了一个正方形的蛋，而且每面颜色都不同，观众们都目瞪口呆！

国王说："这3个蛋是我一生中看见的最美、最大、最奇特的蛋。我宣布，小金、阿彩和花花都可以做公主！"

从这以后，3只母鸡都谦虚起来，她们明白，大家都有各自的优点，都是最优秀的！她们继续下着各自最美、最大、最奇特的蛋！

胎教点读

寸有所长，尺有所短，在看到自己的长处时也要懂得欣赏别人的长处。相信自己，但也不随意嫉妒。准妈妈不要盲目攀比，要有一个宽容、平和的心态，这样会减少对胎宝宝的不良刺激。

跟胎宝宝说拟声词

1. 读儿歌《我爱我的小动物》

我爱我的小羊，

小羊怎样叫，

咩咩咩咩咩咩，咩咩咩咩咩；

我爱我的小猫，

小猫怎样叫，

喵喵喵喵喵喵，喵喵喵喵喵；

我爱我的小鸡，

小鸡怎样叫，

叽叽叽叽叽叽，叽叽叽叽叽叽；

我爱我的小鸭，

小鸭怎样叫，

嘎嘎嘎嘎嘎嘎，嘎嘎嘎嘎嘎；

我爱我的小狗，

小狗怎样叫，

汪汪汪汪汪汪，汪汪汪汪汪。

2. 动物们都是怎么叫的呢

上文的儿歌中模拟了几种小动物的叫声，生活中还会见到许许多多的小动物，它们的叫声，准爸爸妈妈也可以学一学：

母鸡怎样叫：咯咯咯

公鸡怎样叫：喔喔喔

麻雀怎样叫：喳喳喳

小牛怎样叫：哞哞哞

小猪怎样叫：噜噜噜、哼哼哼

鸽子怎么叫：咕咕咕

老鼠怎么叫：吱吱吱

青蛙怎么叫：呱呱呱

蜜蜂怎么叫：嗡嗡嗡

3. 生活中其他的声音

除了动物会发声外，一些自然现象以及日常生活中每天也会听到许多声音，它们都是可能被胎宝宝听到的：

下雨了：淅沥沥淅沥沥

打雷了：轰隆隆轰隆隆

水流声：哗啦啦哗啦啦

汽车声：嘀嘀嘀嘀嘀嘀

火车声：呜——呜——

飞机声：隆隆隆隆隆隆

自行车：丁零丁零丁零

警笛声：嘀嘟嘀嘟嘀嘟

火苗声：噼啪噼啪噼啪

钟表声：嘀嗒嘀嗒嘀嗒

电话声：铃铃铃铃铃铃

喝水声：咕噜咕噜咕噜

敲门声：咚咚咚咚咚咚

拍球声：砰砰砰砰砰砰

风铃声：叮当叮当叮当

门铃声：叮咚叮咚叮咚

胎教点读

小宝宝喜欢说儿化语和重叠的字音，这是幼儿语言发展的特点。用拟声词可以很形象地描述事物，有效锻炼胎宝宝的大脑，通常来说，也更容易被胎宝宝记住，学得也快。

美育胎教

斯瑟蒂克：漫不经心地观察事物是不可取的，只有你对看到的东西有感触并充分理解其内容，胎儿才能“看”得见。

欣赏名画：《摇篮》

《摇篮》是法国女画家莫里索（1841~1895）作于1872年的一件优秀作品。画家从母亲的守护与孩子的酣睡中，极具诗意地表现了温馨而博大的母爱。

纱帐中，宝宝在熟睡，母亲一边轻摇着摇篮，一边深情地凝视着恬静入睡的孩子，温馨的母子之情顿时从画面中弥漫开来，这种情景用任何语言都难以描绘，看着这一画面时，相信每一位准妈妈都会有深切的共鸣。

欣赏名画：《星月夜》

《星月夜》这幅画，被视为凡·高最具风格的代表作之一。凡·高用夸张的手法，生动地描绘了充满运动和变化的星空，其手法大胆，震撼人心。

闪烁于碧蓝色夜空中的星星，形成一个旋涡的新月，星云与棱线宛如一条巨龙不停地飞舞着。暗褐色的柏树像一股巨型的火焰，由大地深处向上喷发；山腰上，细长的教堂、尖塔不安地伸向天空。所有的一切似乎都在回旋、转动，在夜空中放射艳丽的色彩……

观赏凡·高的这幅画，仿佛进入了一个童话般的世界。

胎教点读

欣赏画作和阅读一样，每看一次都可能产生新的感受，这种体验将带给你无比喜悦或者温暖的感觉，这种感受一定会感染腹中的胎宝宝。

到美术馆去看看

美术馆或者画廊是画作的天堂，在那里，每一幅画都有它们的空间与尊严，可以发挥它们视觉上的震撼与冲击力，欣赏者静静地沉浸其中，心境会非常不一样。美术馆和画廊在建筑、装修选择上都很有自己的风格，是开阔眼界的好地方，所以，如果所在的城市有这样的地方，准爸爸准妈妈可以考虑去看一看。

美术馆

关于幸福或苦难，他们总是清楚的，
那些古典的画家，
当别人在吃饭，在开窗，在工作，
或是微笑着散步的时候，
当老年人在热烈地、虔敬地
等候神的降临，
当有孩子，
在树林边沿的池塘上溜着冰，
当一个角落，乱糟糟的地方，
有花朵绚丽地绽开，
当狗在树下打盹，或是健硕的马匹
把无知的臀部在树上摩擦……
他们可以把一切都凝结在画里，
以浓墨，或淡彩，
以光，或影。
一切的幸福和苦难，都会随时光逝去，
但画们不会，
后来的人们可以从画中
看到秋天，或者雪夜。
或许可以听到水桶坠水的声音，
鸟雀拍起翅膀。
太阳依旧照着绿波，
那华贵而精巧的船，
静静地航行。

——作者：奥登（英国）

胎教点读

绘画作品是装点房间的好素材，自制或者购买一些画框会很实用，当有了新画作，可以随时装起来挂到墙上，看腻了的画也可以随时取下，将来还可以装裱孩子的涂鸦。

音乐胎教

斯瑟蒂克：怀孕后，准妈妈容易疲劳、情绪波动较大，为了减轻燥热的情绪，可以听一些舒缓、轻柔、欢快的曲子或是动听悦耳的轻音乐，这样的音乐可以给胎宝宝以安宁感，使胎宝宝心律平稳。

用音乐调节情绪

音乐是世界上最美妙动听的声音，它能够到达人们的心灵深处，直接影响人们的情绪。

准妈妈可以选择用音乐调节情绪，让负面情绪在音乐的引导下得到发泄，心情渐渐得到调整，最终达到内心平静。

1. 焦虑

民族管弦乐曲《春江花月夜》，琴曲《平沙落雁》《江南好》《春风得意》及《自新大陆》《田园》等，这类作品优美细致，音乐柔和平缓，带有诗情画意，能使人镇静、舒心，缓解焦虑。

2. 饮食不佳

如果饮食不佳，欣赏穆索尔斯基的钢琴组曲《展览会中的图画》及莫扎特的《套曲》可以改善这一症状。此外，吃饭时忌听打击乐，因为打击乐一般节奏性强、铿锵有力，会导致心跳加快、情绪不安，影响食欲，有碍食物消化。

3. 失眠

失眠时，莫扎特的《催眠曲》、门德尔松的《仲夏夜之梦》及德彪西的钢琴协奏曲《梦》会引领准妈妈进入梦乡。

4. 疲劳

《假日的海滩》《锦上添花》《矫健的步伐》，德彪西的管弦乐组曲《大海》或奥地利作曲家海顿的乐曲《水上音乐》等，这类作品清丽柔美，抒情明朗，可以使身体得到放松，恢复体力。

温馨提示

听音乐也要讲究方法。可以通过静静地倾听、欣赏，与音乐融为一体，在不知不觉中达到调节心理的作用；也可以把音乐作为活动的背景音乐，潜移默化地受到音乐的暗示，从而达到调节情绪的作用。准妈妈不妨试一试，找到最适合自己的方法。

欣赏名曲：《仲夏夜之梦序曲》

《仲夏夜之梦序曲》是著名的德国音乐家门德尔松的经典管弦乐作品，作品充满了诗情和美感，散发出浓郁的青春气息。

在这首经典曲目中，门德尔松用他丰富的想象、优美抒情的风格和精练流畅的笔触，描绘了迷人的森林中的精灵们的神奇生活，透过乐曲，我们仿佛能看到夏天月明之夜，森林里仙女的舞蹈，情人的追逐，小丑的俏皮，花妖的轻盈……

温馨提示

准妈妈可以通过听来感受音乐里面的美，将自己美的感受通过神经传导输送给胎宝宝。

整首曲子情调轻松愉快，特别是引子由木管乐器轻轻奏出，速度极慢的4个和弦，音色柔和、优美，给人缓慢而又安详的感觉，仿佛打开了通向神奇王国的大门，准妈妈不妨闭上眼睛，静下心来，与胎宝宝一起感受其中的梦幻色彩吧。

仲夏夜之梦序曲　　蓝色多瑙河

欣赏名曲：《蓝色多瑙河》

这首乐曲的全称是《美丽的蓝色的多瑙河旁圆舞曲》，由奥地利著名作曲家小约翰·施特劳斯创作。

当柔和的音乐声响起来，犹如朦胧晨曦，多瑙河幽蓝寂静，随着轻快的旋律，多瑙河渐渐从睡梦中苏醒，弦乐震音好像多瑙河的水波，在闪烁荡漾。雾气消散的河面上，辉映出朝阳的绚丽光斑。圆号像一道霞光穿透冬雾，呼唤着春天。晨曦中，深睡在多瑙河畔的维也纳开始苏醒。很快，呼唤音调响彻整个管弦乐队；在晨光照耀下，美丽的、蓝色的多瑙河，扬起欢乐的波涛。

多瑙河在阳光的照耀下波光粼粼，微风吹来，夹杂着青草的香味……多么令人心旷神怡，所有的一切在阳光的沐浴下充满了生机，充满了活力。

温馨提示

这条欧洲的母亲河时时刻刻流淌在人们心间。它幽蓝、清澈、舒缓、温婉、激越，轻轻地抚慰着人们的心灵，激发着人们亲近大自然，热爱生活的激情，也渗透了维也纳人热爱故乡的深情厚谊。

营养胎教

斯瑟蒂克：约瑟夫曾看到一本书上说妊娠初期需要的营养有“矿物质、钙、磷、铁、维生素A、维生素B_1、维生素B_2、维生素C、维生素D、维生素E”，于是就常劝我喝牛奶，吃猪肉、菠菜等。

保证营养均衡

孕期是宝宝一生中生长、发育最快的时期，当然需要很多的营养物质，而这些养分都来自准妈妈。为了确保胎宝宝的健康成长，准妈妈要在日常饮食上下足功夫，不仅要保证能够摄取到各种营养，同时更要注意营养的均衡。

1. 饮食多样化

准妈妈不要偏食，要合理地搭配饮食，均衡合理地摄入营养，谷物、肉食、蔬果一样不能少，适当添加些海产品、粗粮等。孕早期受早孕症状的影响，很多准妈妈会食欲缺乏，所以日常饮食更要注意可口与饮食多样化。

2. 少食多餐

准妈妈怀孕时子宫增大，胃的位置也相应提高，胃的容量也因此受到限制，按照孕前平时的食量也会使得胃部过于饱胀。因此，这个时候就可以“少食多餐”取代“一日三餐”，可以在早餐、中餐之后的两个小时分别加早餐。

温馨提示

准妈妈不需要刻意进补。如果太刻意，甚至大补特补，胎宝宝不需要的营养就会全部长在准妈妈身上，反而容易造成肥胖，给后面的孕期生活增加烦恼，或者引起妊娠并发症等。

每日应补充0.4毫克叶酸

叶酸可以帮助胎宝宝神经系统发育，在整个孕早期，叶酸对于预防胎宝宝神经管畸形起着很重要的作用。

1. 富含叶酸的食物

（1）新鲜蔬菜如莴苣、菠菜、番茄、胡萝卜、青菜、菜花、油菜、小白菜、扁豆等。

(2) 新鲜水果如橘子、草莓、樱桃、香蕉、柠檬、桃、杨梅、海棠、酸枣、石榴、葡萄、猕猴桃、梨等。

(3) 动物食品如动物的肝脏、肾脏、鸡肉、牛肉、羊肉等。

(4) 豆类、坚果类食品如黄豆、核桃、腰果、栗子、松子等。

(5) 谷物类如大麦、米糠、小麦胚芽、糙米等。

2. 服用叶酸制剂

一般每天服用0.4毫克的叶酸增补剂就可以有效预防胎宝宝神经管畸形的发生。

过量的叶酸会掩盖维生素B_{12}缺乏的症状，干扰锌的代谢，引起锌缺乏，因此每天叶酸的摄入量最好不要超过1毫克。

温馨提示

如果某一天漏服叶酸，也不用太担心，一天没服用，对身体没有影响。

通过饮食调理孕期感冒

怀孕之后，由于体内的免疫系统会发生调整，准妈妈的抵抗力相对比较弱，容易感冒。准妈妈一旦感冒，一定要及时去医院就诊，分清是普通型的小感冒，还是病毒性的流行性感冒。如果是一般的小感冒，建议通过饮食调理。

1. 多喝水

多吃一些富含维生素C的食物。维生素C是体内有害物质过氧化物的清除剂，同时具有提高呼吸道纤毛运动和防御功能。富含维生素C的食物有番茄、菜花、青椒、柑橘、草莓、猕猴桃、西瓜、葡萄等。

2. 多吃一些富含锌的食物

当人体缺锌时，呼吸道防御功能会下降，准妈妈则需要比平时摄入更多的含锌食品（如海产品、瘦肉、花生米、葵花子和豆类等食品都富含锌）。

3. 喝姜蒜茶

生姜、大蒜各15克，洗净切片，加水1碗，煮成半碗，加红糖10克~20克，趁热饮用，然后盖好被子，睡上一觉（适用于风寒感冒）。

温馨提示

孕早期是胎宝宝器官形成的关键时期，这段时间最好少用药，除非疾病本身对准妈妈和胎儿的影响已经超过用药的影响。即使如此，也应在医生的指导下合理用药。

孕期健康喝水很重要

怀孕后身体对水的需求会增加，

血液量增加、羊水，这些都需要充足的水供应。如果刻意少喝，胎宝宝估计得“渴”着了。

准妈妈喝水的技巧

1. 一般准妈妈每天要饮用 1600 毫升 ~ 2000 毫升水，这其中也包含了摄入的汤水、果汁等的水分，如果准妈妈喜欢喝汤，水就可以少喝一点。

2. 水要慢慢喝，不要一次喝很多。喝水也要有规律，不要长时间不喝，如果等到口渴了才喝，说明细胞缺水已经比较严重了。

3. 建议早晨起床后喝 1 杯温开水，可以补充睡眠中流失的水分，还能降低血液浓度，并使血管扩张以促进血液循环。

4. 日间活动或工作过程中，最好是将水杯放在眼前，想起了就喝一点，每次喝 2~3 口即可。晚饭后 2 小时喝点水，睡觉前就不要再喝了，以免夜间上厕所影响睡眠。

温馨提示

怀孕后，增大的子宫会挤压邻近的膀胱，这会导致准妈妈排尿次数增多，准妈妈千万不能因为尿频而少喝水。

不利于安胎的食物不能吃

对于准妈妈来说，忌口是一件很重要的事情。为了自己和胎宝宝的健康，准妈妈应该知道哪些是不利于安胎的食物。

1. 变质腐败的食物

2. 生冷食物

像三文鱼、生冷海鲜和生牛肉等，会含有一些嗜冷细菌。孕妇食用后易致流产、早产，死胎的发生率也会增高。

3. 咖啡和浓茶

咖啡和茶这类的饮料都含有咖啡因，饮用过量的咖啡，会增加胎儿畸形、流产的概率。

温馨提示

一些寄生虫和病菌除了可能隐藏在小动物身上外，蔬菜、水果表面，以及生肉类食物，特别是猪肉、牛肉和羊肉也可能带有一些寄生虫和病菌。所以，准妈妈食用蔬菜、水果前一定要清洗干净；最好不要吃未熟的肉；加工生肉后、吃东西前都要洗手；切生肉和内脏的菜板、菜刀，要与切熟肉和蔬菜水果的菜板、菜刀分开。

饮食减压，让受孕变得更轻松

某些食物含有的营养素可以调节神经递质的含量，令人的心情变得安宁、愉悦，准妈妈要学会通过科学的饮食，用食物调理身体机能，调节情绪，从而减轻压力。

准妈妈在情绪低落、心情郁闷、不堪重压的时候，可以尝试吃以下几种食物：

1. 菠菜

菠菜中富含镁，这种矿物质有助于缓解压力，而缺镁则会让人容易疲乏。

2. 橙子

橙子中丰富的维生素 C 有助于维持激素分泌水平，并增强免疫力，让人身心轻松。

3. 牛奶

牛奶富含矿物质钙，补充足量的钙可以减少肌肉痉挛，舒缓压力，改变焦虑易怒的情绪。建议准妈妈和准爸爸每天都喝一袋牛奶。

4. 鳄梨

压力会让准妈妈情绪狂躁、血压升高，而鳄梨中的不饱和脂肪酸、钾则能降低血压，让你保持轻松的身心状态。

5. 鱼

饮食中如果摄入丰富的 Ω-3 脂肪酸能有效地抑制肾上腺素急速剧增，从而缓解紧张情绪。多吃鱼，可以摄入丰富的 Ω-3 脂肪酸。

温馨提示

如果准妈妈不喜欢吃鱼，那么含有丰富的 DHA 的食物，像鸡蛋、酸奶、牛奶、豆类食物也是不错的替代品。

运动胎教

斯瑟蒂克：为了创造出良好的胎教成果，首先是力求最健康。

孕早期坐的练习和脚部运动

坐的练习可以减轻上半身对盆腔的压力；脚部运动可以锻炼脚部肌肉的张力和弹性，使关节、韧带松弛柔软。随着胎宝宝的发育，准妈妈的体重会日益增加，盆腔的压力、脚部的负担都会增加，因此，准妈妈早早做脚部运动和坐的练习，可为以后做好充足的准备。

1. 坐的练习

（1）坐之前，把两脚并拢，把左脚向后挪一点，然后轻轻地坐在椅子的中部。

（2）坐稳后，再向后挪动臀部把后背靠在椅子上，深呼吸，使脊背伸展放松。

2. 脚部运动

（1）准妈妈坐在床上，然后左右摇摆、转动脚腕 10 次。

（2）前后活动脚腕，充分伸展、收缩跟腱 10 次。

温馨提示

要根据自己的身体状况决定锻炼量，切记动作要轻柔，运动量以不感到疲劳为宜，微微出汗时就可停止。

散步是最简单有效的运动胎教

散步是一项很有益的活动，它温和、安全，对于准妈妈来说，散步锻炼在整个孕期都可以进行，是最简单有效的运动胎教。

1. 准妈妈散步要注意的问题

（1）选择好的地方。准妈妈应多在幽静的绿荫路上散步，有条件者最好经常置身于返璞归真的大森林中做“森林浴”，这样，可使准妈妈的精神得到放松，使心情变得舒缓、平静，对腹中的胎宝宝生长发育十分有利。

（2）注意运动量。准妈妈进行散步运动时，每天可保证30分钟的散步时间，散步时步调要缓和，像跳跃、快速旋转这样的运动千万不能做。

（3）注意天气。阳光下散步也是很好的选择，因为阳光中的紫外线具有杀菌功效，而且晒太阳能促进肠道对钙、磷的吸收，对胎宝宝的骨骼发育特别有利。但在盛夏季节要避开阳光照射最强的时间段。

（4）注意衣着。散步时准妈妈最好穿宽松的衣服，鞋子要适合散步，以便给双脚必要的支撑。

温馨提示

散步的时间，准妈妈可以根据自己的工作和生活情况安排。

有助于排浊、排毒的按摩

人体每天都会通过呼吸、饮食及皮肤接触等方式从外界吸收“毒物”，天长日久它们在机体内蓄积，就会对健康造成危害。对于准妈妈来说，这种危害更为明显。因此，准妈妈需要通过一些按摩来排毒，保证自己和胎宝宝的健康。

手法1

两个手掌完全接触腰部，前后交错不停地按摩，直到腰部渐渐升温。

手法2

两手拇指交叠，按摩时以手后掌为轴心，双手分别向外按摩，在腰部及下腰画扇形。

手法3

两手掌交替轻轻拍打腰部或下腰，最好是用手指部分轻击腰部，然后整个手掌顺势滑向下腰，另一手掌同时开始新一轮轻拍。

温馨提示

毒素可通过出汗和尿液排出，所以准妈妈在做排毒按摩之前，最好先饮些水。

有针对性地锻炼一些肌肉群

阴道分娩的过程需要消耗大量的体力，包括腹肌、肛提肌等在内的全身多组肌肉都参与这一过程。分娩的过程要有效顺利完成需要肌肉群有一定的力量以及身体良好的协调性。准妈妈平时要注意这些肌肉群的锻炼，为分娩做好准备。

准妈妈有意识地锻炼腹部、腰部、背部和骨盆的肌肉，不仅可以避免由于妊娠体重增加和重心改变而导致的腰腿痛，还有助于减轻临产时的阵痛，促进顺利地自然分娩。

锻炼前，准妈妈最好事先通过医生检查出是否有可能发生流产或早产的情况。如果准妈妈是适宜运动的大多数中的一员，最好能参加孕妇健身班，在专业人员的指导下进行锻炼，那样就不怕运动会伤害到自己和胎宝宝了。准妈妈可以练练体操、骑骑固定自行车、做做瑜伽，在愉悦的音乐中轻轻松松就上好了一节课。其他的运动方式如水中漫步等对锻炼腹部、腰部、背部和骨盆的肌肉也是既简单又有效的方法。

温馨提示

准妈妈在锻炼时应注意自我保护，避免摔跤、碰撞腹部。

准爸爸胎教

约瑟夫： 进行胎教必须要有一个安静舒适的环境，使你没有任何不安和担心。只要你能把满腔的爱都倾注在孩子身上，我会竭尽全力做好一切的。

做准妈妈最坚强的后盾

十月怀胎不容易，为孕育胎宝宝准妈妈要付出很多的艰辛，准爸爸作为家里的顶梁柱，一定要做好准妈妈的坚强后盾，为准妈妈分忧。

1. 照顾好准妈妈的生活

准妈妈怀孕后，准爸爸最好承担起家里的家务琐事，烧几道菜，收拾一下厨房，打扫一下卫生，这些事情不需要做得多么专业，但总是能令准妈妈倍感温暖的。

2. 关心准妈妈的情感需要

受妊娠反应的影响，准妈妈的情绪会变得难以捉摸，甚至喜怒无常，尤其是在孕早期，心理脆弱起来的准妈妈依赖性也会增强，心里对准爸爸有很多的希望，所以准爸爸要帮助准妈妈保持安定平稳的情绪。

温馨提示

准爸爸要多了解准妈妈的喜好，将你们之间有意义的日子和曾经想做的事情列出来，出其不意地给准妈妈来一点儿小惊喜，比如一份别致有意义的小礼物，会让准妈妈觉得生活充满情趣。

3. 陪准妈妈做产检、上孕妇课堂

每一次健康检查，医生都会解答准父母对胎宝宝的疑问，医生的专业解答能解开准妈妈的疑惑，让准妈妈安心。

目前很多医院的产前检查服务中都有这项内容——孕妇课堂。在课堂里可以学到一些关于怀孕和分娩的必要知识，这种“课堂”都是欢迎准爸爸参加的，所以，准爸爸最好能于百忙之中抽点儿时间和准妈妈一起去听课，一来学了知识，二来也是自己对准妈妈“心理支持”的有力行动。

创造舒适、温馨的居室环境

优美的环境，能对人的神经起到调节作用，也能对准妈妈的性格、心情起到改善、缓和的作用，进而促进胎宝宝的良好发育。

1. 给屋子大扫除

准爸爸要利用空余时间把屋子收拾得干干净净，最好还要进行去蟑灭螨的工作。

2. 布置居室环境

居室除了装饰，还要进行绿化布置，而且应以轻松、温柔的格调为主，无论盆花、插花装饰，均以小型为佳，不宜用大红大紫，花香也不宜太浓。

除此之外，还可以在居室悬挂一些隽永的书法作品，时时欣赏，以陶冶性情。

3. 保持室内通风

经常开窗换气，同时还要注意保证居室的温度、湿度适宜。如果空气过于干燥，可采用加湿器加湿，或是在室内放置一盆水，尽量少用空调。

温馨提示

在居室的布置上，准爸爸可以先问一问准妈妈的意见，然后按照准妈妈的意愿进行布置。

选择合适的寝具

准妈妈怀孕后，准爸爸不妨行动起来，及时换掉那些不合适的寝具。为准妈妈打造温馨舒适的睡眠环境。睡上一个好觉能使准妈妈的情绪稳定，并有利于促进胎宝宝的成长发育。

1. 木板床更好

准妈妈适宜睡木板床，在床上铺上较厚的褥子，避免床板过硬缺乏对身体的缓冲力，从而转侧过频，多梦易醒。还可以在床边加一张活动式桌子，让准妈妈坐在床上看书或享受美餐。

2. 枕头不宜太高

枕头高度以9厘米（平肩）为宜，过高会迫使颈部前屈而压迫颈动脉，进而引起大脑血流量降低而致脑缺氧。

3. 被褥、床单宜选用全棉制品

理想的被褥是全棉布包裹棉絮，床单也应是棉织品，它们亲肤柔和，不会引起皮肤过敏或不适，孕期不宜使用化纤混纺织物做被套及床单，化纤布容易刺激皮肤，引起瘙痒。

温馨提示

准妈妈最好使用蚊帐，蚊帐的作用不仅可以避蚊防风，还可以吸附空间飘落的尘埃，以过滤空气。使用蚊帐有利于安然入眠，并使睡眠加深。

意念胎教

斯瑟蒂克： 当未来的母亲充满幸福感，而将成为父亲的你本身也感觉到幸福时，这便是受孕的最理想的时刻。

在房间张贴漂亮宝宝的画

能够拥有一个健健康康、漂漂亮亮的宝宝，是所有准爸爸、准妈妈的心愿。为了更好地实现这个心愿，准妈妈可以从画报、挂历、图片中找出一张自己最喜欢的幼儿画像，挂在卧室里，经常看看。然后将憧憬中的婴儿形象确定下来了，经常联想，反复使这一形象具体清晰，久而久之胎宝宝可能就会按照准妈妈的意愿生长发育，接近或达到准妈妈理想的相貌。

这听着好像有点不可思议，不过确实是行之有效的，这也是为什么有些孩子比父母长得漂亮的缘由之一。

此外，准爸妈还可以共同讨论，为胎宝宝做一个形象设计：取各人相貌中最理想而具有特点的部位，如准爸爸宽阔的额头、俊俏的剑眉，准妈妈善于传情的大眼睛、高高的鼻梁、轮廓分明的嘴唇等加以组合，想象成未来小宝宝可爱的形象。

温馨提示

准妈妈还要经常想象一些美好的事物，如名画、风景、优美音乐和文学作品、影视中美好的镜头，通过想象使自己常处于一种愉快的心境中。

消除紧张情绪的自律训练

自律训练法是一种通过集中自己的注意力和自我暗示的练习等来解除全身紧张状态况的一种训练方法。

准妈妈紧张的情绪会加重孕吐及导致胎宝宝的发育不良，而且在孕后期也是诱发早产的重要原因之一。所以准妈妈应学会利用自律训练，消除紧张情绪，积极地调整自己的身心状态。

训练方法：

在训练前，准妈妈应换上宽大的衣服，平躺在床上，闭上眼睛，把体内的力量由中心部位朝外逐渐放松。首先心脏会平静下来，内脏也会随着舒缓，接下来肩和腰部关节的力量放松，依照手肘、膝盖、手腕、脚踝和指关节的顺序逐渐放松而瘫软在床上。同时静静地用鼻子吸气，暂时屏上气后从嘴里静静吐气。依照此方式施行10分钟。

自律训练法的关键，在于真正放松身心，同时要给自己一定的心理暗示，例如对自己反复强调“我在放松”“我有充分的休息时间”等。

温馨提示

训练时可以播放一些轻松的音乐，这样效果会更好。

第二个月（5~8周）神秘莫测的脑发育

自从我们制订了妊娠期间的胎教计划，我们的意识中就总也离不开孩子，生活也是以孩子为中心的。类似以前那种以我和约瑟夫两人为中心驾车到处跑的生活结束了，因为这一时期必须注意自己的身体。我们不再远途驱车兜风、游逛或到人多拥挤的地方买东西，参加晚会直到很晚这一类的事情也取消了。

——斯瑟蒂克

到了这个月，即便别人看不出你怀孕了，准妈妈自己也感觉到了一些异样，最明显的就是经期没有准时来到。无论如何，胎宝宝都会用他的方式将怀孕的喜讯传递给准妈妈的，做个细心的准妈妈吧，因为你腹中有了一个看不见的孩子。

准妈妈与胎宝宝的变化

准妈妈

1. 第5周

准妈妈看上去没有什么明显的变化，只是有可能还会感到食欲旺盛、饭量增加；或者会觉得有轻微的恶心、呕吐，还会感到乳房发胀，这是正常的孕早期妊娠反应，不必担心。

2. 第6周

准妈妈会出现一些怀孕的症状：如胸部开始感到胀痛、乳房增大变软、乳晕有小结节突出等症状。激素水平的改变及其他因素，如肾脏的额外工作也会令准妈妈上卫生间的频率大增。

同时准妈妈可能变得嗜睡及容易疲惫，会时常犯困，这时候要适当调整自己的生活，增加休息的时间。

3. 第7周

准妈妈妊娠反应可能会变得明显，加上孕期激素的影响，准妈妈的情绪也可能会变得糟糕起来。

4. 第8周

恶心、呕吐等妊娠反应还在继续，准妈妈可能没什么胃口吃东西，但是现在不是控制饮食的时候，应该尽量吃些有营养的食物，以此来保证有足够的养分为胎宝宝的成长作后盾。

准妈妈的乳房更加胀大，腰围也可能开始增大。子宫也增大了，且变得很软，由于子宫的扩张压迫到膀胱，准妈妈去卫生间小便的次数会大大超过平时。

温馨提示

孕早期是流产发生率较高的时期，一定要注意安全，尽量少乘坐公交车或骑自行车，最好不要外出旅行。准妈妈如果发生出血现象（内裤有血迹或便后有血），像月经来潮一样，要立刻咨询妇产科医生，这很可能是流产先兆。

胎宝宝

1. 第5周

胚泡在子宫内着床后，在第5周形成内、中、外3个胚层，各个胚层分别形成宝宝不同的器官。

神经系统和循环系统在这个时期最先开始分化，心脏已有雏形，刚开始有了搏动，每分钟可达60~70次。

此时，小胚胎没有颈部，头部直接与躯体相连，手脚几乎看不到，长度约为0.6厘米，非常的细小，像一颗小苹果籽。

2. 第6周

到本周末，胚胎会逐渐从一颗“苹果籽”长成一颗“蚕豆”。

胎宝宝的主要器官包括初级的肾和心脏的雏形都已发育，神经管开始连接大脑和脊髓，原肠也开始发育。面部和五官在继续发育，看起来形状更明显了。四肢的幼芽更加突起，肌肉纤维开始发育。

胎宝宝的心脏已经开始划分心室，并进行有规律的跳动（已经可以跳到150次/分钟）及开始供血。

3. 第7周

这一周，胚胎仍然漂浮在羊膜囊中。

胎宝宝已经具有人的雏形，身长约为1.2厘米，体重约4克，而且头部增大明显，与身体显得有些不成比例，看上去有点像数字“9”。胎宝宝的脸在慢慢形成，头发、眼皮、舌头、耳朵这些“小零件”都在悄悄地发育和形成。

4. 第8周

这一周，胚胎的发育非常迅速，几乎每天的身长都可以增加0.1厘米，并且这种情况可以持续到20周左右，到本周末，胚胎的长度约有1.6厘米，形状看上去有点像葡萄。

胎宝宝体内各种复杂的器官都开始发育，并逐渐具备了明显的特征。胎宝宝的生殖器也略显雏形——当然这会儿还看不出胎宝宝的性别。

宝宝心声

在接下来的两百多天里，我一刻不停地忙着为自己创造新生活，浑身是劲儿，可是妈妈总会感觉到疲惫和没有力气。妊娠早期的那些症状为妈妈带来了很多身体上和精神上的压力，它们使妈妈的身体透支，并且逼着爸爸去做一些他之前从来没有做过的事，比如去购物、下厨、耐心倾听等。

不管怎么样，妈妈都应该逮着机会就让自己放松一下，早早上床、睡个懒觉，除了最爱的电影、肥皂剧，妈妈可以抛弃一切哦，盘子可以不洗、地可以不扫……我相信爸爸会理解并来承担这一切的。

温馨提示

在怀孕早期，害喜症状可能会在一定程度上影响准妈妈的胃口，其实，胃口不好时少吃一点是没有关系的，孕早期胎宝宝所需营养相对比较少，在饮食上，一般不提倡准妈妈大补，主要以自己的喜好为主，想吃什么就吃点什么。吐得比较厉害的话，要注意吃一些清淡、容易消化的食物。

情绪胎教

斯瑟蒂克：准妈妈的情绪不安和精神紧张，对大人本身来说或许无关紧要，但对生长速度迅速、发育过程复杂的胎儿来说却是举足轻重的。

学会给自己减压

压力是一把双刃剑，适当的压力可以督促自己进步，但如果时常感觉压力大，反而不利身心健康，容易导致血压升高、发生胃肠道疾病等。对准妈妈来说，学会释放压力非常有用，感觉轻松的状态对胎宝宝更有利。

1. 准妈妈好心情，宝宝好性格

英国剑桥大学的一项研究发现，准妈妈如果能避免压力放松心情，生出来的宝宝可能更擅长交际，如果怀孕时压力大并且无法放松，孩子将来在社交和语言等方面的发育会受到影响，严重的还可能患上孤独症。

准妈妈的压力感对孩子性格的影响是激素的作用，如果倍感压力，雄性激素就会增加，胎儿在第 13 周时便会受到这种情绪影响的波及。

2. 学会释放压力

（1）放松身心的运动：做瑜伽、按摩、深呼吸等都是能在短期刺激身体的“放松反应”，准妈妈可以将它们安排到每天的生活中去，帮助自己减轻压力。

（2）减少工作量：怀孕后，准妈妈一定要合理安排工作，工作时间过长会加大压力，每天工作时间不应超过 8 小时，避免上夜班，感到疲劳时应稍作休息，在工作中找找乐趣等。

（3）散步：晚饭后就近到公园、广场散步，不仅能解除疲劳，也是保持好情绪的方法。

（4）听轻缓、舒畅的音乐：多听这样的音乐可避免对压力产生消极反应，这不仅能给人美的熏陶和享受，还能使精神得到有效放松，倾听优美的乐曲是缓解压力有效的方法。

3. 准爸爸的帮助很重要

人是社会动物，脱离了亲人和朋友很容易情绪低落，准爸爸要给予准妈妈更多的陪伴，如果自己没有时间，就应该帮助准妈妈扩大亲朋好友的交往范围，让准妈妈在交流中获得支持和信息，这对缓解压力非常有益。

温馨提示

好脾气的准妈妈怀孕后也可能会变得暴躁，这是无法控制的，准爸爸和家人一定要比平时更多一点耐心、包容和体贴。

营造快乐的心境

“一种美好的心情比十副良药更能解除生理上的疲惫和痛楚。”的确是这样，快乐的情绪是一副百试不爽的心灵安抚剂，准妈妈的快乐就是胎宝宝的快乐，并且会对宝宝的性格产生积极影响。

1. 准妈妈的快乐一天

（1）清晨的问候。早上醒来，新的一天来了，这时候感觉好极了，怀孕后准妈妈的心里一定每天都怀揣着许多的渴望。在每一个新的一天里，准妈妈不妨闭上眼睛，用手轻轻地抚摸着隆起的肚子，在心里与胎宝宝交流一下，这种奇妙的血肉相连的感觉会让自己感觉耳目一新的，用快乐的声音对胎宝宝说：“宝宝，起床了，新的一天开始了，来，和妈妈一起加油吧！”

（2）起床后做一小会儿胎教。如果是音乐胎教，那就打开录音机，放会儿好听的胎教音乐，然后可以开始一天的洗漱，清清爽爽开始一天的生活。

（3）路上的交流。户外运动能使准妈妈吸入更多的新鲜空气，加速体内废物的排出，有效缓解孕期不适反应，对胎儿大有好处，上班路上、公园的小路上、小区的草坪上等，抽个好时间去走一走，将沿途的感受与风景分享给胎宝宝，这一定也能激发他对生活的热烈期盼。

2. 让心境更快乐的方法

（1）不为一些无谓的事生气，如果还是想生气，不妨想想腹中的胎宝宝。

（2）多读一些格调优美、文笔高雅的文学名著、散文或诗歌，多听能使精神放松的优美乐曲，使精神生活变得充实。

（3）广交乐观的好友，经常与情绪积极乐观的朋友交往，充分享受与他们在一起的快乐，让他们的乐观情绪也感染自己。

温馨提示

完整的家庭生活除了准妈妈与胎宝宝，还不能少了准爸爸，无论如何，准爸爸的积极参与都会让准妈妈的心情更加稳定、快乐。

(4) 经常改变形象或环境。换一个发型，买一件新衣服，重新布置或装点一下房间，这些都会带给准妈妈新鲜感，让心情变得更开朗。

调整孕早期不稳定的情绪

怀孕初期，多数的准妈妈会有程度不同的妊娠反应，如恶心、呕吐、厌食等，同时还会有胸闷和腹胀、腰痛等不适感觉，在身体感觉不适时，人的精神往往不佳，如果不良反应持续一段时间，往往会弄得准妈妈心情恶劣，烦闷不堪。

温馨提示

过度担心胎宝宝的健康也会导致烦躁不安，当准妈妈对胎宝宝的健康产生强烈的质疑时，一定要去医院做个检查，确定胎宝宝是健康的，帮助自己尽快平定情绪。

正是因为这些不适，准妈妈孕早期的情绪往往不太稳定，这首先需要准妈妈对此有正确的认识，不要因此而觉得自己很糟糕。

保持孕早期心情舒畅非常重要，所以准爸爸一定不要给准妈妈压力，多包容，多引导，帮助准妈妈保持心情舒畅。

在孕早期，准妈妈可以多想一些愉快的事，多看一些轻松、幽默的书籍、电影，每天到环境幽雅的地方散散步，和朋友谈谈天，让自己从烦躁的情绪中解脱出来。

说出心里话

过去的日子里，准妈妈一定积攒了不少感想吧，适当的时候可以跟准爸爸或者其他关心胎宝宝的家人一起玩一个有趣而温馨的说话游戏。

挑选一个空闲时间，15 分钟就很够了，对象最好是准爸爸，然后一人做倾诉者，另一人做倾听者，倾诉者说出自己想对胎宝宝和自己的另一半说的心里话，倾听者可以复述倾诉者的话，但不允许评论和反驳，5 分钟后换一次角色，剩下的时间可以交流在单纯地诉说和倾听时的感受。

在这个游戏中，游戏双方可以加深对另一半的理解，看到对方行为后的理由，往往在很多看似不合理的行为背后，是隐藏着爱的，因此而情绪低落是多么不值得。

温馨提示

胎宝宝是主导心灵快速成长的催化剂，是爱的力量，对胎宝宝的爱，对伴侣的爱，会让人学会包容，并愿意为此改变。

语言胎教

斯瑟蒂克：对他讲话时不能单凭声音，而是在头脑中先把所讲的内容形象化或是抓住某种感觉再讲，把语言用一种画面或立体形象传授给胎儿。

讲故事：《最好的朋友》

最好的朋友

在街道的拐角处，一个老爷爷在卖气球，有红的、蓝的、绿的、黄的……它们脸儿贴着脸儿，随着风自由地飘动，别提多高兴啦。

有一只白色的蝴蝶，每天都飞到这里来，跟气球们在一起玩，这束气球里有个很小的红气球，白蝴蝶跟它最好啦！

有一天，一个背着娃娃的阿姨过来了，阿姨用1元钱买走了那个小红气球。在走的时候，小红气球说："再见啦，蝴蝶！"可是，白蝴蝶说："不，我们是朋友，我要跟你走！"

白蝴蝶努力地扇动着翅膀，跟在红气球的后边。那个背娃娃的阿姨穿过一条林荫道，朝着公园走去，红气球被一根细线牵着，跟在她背后，在红气球的后边，又跟着白蝴蝶。

阿姨在公园的长椅子上坐下来，唱起哄娃娃睡觉的催眠曲：

噢——噢——乖宝宝睡觉喽——

噢——噢——乖宝宝睡觉喽——

还没等小娃娃睡呢，阿姨自己倒先“呼呼”地睡着了。白蝴蝶不放心地问红气球：“这以后，你要到什么地方去呢？”红气球说：“这个，我也不知道。”

这个时候，阿姨不知不觉地松开了手，细线滑了出去，红气球开始飘向天空。白蝴蝶也跟着红气球，向天空飞去。

“我不知道会飞到哪里去，蝴蝶，你快回家去吧……”红气球焦急地说。“不，你去哪儿我就去哪儿！”白蝴蝶说。

红气球越飞越高，白蝴蝶也越飞越高，往下看去，城市变小了，房子跟玩具积木似的。“好蝴蝶，我还不知道会飞到哪儿去呢，别再跟着我了！”红气球恳求道。

可是，白蝴蝶还是扇动着翅膀，跟着他走。不一会儿，红气球和白蝴蝶就都飞到很高、很远的蓝天上去，一点儿也看不见了。

——作者：新美南吉（日本）

胎教点读

爱其实很简单——勇于付出！准妈妈需要为胎宝宝的健康成长而付出，准爸爸需要为家庭而付出，每个人都多一点儿爱与耐心，生活一定会更开心的。

讲故事：《百鸟朝凤》

百鸟朝凤

传说在很久以前，凤凰还只是一只很不起眼的小鸟，它的羽毛很平常，丝毫不像人们想象中的那般光彩夺目。

但是凤凰比所有小鸟都要勤劳，别的鸟儿吃饱了就去玩，凤凰却从早到晚忙个不停，将别的鸟扔掉的果实都一颗一颗捡起来，收藏在洞里。

别的鸟儿都不理解凤凰：这有什么意思呀？和财迷精、大傻瓜不是一样吗？可是，就是凤凰的这年复一年的小小举动，在关键时候发挥了大用处！

果然，有一年森林大旱。鸟儿们觅不到食物，都饿得头昏眼花，快支撑不下去了。这时，凤凰急忙打开山洞，把自己多年积存下来的干果和草籽拿出来分给大家，和大家共渡难关。

旱灾过后，为了感谢凤凰的救命之恩，鸟儿们都从自己身上选了一根最漂亮的羽毛拔下来，制成了一件光彩耀眼的百鸟衣献给凤凰，并一致推举它为鸟王。

以后，每逢凤凰生日之时，四面八方的鸟儿都会飞来向凤凰表示祝贺，这就是传说中的百鸟朝凤。

——中国古代民间故事

读诗歌：《库尔的野天鹅》

库尔的野天鹅

树木披上绚烂的秋装，
林中的小径晒得干爽。
十月的微曦朦胧，
一片静空铺水中。
一湖秋水，满池卵石，
五十九只天鹅在悠游。

自我第一次来此数天鹅，
十九个秋天已悄然逝过。
正当我数着，我看见，
天鹅突然成群冲向蓝天
然后散开，绕着残缺的围圆飞行，
喧闹地扑棱着翅膀。

看着这灿烂的生灵，
我感到痛苦忧伤。
沧桑巨变，自从我乘着日色苍茫，
在湖畔第一次听到，
它们在我头顶盘旋时钟摆似的飞翔，
那时我的步伐多么轻盈。

它们比翼双飞，永不厌倦，
时而荡桨于多情的湖面，
时而双翩凌空，一举千里，
活力永不衰减。
不论游往何地，激情和志向，
将伴随它们，日久天长。
如今，它们悠游于幽静的水面，
神秘而又美妍。

它们将沿着怎样的湖边，
在怎样的蒲苇中筑起家园，
让人们把喜悦写入眼帘，
当某天早晨我突然起身，
发现它们早已杳无踪痕？

——作者：威廉·巴特勒·叶芝（爱尔兰）

品散文：《仙人世界》

仙人世界

如果人们知道了我的国王的宫殿在哪里，它就会消失在空气中的。

墙壁是白色的银，屋顶是耀眼的黄金。

皇后住在有七个庭院的宫苑里；她戴的一串珠宝，值整整七个王国的全部财富。

不过，让我悄悄地告诉你，妈妈，我的国王的宫殿究竟在哪里。

它就在我们阳台的角上，在那栽着杜尔茜花的花盆放着的地方。

公主躺在远远的隔着七个不可逾越的重洋的那一岸沉睡着。

除了我自己，世界上便没有人能够找到她。

她臂上有镯子，她耳上挂着珍珠；她的头发拖到地板上。

当我用我的魔杖点触她的时候，她就会醒过来，而当她微笑时，珠玉将会从她唇边落下来。

不过，让我在你的耳朵边悄悄地告诉你，妈妈：她就住在我们阳台的角上，在那栽着杜尔茜花的花盆放着的地方。

当你要到河里洗澡的时候，你走上屋顶的那座阳台来吧。

我就坐在墙的阴影所聚会的一个角落里。

我只让小猫儿跟我在一起，因为它知道那故事里的理发匠住的地方。

不过，让我在你的耳朵边悄悄地告诉你，那故事里的理发匠到底住在哪里。

他住的地方，就在阳台的角上，在那栽着杜尔茜花的花盆放着的地方。

——作者：泰戈尔（印度）

胎教点读

这首诗以一个孩子角度来看自己眼中的世界，借传说中的皇后、公主等形象，写出在孩子的心目中，自己的母亲就像这些仙人一样美丽动人。全诗充满了童心童趣以及对母亲深挚的爱。从孩子描述的美丽景致中，纯真可爱、想象力丰富的孩子形象跃然脑中。多带胎宝宝在奇妙美丽的诗歌中遨游吧，这是令准妈妈和胎宝宝都快乐的事情。

美育胎教

斯瑟蒂克：我认为，通过将画中的幻想世界，用我们富于想象的大脑放大后传递给胎儿，能够很好地促使胎儿的心灵健康成长。

画简单可爱的简笔画《小鸭》

简笔画可以让人集中精神，转移注意力，从而缓解不适，它并不要求绘画功底，所以是非常好的胎教方式。

1. 让画画更有乐趣

简笔画只要愿意动手，就能画出形态各异的东西来，准爸爸、准妈妈还可以配合以下儿歌来进行，边画边把儿歌说给胎宝宝听。

2. 画小鸭

小鸭头，小鸭尾，
小鸭眼睛，小鸭嘴，
小鸭长着两条腿！
鸭头画小圆，鸭身画大圆，
翅膀画半圆，
眼睛随着头部转，
小脚画两边，
圆滚滚的小鸭就出现，
快来快来给小鸭涂颜色。

除了画小鸭，准爸爸、准妈妈还可以换成小鸡，加上米粒、小虫子、小草等装饰，最后涂上各种颜色。

胎教点读

画　画是宝宝出生后非常喜欢的事情，准爸爸、准妈妈孕期多动动手，积累经验与素材，宝宝出生后便可以和他一起玩了。

欣赏书法：《兰亭集序》

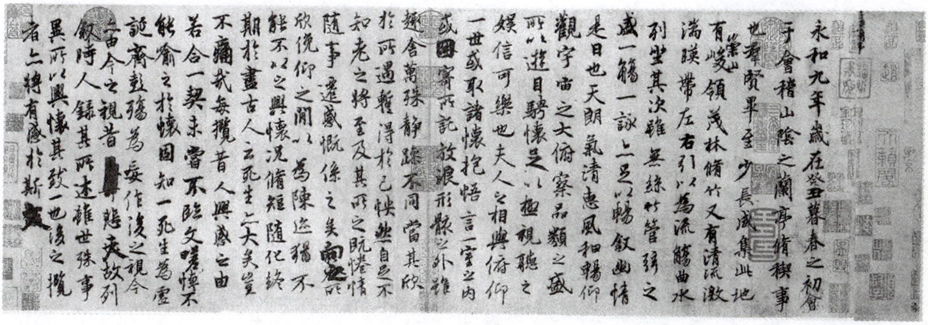

兰亭集序

永和九年，岁在癸丑，暮春之初，会于会稽山阴之兰亭，修禊事也。群贤毕至，少长咸集。此地有崇山峻岭，茂林修竹；又有清流激湍，映带左右，引以为流觞曲水，列坐其次。虽无丝竹管弦之盛，一觞一咏，亦足以畅叙幽情。

是日也，天朗气清，惠风和畅。仰观宇宙之大，俯察品类之盛。所以游目骋怀，足以极视听之娱，信可乐也。

夫人之相与，俯仰一世，或取诸怀抱，晤言一室之内；或因寄所托，放浪形骸之外。虽取舍万殊，静躁不同，当其欣于所遇，暂得于己，快然自足，不知老之将至；及其所之既倦，情随事迁，感慨系之矣。向之所欣，俯仰之间，已为陈迹，犹不能不以之兴怀。况修短随化，终期于尽。古人云："死生亦大矣。"岂不痛哉！

每览昔人兴感之由，若合一契，未尝不临文嗟悼，不能喻之于怀。固知一死生为虚诞，齐彭殇为妄作。后之视今，亦犹今之视昔。悲夫！故列叙时人，录其所述，虽世殊事异，所以兴怀，其致一也。后之览者，亦将有感于斯文。

胎教点读

《兰亭集序》共计324字，凡是重复的字都各不相同，其中21个"之"字，各具风韵，皆无雷同。王羲之酒醒之后，过几天又把原文重写了好多遍，但终究没有在兰亭集会时所写得好。作为书法作品，《兰亭集序》被认为是经典杰作，有"行书第一"之称，其书法飘逸流畅，如行云流水而又笔力雄健，看这样的书法作品是一种莫大的享受。

欣赏名画：《秋庭婴戏图》

名称：《秋庭婴戏图》

作者：苏汉臣

年代：南宋

目前收藏地：故宫博物院

胎教点读

秋天的庭院里，一柱擎天的瘦石旁，大簇的芙蓉摇曳身姿，似乎可以闻到微风传送的馨香，兼有金黄的雏菊点缀其间，秋味甚浓。

两个幼稚孩童正专心致志围着凳子玩耍，略显急躁的小弟弟，衣领滑下了膀子也无暇顾及，而一侧的姐姐要沉静得多，正细心地教导小弟弟，一旁的地上杂乱地摆放着他们的玩具，看来他们是刚刚在花丛间追打嬉闹过。

这幅画以写实和精细为人称道，从中可以一窥那个时代的世俗风貌。

温馨提示

还有什么比描绘天真烂漫的孩子嬉戏更能表现日常生活的欢欣与安宁呢？多和孩子们亲近，能让人葆有一颗鲜活的童心。

欣赏名画:《荷花图》

名称:《荷花图》

作者:吴应贞(女)

年代:清代

目前收藏地:北京故宫博物院

胎教点读

这是一幅表现池塘风和日丽景色的写实画,图中所绘荷花绰然俏丽,花、叶艳丽而不浓腻,晕染工致,旨在追求花、叶含水带露的润泽、鲜灵与生动。

画家没有刻意地描绘水,而是通过惬意于荷花丛中的鱼儿,将这一池清水巧妙地暗示了出来。

温馨提示

许多准妈妈怀孕以后容易变懒,什么也不想干,什么也不愿想,其实这是胎教学中的一大忌。如果准妈妈既不思考也不学习,胎宝宝也会深受感染,变得懒惰起来,所以为了腹中胎宝宝的智力发育,准妈妈一定要勤于动手、动脑。

音乐胎教

斯瑟蒂克：我在唱歌和听音乐时，时刻都意识到胎儿在我腹中正用心地倾听，这非常重要。

欣赏名曲：《春之声》，感受春的生机

《春之声》是小约翰·施特劳斯(1825~1899)所作，节奏自由、充满变化，旋律生动而连贯。这首曲子生动地描绘了大地回春、冰雪消融、一派生机的景象，随着曲调，一幅春天的图画在听者的脑海里显现。

体会《春之声》里春天的感觉

《春之声》开始于4小节充沛的引子，贯穿全曲的第一主题（降B大调）随之出现，复杂而具有装饰音色彩的旋律给人一种春意盎然的感觉；

接着旋律开始平和，给人一种春水荡漾般的舒畅感；

而之后运用大音程的跳动，显示出无穷无尽的活力；突然的低沉音调，仿佛是在描写春日里偶尔飘来的阴云；

当然，最后旋律又恢复明快，再次呈现春天那生机盎然的感觉，干净利落地结束全曲。

趣味小故事

小约翰出生在音乐世家，他与他父亲同名，两人都是著名的作曲家，又都以写圆舞曲闻名于世。为了区别起见，在他们的名字前面分别加上“老”“小”。老约翰·施特劳斯被人们称为“圆舞曲之父”；小约翰·施特劳斯被称为“圆舞曲之王”。

然而，一开始父亲并不希望小约翰子承父业，成为一个音乐家，而是希望他将来成为一个银行家，最后，小约翰坚持了自己的梦想。他创作《春之声》时已年近六旬，但本曲依然充满活力，处处散发着青春的气息。

胎教点读

春天寓意着生命的开始，在孕育生命之始，听听这首生机盎然的《春之声》吧，它用美妙的音符描绘出一幅色彩浓重的油画，永远保留住了大自然的春色。

温馨提示

据科学研究发现，像巴赫、莫扎特的乐曲，它们的节奏与大脑中的阿尔法波和心跳波形相似，很容易被准妈妈和胎宝宝接受，胎宝宝很爱听。

欣赏名曲《田园交响曲》，让心绪更恬静

《田园交响曲》是贝多芬所作，《田园交响曲》的灵感来自大自然，整部作品表达了对大自然的依恋之情，细腻动人，朴实无华，宁静而安逸。

这首乐曲让人感受到人与自然既和谐又统一的佳境，自然的千姿百态与音乐的宏伟互为映衬，就像一幅用眼睛可看见的图画，美妙而令人身心舒展。

趣味小故事

《田园交响曲》是贝多芬的F大调第六号交响曲，也是最受欢迎的交响乐之一，这部作品1808年在维也纳首演，由贝多芬亲自指挥，在首演节目单上，他写道："乡村生活的回忆，写情多于写景。"

胎教点读

回想自己曾经观赏田园的景象，这种感觉或许用文字难以描述，当准妈妈漫步于小区花园或是林荫小道时，不妨听一听这曲《田园交响曲》，满耳大自然的声音和满眼大自然的颜色会让准妈妈从心灵深处呼吸到那纯净清新的空气，从而忘记烦恼，给心灵一次轻松的旅行。

欣赏评剧：《花为媒》

评剧，寓“评古论今”之意，是我国北方地区的一种地方戏，在华北、东北以至云贵高原都较为流行，是广大群众所喜闻乐见的剧种之一。

《花为媒》是评剧经典剧目，风格幽默，唱词优美，在品味其经典唱段《报花名》时，仿佛繁花似锦的场景就在眼前。准妈妈不妨在网上搜索一下，欣赏一下这个经典的唱段。

花为媒

花开四季皆因景，俱是天生地造成，
春季里风吹万物生，花红叶绿草青青，
桃花艳李花浓杏花茂盛，扑人面的杨花飞满城。
夏季里端阳五月天，火红的石榴白玉簪，
爱它一阵黄呀黄昏雨呀，出水的荷花亭亭玉立在晚风前。
都是那个并蒂莲哪！
秋季里天高气转凉，登高赏菊过重阳，
枫叶流丹就在那秋山上，丹桂飘飘分外香！
朵朵都是黄呀！
冬季里雪纷纷，梅花雪里显精神，
水仙在案头添啊添风韵，迎春花开一片金！
转眼是新春！
我一言说不尽春夏秋冬花似锦。

营养胎教

斯瑟蒂克： 约瑟夫常常看一些有关营养方面的书，提一些很好的建议。他一有新的信息，就会马上在我们家的“饮食改善条例”中加上一条。

准妈妈嗜酸要选择

多数准妈妈孕早期都爱吃酸味食物，酸味能刺激胃分泌胃液，有利于食物的消化与吸收，从营养方面来说，准妈妈吃酸味食物对自己和胎宝宝的发育都有好处。不过，不是说只要是有酸味的食物就适合准妈妈食用，准妈妈应该食用对身体有益的酸味食物。

1. 对身体有益的酸味食物

喜吃酸味食物的准妈妈最适合选用一些带酸味的新鲜瓜果，如番茄、青苹果、橘子、草莓、葡萄、酸枣等，这类食物含有丰富的维生素 C，可以增强母体的抵抗力，促进胎宝宝正常生长发育，适合准妈妈食用。

准妈妈也可在食物中放少量的醋、番茄酱，增加一些酸味。另外，酸奶富含钙、优质蛋白质、多种维生素，也适合准妈妈食用。

2. 对身体有害的酸味食物

准妈妈一定要克制吃人工腌制的酸菜或者醋制品，腌菜中的致癌物质亚硝酸盐含量较高，过多地食用对准妈妈和胎宝宝的健康无益。

温馨提示

很多准妈妈担心孕吐严重影响胎宝宝营养吸收，其实很多营养素能在体内留存很长时间，孕前如果营养均衡，即使孕早期发生孕吐，进食量少，只要没有出现脱水或什么也吃不下的情况，都不会伤害到胎宝宝。

应对孕吐怎么吃

虽然目前还没有方法从根本上阻止孕吐，但是如果准妈妈在饮食上做一点小小的调整会起到一定的改善作用。

1. 少食多餐

可以将一日三餐改为每天吃上 5~

6次，每次少吃一点，或者每隔2~3个小时就吃点东西，随时准备少量、多品种的食品，如口味清淡的点心等，避免空腹。

2. 补充水分

身体的代谢增加，大量的水除了可帮助代谢，还会降低血液中激素的浓度，以减轻身体的不适。

3. 吃生姜

生姜可以帮助缓解孕吐症状。可以自己试试制作姜茶（一定要事先征询医生的意见）：切两片硬币大小的生姜，然后用开水浸泡5~10分钟。取出生姜，加入红糖、蜂蜜或柠檬就可以了。另外，干姜片也是止吐的不错选择。

4. 吃苏打饼干

孕吐在早上最厉害，起床前，先吃上几片苏打饼干或馒头干，休息20~30分钟再起床，可有效缓解晨吐。

5. 吃些蔬果沙拉

吃些蔬果沙拉会让准妈妈避免热食物浓烈气味的影响，但需注意饮食卫生。

温馨提示

心理压力大、紧张或休息不好都会使孕吐加重，因此，要缓解孕吐，准妈妈要保持愉快的心情，多注意休息，保证充足的睡眠。

特别想吃某种食物时不用强忍

在怀孕期间爱吃某种食物，可能是一种能真实反映出身体需求的自然现象：很多研究孕妇偏爱某些食物的

营养学家认为，这些被偏爱的常见食物的确在期间提供了孕妇所需的重要营养。

看一下常见的两种被准妈妈偏爱的食物：泡菜和薯条。这些食物含盐量高，这正是机体所需要的，而且它们能使准妈妈感到口渴，这样就会多喝水。或许机体知道它需要大量额外的液体来灌满像游泳池样的羊膜腔。有些准妈妈会开始吃些在怀孕之前从来不喜欢的食物，这可能也是因为变化的身体需要吸收和怀孕前不同的营养。而且，在整个怀孕期间，准妈妈爱吃的食物种类也会发生变化，这也可能是为了配合身体营养需求的变化。就像晨吐一样，爱吃某些食物，也是在怀孕早期特别明显。

所以，一般来说，除非这些食物实在是太不健康，否则准妈妈都可以把想吃的食物当作是身体的需要，放心地吃。

温馨提示

如果准妈妈发现爱吃某种食物的欲望已超出自己的控制，最好把它们列出来，吃了多少？吃的次数有多少？再问问医生或营养师，看看自己最想吃的东西，是否对自己和胎宝宝有利。

不是每个准妈妈都要补鱼肝油和钙片

鱼肝油中含有维生素A和维生素D，常用来防治维生素A和维生素D缺乏症。对于一个普通人来说，人体对维生素A的需要量极少，日常的饮食已足够生理需要。但对于准妈妈来说，在孕早期，血清中的维生素A水平会降低，加上孕吐反应会影响进食，比较容易造成维生素A的缺乏。因此，如果准妈妈的胃口一直不是很好，适当摄食鱼肝油是有益的。但并不是每个准妈妈都必须服用鱼肝油，如果饮食比较合理，进食也正常的话，维生素A一般也不会缺乏。

温馨提示

维生素A、维生素D容易在体内储存，如果摄取过多会产生毒性作用，如果通过吃鱼肝油来补充维生素A和维生素D，应尽量在医生或营养专家的指导下服用。

每个准妈妈都需要补钙，因为准妈妈消耗的钙量要远远大于普通人，当血钙不足时，胎宝宝会“夺取”准妈妈骨骼中的钙盐。补钙首先应该从丰富食物种类、均衡饮食结构入手，如果饮食中的钙量比较充足，孕中期能达到每日1000毫克，孕晚期达到1200毫克，就可不服用钙剂。

准妈妈多吃鱼，宝宝更聪明

鱼类脂肪中的多不饱和脂肪酸是一种有益于大脑的物质，对脑细胞，特别是脑神经传导和突触的生长发育有重要作用，能提高智力、记忆力和思维能力，准妈妈多吃鱼有利胎宝宝脑部神经系统发育，将来宝宝会特别聪明。

而且，鱼体内有一种特殊脂肪酸，与人体大脑中的“开心激素”有关，常吃鱼可维持“开心激素”的浓度处于正常状态，使准妈妈获得一份好心情，有助于优生。

准妈妈吃鱼也有讲究

（1）掌握好吃鱼的频率。吃鱼不是越多越好，最好每周不超过3次。

（2）不吃咸鱼。咸鱼蕴藏有大量二甲基亚硝酸盐，进入体内可以转化成致癌性很强的二甲基亚硝胺，增加胎宝宝出生后患癌的危险。

温馨提示

如果鱼特别腥，或者感觉有煤油的味道，这有可能就意味着这些鱼的生长环境受到过污染，准妈妈最好不要吃。

孕期吃粗粮应选哪几种

准妈妈若长期食用精白米或出粉率低的面粉制作的食物，会造成B族维生素的缺乏，尤其是维生素B_1的缺乏。因此，为避免某些营养元素的不足，准妈妈应适量吃点粗粮，以下几种粗粮都是准妈妈在孕期不可缺少的。

1. 玉米

玉米富含维生素E，能降低血液中胆固醇的含量，能够有效地防治“妊娠巨幼红细胞性贫血”；玉米中含有的膳食纤维可以加强肠壁蠕动，预防孕期便秘。准妈妈常吃玉米还可以预防及治疗口角炎、舌炎、口腔溃疡等口腔疾病。

2. 糙米

糙米胚芽中不仅含蛋白质、脂肪，还含有维生素B_1、维生素B_2、维生素E、维生素C、维生素A、叶酸及锌、镁、铁、磷等微量元素，可以满足胎宝宝发育的需要，也十分适合准妈妈食用。

3. 荞麦

荞麦比其他谷类更能提供全面的蛋白质，是素食准妈妈很好的选择。荞麦的蛋白质中含有丰富的被称为人体第一必需氨基酸的赖氨酸成分，其能促进胎宝宝发育，增强准妈妈的免疫功能。

4. 红薯

红薯富含淀粉和人体必需的铁、钙等矿物质，其氨基酸、维生素及纤维素的含量都高于大米与白面，有利于胎宝宝的健康发育。红薯中含有黏蛋白，可以促进胆固醇的排泄，防止心血管的脂肪沉积，预防心血管疾病，是准妈妈的营养保健食品。

温馨提示

准妈妈在吃粗粮的时候不要和奶制品、补充铁或钙的食物或药物一起吃，最好间隔40分钟左右。

运动胎教

斯瑟蒂克： 曾从祖母那里听到过一些有关胎教的古老传说："打扫厕所就能生干净的孩子。"这也是说要适度地运动和美化生活环境，这对胎儿是有好处的。

孕期运动对准妈妈有帮助

准妈妈正确的运动可以让怀孕过程变得轻松。

1. 身体方面

（1）孕妇运动和做体操练习可以循序渐进地增加肌肉的韧性、灵活度和耐力。

（2）孕妇运动能够改善自己的血液循环，减轻水滞留，增强骨盆肌肉的韧性，一些常见的孕期疼痛因此能够得到缓解，比如孕晚期的下背部疼痛。

（3）孕妇运动还能帮准妈妈更好地控制血糖，从而可能有效降低准妈妈患妊娠期糖尿病的风险。

2. 情绪方面

（1）孕期运动有益于改善睡眠，消除失眠，让准妈妈健康舒适，形成积极健康的生活态度。

（2）孕期呼吸练习可以使准妈妈呼吸深长舒缓，精神保持安定。

（3）孕期运动能够帮助准妈妈应对孕期情绪波动，增强自我调控意识。

温馨提示

在整个妊娠过程中，孕妇可以根据自身情况选择运动方式，如走路、游泳、骑固定自行车、做孕妇体操和瑜伽。 如有不适，要停止；做体操练习时，如运动时有不适，要调整姿势。

坐的练习和脚部运动

怀孕第 2 个月的时候，准妈妈不能做太剧烈太复杂的运动，也不能压迫到腹部，因此做孕期体操的时候准妈妈可以从脚部开始，适合妊娠第 2 个月的体操主要有坐的练习和脚部运动。

1. 坐的练习

选择一张有靠背的椅子，坐之前，把两脚并拢，将左脚向后挪一点，然后轻轻地坐在椅子的中部。坐稳后，再向后挪动臀部把后背靠在椅子上，深呼吸，使脊背伸展放松。在孕早期，准妈妈应练习“坐”，学会“坐”。

2. 脚部运动

（1）坐在椅子上或床边，腿和地面呈垂直状，两腿并拢。

（2）脚尖使劲向上翘，待呼吸一次后，再恢复原状。

（3）将一条腿放在另一条腿上，上面腿、脚尖慢慢地上下活动，然后换腿进行。

（4）每次 3~5 分钟即可。

温馨提示

准妈妈要根据自己的身体状况决定锻炼量，切记动作要轻柔，运动量以不感到疲劳为宜。

准爸爸胎教

斯瑟蒂克：胎教绝不是我一个人完成的，我的丈夫约瑟夫所起的作用也不可低估。丈夫不仅在妻子保持安定平和的心境方面有着重大作用，而且还可以直接参与胎教。如想让胎儿了解我生疏或不擅长的领域，这时，就可以让丈夫承担任务了。

情绪胎教需要准爸爸参与

情绪胎教，是通过对准妈妈的情绪进行调节，使准妈妈保持愉快的情绪，并将这种情绪传达给胎宝宝，促使胎宝宝得以良好的发育。如果准妈妈在妊娠期情绪低落、惶恐不安，宝宝出生后会出现智力低下、个性怪癖、容易激动等状况。

所以，从某种意义上说，在情绪胎教中，准爸爸所起到的作用非常大，因为准爸爸能够影响准妈妈的情绪。

妊娠后准妈妈由于体内激素分泌变化，会导致情绪不太稳定，因此，特别需要向准爸爸倾诉。这时，准爸爸要用风趣的语言以及幽默的笑话宽慰和开导准妈妈，这是稳定准妈妈情绪的良方。

此外，怀孕的准妈妈一个人要负担两个人的营养，如果营养不足或食欲不佳，会严重地影响母子的健康，准爸爸要关心准妈妈孕期的营养问题，尽心尽力当好准妈妈和胎宝宝的“后勤部长”。

总之，在胎教过程中，准爸爸应倍加关爱准妈妈，让准妈妈多体会家庭的温暖，避免产生愤怒、惊吓、恐惧、忧伤、焦虑等不良情绪，保持心情愉快。准爸爸对准妈妈的体贴与关心，对胎宝宝的抚摸与“交谈”，都是生动有效的情绪胎教。

准爸爸与胎宝宝的亲情对话

胎儿对常常听到的声音有着特别敏感的反应，如果经常对他讲话，那么，他就会通过对准妈妈或准爸爸声音的感受，促进记忆力的发育。

虽然现在胎宝宝听觉还没有发育，

但是只要准爸爸用爱来看待子宫中的胎宝宝，与他进行温柔的对话，就可以刺激胎宝宝脑部发育，有助于胎宝宝的成长。

温馨提示

可以将自己对胎宝宝的期望说出来，这对于强化胎宝宝的形象也是有益的。

与胎宝宝对话不必拘谨，话题很多，信手拈来即可。例如，准爸爸可以根据日常生活，随意确定与胎宝宝的对话内容。如“宝宝，我们吃饭了”“饭好香”“宝宝，我们很爱你”，然后经常性地重复对胎宝宝讲，以加深胎宝宝对这些话的印象，提高他的记忆力和理解力。

与胎宝宝对话，准爸爸声音要适当大和清晰、速度要缓慢、要发自内心，满怀爱意。

为准妈妈奉上一道开胃菜

孕早期准妈妈出现妊娠反应的时候，闻不了油腻味，甚至胃口不适吃不下东西，这个时候正是准爸爸好好表现的机会，下厨为准妈妈做两道简单的开胃菜，让准妈妈开开胃口，这是责任心和爱心的体现，相信会有别样的温馨。

西红柿炒虾仁

原料：虾仁 300 克，西红柿 250 克，豌豆 50 克，鸡蛋清 1 个，水淀粉 1 大匙，葱末、姜末各少许，盐、鸡精、料酒、白糖各适量。

做法：

(1) 虾仁洗净，放碗内加盐、料酒抓匀，加蛋清、水淀粉上浆。

(2) 西红柿用热水烫后剥皮，去籽，切直径 1 厘米左右的丁。

(3) 锅置火上，放油烧热，放入虾仁过油后捞出备用。

(4) 锅内留底油，加葱末、姜末炒出香味，加入西红柿丁煸炒，随即加入盐、鸡精、白糖、虾仁，用水淀粉勾稀芡，加豌豆炒熟，淋上熟油即成。

功效：虾仁含丰富的优质蛋白质和钙质，西红柿则富含多种维生素，搭配食用可以满足身体的营养需求。酸味的西红柿还能开胃，对孕早期的准妈妈颇有益处。

和准妈妈一起写胎教日记

鉴于准爸爸无法与胎宝宝进行最亲密的接触，所以，无论准妈妈是否自己写了胎教日记，准爸爸都不妨以写胎教日记的方式来感同身受地记录自己心中胎宝宝的成长。

胎教日记不仅仅是一份记录，更重要的是写下这些内容时会激发一颗快乐的心，胎教日记还是培养夫妻爱情的结晶记录，日后读起来的时候，会勾起甜蜜的回忆，有利于夫妻感情的深化。当宝宝长大了读到胎教日记时，也一定十分喜爱这份“个人成长史”的见证物，会更深刻地体会和领悟父母的养育之恩。

准爸爸可以用表格、图文日记、流水账等任何一种自己喜欢的方式记日记，可以记下准妈妈孕育新生命的喜怒哀乐，记下准妈妈的衣、食、住、行等，还可以记录对腹中的胎宝宝进行胎教的全过程，记录自己的心情、感受。

温馨提示

胎教日记的记录贵在坚持，每天都记一点，长短无所谓，三言两语，有话则长，无话则短，重在发自内心。

给胎宝宝起个可爱的小名

准父母每天都需要和胎宝宝沟通，给胎宝宝取一个可爱的小名很有必要。

首先，给胎宝宝起个可爱的小名对更好地进行胎教有帮助，试想一下，当自己叫着他的名字开始讲故事时，是否更有参与感一些呢？

其次，在胎儿期时如能多呼唤胎宝宝的名字，每次交流前都用小名轻声而充满爱意地跟他打个招呼，那么胎宝宝出生后，再次听到同样的呼唤会感到熟悉和亲切，在新环境中不会感到紧张和不安，从而帮助他从心理上尽快适应，这对促进胎宝宝日后语言和智力的发展很有意义，同时也丰富了胎宝宝的精神世界。

另外，名字除了方便分辨和称呼外，还寄托了准父母对孩子的希冀和爱意，让胎宝宝更显得独一无二，也是准父母给胎宝宝的一份礼物。

如何给胎宝宝取名字

给胎宝宝起的昵称应响亮一些，可以用叠音，这样叫起来顺口，容易听，也容易记住，不用像起大名那样郑重其事，可以叫皮皮、球球、丁丁、咚咚、嘟嘟等，还可以用拟物的名词，比如小黄豆、小土豆、小洋葱、小油菜等，俏皮又可爱，而且男孩、女孩都可以用。如果打算给胎宝宝起个英文名，可以与中文名相互呼应，发音接近，如果还能有美好的含义就更好了，比如Grace（优雅）、Sunny（阳光）等。

温馨提示

准爸爸在做每件事情的时候，都尽量跟胎宝宝打声招呼，让他也参与进来，这样才能有足够的机会和胎宝宝取得良性互动。

意念胎教

斯瑟蒂克： 在充满柔和美妙的音乐声的房间里，我闭目遐想，努力在头脑中描绘孩子那充满幸福神态的脸庞。对我来说，这样做丝毫也不感到有负担，从得知怀孕后一个月我就完全习惯了。

想象自己期待一个什么样的宝宝

我们在日常生活中看到许多相貌平平的父母却能生出非常漂亮的宝宝，这与怀孕时准妈妈经常强化胎宝宝的形象是有关系的。

从胎教的角度来看，准妈妈对胎宝宝抱着美好的想象，不但能让准妈妈沉浸在愉悦的情绪中，而且还能通过意念，转化渗透到胎宝宝的身心感受之中，影响他的成长过程。准妈妈脑中时常萦绕着的对于胎宝宝的美好想象，对他正在迅速发育的大脑、形体和容颜以及各个脏器会有很大刺激，使得它们可能按着自己的意念去发育成长。

想象完美胎宝宝的模样

准妈妈可以一边用手轻轻地抚摸肚皮，一边想象这是胎宝宝的小手，这双手将来会变得修长、灵巧，能够演奏出优美的音乐或者是画出美丽的图画……还可以想象宝宝将来会有一头浓密乌黑的头发，会有一双明亮清澈的眼睛，一个挺拔英俊的鼻子，一张总是喜欢微笑的嘴……这些直接的形象勾勒，准妈妈可以尽情想象，用自己的意象塑造理想中的胎宝宝，这种强化“我的孩子应该是这样的”愿望，对塑造理想中的胎宝宝是有积极意义的。

准妈妈还可以为胎宝宝画下一幅想象画，或者找一张准妈妈觉得和他长得最像的宝宝照片，把想对他说的话和自己的美好愿望写下来，这对于强化意愿是有帮助的。

温馨提示

从备孕开始，准父母就可以共同讨论，为将出生的孩子作形象设计：取各自相貌中最理想而具有特点的部位，如准爸爸宽阔的额头、俊俏的剑眉，准妈妈善于传情的大眼睛、高高的鼻梁、轮廓分明的嘴唇等加以组合，勾画未来小宝宝可爱的形象。

第三个月（9~12周）

小小胎儿初长成

我在读了托马斯·巴尼所著的《胎儿在注视》这本书之后，感触很深。我深信准妈妈与胎儿是靠爱这一“纽带”连接在一起的，准妈妈与胎儿之间必定是心心相印、彼此影响的，胎儿能感觉和领会到准妈妈的情绪与思考，所以，胎教必须抱有一种感情，胎儿只有感觉到被爱，他才能充分发挥自己所具有的能力，使胎教获得最佳效果。

——斯瑟蒂克

不知不觉中，胎宝宝已经悄悄地在你身体里长成一个有模有样的小人儿了，尽管这时候准妈妈会受到尿频、头晕、嗜睡、乏力甚至呕吐这类情况的困扰，但腹中这神奇的小生命一定会激起你无尽的好奇心，焦急的等待与如此强烈的期盼扑面而来，也许你从未体会过这种奇妙的感觉。心怀美丽的期待，相信无论正经历着什么，这份爱都是胎宝宝最好的养分。

准妈妈与胎宝宝的变化

准妈妈

1. 第9周

准妈妈的乳房更加膨胀，乳头和乳晕色素也逐渐加深；腰围也开始变大。我们建议准妈妈换大的内衣和宽松的衣服。

为了满足胎儿的需要，准妈妈体内的血液量也在随着孕期不断增加，到孕后期，准妈妈会有比孕前多出45%~50%的血液在血管中流动。

2. 第10周

准妈妈的腰部变得圆润起来，甚至肚皮也微微隆起，不过，外人依然看不出准妈妈有什么明显变化，如果准妈妈是初次怀孕的话，现在就更加看不出腹部的变化了。

3. 第11周

准妈妈的子宫在慢慢增大——从外形和大小上看都像个柚子，位置也上升到了骨盆以上，用手触摸准妈妈的耻骨上缘时，会摸到子宫。

准妈妈已经基本摆脱了怀孕初期情绪波动大、晨吐、身体不适等症状的困扰。体重会稍微有所上升，会比孕前增加0.4千克~0.9千克。

4. 第12周

随着子宫的增大，准妈妈的小腹凸起越来越明显了，可能有些衣服已经不怎么合身了。准妈妈的面部可能还会出现褐色的斑块，这些斑块是孕期的特征，会随着分娩的结束逐渐变淡或消失。

准妈妈的乳房更膨胀了，乳头和乳晕的色素也更深了，阴道会有乳白色的分泌物流出，这些都是正常的妊娠现象。准妈妈可能还会惊奇地发现，小腹部从肚脐到耻骨出现了一条垂直的黑褐色线，这就是妊娠纹。

胎宝宝

1. 第9周

这一周，胎宝宝身长有22毫米~30毫米，胚胎期的小尾巴消失了，头颅开始钙化——相对于小小的身子而言，头部蜷伏在胸前显得很大。

胎宝宝的手部在手腕处有弯曲，手臂更加长了，臂弯处肘部已经形成。手已经握成拳头，甚至会吮吸大拇指了。两脚开始摆脱蹼状的外表，可以看到脚踝。所有的神经、肌肉器官都开始工作了。

2. 第10周

本周胎宝宝长到5克~10克重，形状看起来像扁豆荚。胎宝宝面部基本发育完全，不过他的眼皮黏合在一起，要到24周之后才能睁开。20个微小的牙蕾已经开始形成。

胎宝宝的神经系统也开始有了反应，许多内脏器官开始发挥作用，心脏已经发育完全，每分钟搏动140次，肺、胃和肠道继续发育，肾脏已经迁移到了胎宝宝的上腹部。胎盘已经很成熟了。

3. 第11周

本周胎宝宝的身长约4厘米，体重有8克~14克，大小与准妈妈的手掌一半相当。

胎宝宝骨骼细胞发育加快，此外，维持胎宝宝生命的器官如肝脏、肾、肠、大脑以及呼吸器官都已经开始工作了，生殖器已经完全形成，但还要过几周才可以分辨胎宝宝的性别。

4. 第12周

胎宝宝身长7厘米~9厘米，体重比上周稍有增加，不过头和身体的比例还是显得比较大，眼睛在头的额部更为突出。

外形上，胎宝宝的手指和脚趾完全分开，手指开始能与手掌握紧，脚趾与脚底也可以弯曲。随着胎宝宝腹部的生长，原来挤在脐带里的小肠开始逐渐回到腹部。

这段时间是胎宝宝神经系统的快速发育期，胎宝宝的神经元在迅速地增多，神经突触也正在形成，胎宝宝的条件反射能力逐渐加强。

宝宝心声

妈妈总是担心这担心那，一会儿在网上看到消息说孕妇不能吃这个，一会儿又有过来人言之凿凿地告诉你孕期不能那样做，总之，妈妈怀上我之后似乎成了国家级保护动物，一切行为都要谨小慎微了。究竟这样做会不会真的不好？这可真令人纠结！

看，妈妈你又在对着冰激凌眼馋了，你要是实在想吃，放心吃一点吧。坦白地说，你为了我做了太多可以令你身心放松的事情，这些事情本身就证明了你对我的爱和纵容，那么我是不是也该纵容一下妈妈呢？因为我觉得，妈妈的好心情会让我的子宫生活更舒适一些。

温馨提示

准妈妈体味可能加重了，而且特别容易流汗，阴道分泌物也逐渐增多。要注意经常洗澡、更换内衣，尽量保持身体的清洁。

情绪胎教

斯瑟蒂克：约瑟夫工作要到很晚才回家。当我看到他为我和孩子不知花去了多少精力，我就觉得自己这点妊娠反应不算什么了，这样我就能很平静地度过每一天。

微笑的准妈妈最美丽

笑可以使动脉弛缓，加快血液循环，起到与胸部、肠胃、肩膀周围的上体肌肉运动一样的效果，所以，准妈妈每天都应该多一些微笑。

让微笑从内心深处发出来

微笑不仅仅是给别人看的，也可以给自己看，每天清晨，准妈妈可以对着镜子，先给自己一个微笑，在一瞬间，睡眼惺忪转为一脸的光华润泽，沉睡的细胞苏醒了，让人充满朝气与活力。

“生气”会使人变得畸形，变得让周围的人觉得陌生，当我们正视丑陋的自己时，就会产生一种改过的愿望，让镜子里的自己变得好看一些。所以，生气的时候准妈妈更应该照一照镜子，这时候你会发现镜子中的自己并不好看：脸上的肌肉扭曲而痉挛，眉头紧皱，脸色阴暗，简直就像一个陌生的面具。那么，调整呼吸，平和心情，给自己一个微笑吧。

温馨提示

研究证明，笑有强心健脑、促进呼吸、有助美容、改善消化、缓解疼痛、降压健身和防治疾病等多种保健功能，不但准妈妈，准爸爸也应该常常微笑。

读读童言稚语，让情绪变好

一种动物

妈妈问宝宝：“有一种动物，它长着两只脚，每天早晨太阳公公出来后，它就会叫你起床，一直叫到你起床为止，这是只什么动物呢？”

宝宝想都没想答道：“是妈妈。”

宝宝的梦

宝宝跑过来兴奋地说：“妈妈，我昨天晚上做了一个梦。”

妈妈好奇地问：“做了什么梦啊？宝宝跟妈妈说说。”

宝宝一脸天真：“我想不起来了，就不要问了吧。”

妈妈：……

我从哪里来

宝宝问妈妈：“妈妈，我到底是从哪里来的？”

妈妈觉得应该趁此机会教育小孩，就一本正经地以一个小朋友为例子，详细地以宝宝听得懂的语言介绍了生育的全部过程。

宝宝听完后，一头雾水地说：“怎么会这样？我同桌说他是从湖南来的！”

爸爸的往事

爸爸忆苦思甜，给宝宝讲小时候挨饿的事。听完后宝宝两眼含泪，十分同情地说：“哦，爸爸，你是因为没饭吃才来我们家的吗？”

年纪大了

宝宝玩耍时发现地上有一根很细很短的头发，疑惑地问：“妈妈，你的头发掉吗？”

妈妈说：“当然掉了。”

“为什么？”

妈妈随口说：“因为我年纪大了。”

宝宝拿着他捡的头发也学着妈妈的口气说：“妈妈，你看这根头发这么细这么短，肯定是我掉的，我的年纪也大了。”

胎教点读

准妈妈的情绪变化会通过内分泌的变化传递给胎宝宝，腹中的胎宝宝虽然看不见准妈妈的表情，却能感受到准妈妈的喜怒哀乐。多想一想活泼可爱的孩子，在脑海中描绘宝宝的模样，听听孩子们的童言稚语，这一定能带给准爸爸、准妈妈意想不到的喜悦。

幽默能令人更快乐

幽默是一个外来词，原名是 humor，这是一个音、意两译的词，其表达恰到好处。无数的事实证明，机智、自嘲，调侃、风趣等幽默行为会给人带来欢乐，消除敌意，缓解摩擦，缓和紧张和焦虑感。在长长的孕期中，准妈妈难以完全避免受到不好情绪的困扰，善用幽默一定会更容易感受到快乐。

1. 幽默感可以培养

（1）扩大知识面。知识面是幽默的基础，也是幽默的来源，知识在于积累，培养幽默感需要先广泛涉猎，充实自我，不断收集幽默的素材。

（2）陶冶情操，洒脱面对人生。乐观与幽默是亲密的朋友，要有一颗宽容之心，善于体谅他人，学会雍容大度，克服斤斤计较，乐观对待现实。生活中如果多一点趣味和轻松，多一点笑容和游戏，多一分乐观与幽默，那么就没有克服不了的困难，也就不会整天愁眉苦脸、忧心忡忡了。

（3）提高观察事物的能力。机智、敏捷有助于提高幽默素养，迅速地捕捉事物的本质，以恰当的比喻笑谈，才能使人们产生轻松的感觉。

2. 幽默小技巧

（1）学会做些“蠢事”。比如做些出乎自己意料的事情，或者穿得傻一点，这样你就会发现，打破常规后，并不会有可怕的事情发生，有些事情甚至会比原来的要好。

（2）与人分享相声或者笑话。当感觉情绪不好的时候，看一个相声或者是笑话，并分享给别人，幽默引起的欢笑可以使人忘却忧愁，忘却苦恼，使人的情绪、心态得到改善。

（3）想象。想象的内容不受时间、地点的限制，可以想象自己是公主，而骑着白马的王子是自己的爱人等，天马行空的想象可以唤起积极的情绪，抑制、克服、解除消极的情绪。

温馨提示

并不是所有准妈妈都会出现早孕反应，如果还没有出现，也不要担心，在本月产检时及时咨询医生即可。

语言胎教

斯瑟蒂克： 清晨，我一睁开眼睛总是用愉快的声音对胎儿说："早上好，我可爱的宝贝，让我们一起来度过这美好的一天吧。"

给胎宝宝讲幽默小故事

爸爸在哪里

姐妹俩在看一本宗教画册时，刚好看到一幅圣母玛利亚和圣婴耶稣的图画。

姐姐说："瞧，这是耶稣，这是他的妈妈。"

"他的爸爸在哪里？"妹妹想知道。

姐姐想了一会儿，解释道："噢，他正在拍照。"

笑眯眯

有一次，语文老师让大家用"笑眯眯"一词造句，小明站起来说："我笑眯眯地吃了一只小羊。"老师遂笑，问道："那你为何不笑眯眯地吃一只老虎呢？""因为小羊老实，我吃它，它不会反抗。嗯，还有，老虎太大，我不敢吃，再说它是野生保护动物，所以，我不能笑眯眯地吃！"

寄给谁的信

有一天，爸爸让小明去寄一封信，小明已经拿着信跑了，爸爸才想起信封上没写地址和收信人的名字。

小明回来后，爸爸问他："你把信丢进邮筒了吗？""当然。"

"你没看见信封上没有写地址和收信人名字吗？""我当然看见信封上什么也没写。"

"那你为什么不拿回来呢？""我还以为你不写地址和收信人，是为了不想让我知道你把信寄给谁呢！"

上帝长什么样

一个4岁的女孩对老师说："我要画一幅上帝的画像。"

老师说："可谁也不知道上帝长什么模样。"

"等我画好后，他们就会知道的。"小女孩回答说。

针锋相对

为了锻炼小明生活的自理能力，爸爸经常让小明做一些简单的家务活。一日，爸爸让小明削土豆皮，小明急了："你这是非法使用童工！"爸爸回应道："我也到法院告你，告你无理虐待老人！"

小明的类比

小明学了一段时间的画画，老师让他观察事物。忽一日，他发现邻居家大狼狗的眼睛和表哥的眼睛比较像，然后又自言自语地说："可惜他们脸盘不像！"

为老师代劳

教师节到了，小明准备给幼儿园教师送一盒朱古力豆。次日早晨，等父亲将他送到幼儿园时，门卫爷爷说："老师没告诉你吗？今天老师在异地联欢，幼儿园放假。"小明心中不悦。爸爸问："朱古力豆咋办？"小明没吱声，将朱古力豆放在嘴里嚼了起来，并自言自语地说："我这也算为老师代劳了！"

胎教点读

幽默是营造好情绪的有效方法，准爸爸、准妈妈可以多储备一点幽默小故事，这既能让自己开心，也是非常好的语言胎教素材，一举多得。

温馨提示

笑是很好的情绪调节剂，但是准妈妈不能放声大笑，因为大笑会牵动全身肌肉，这可能使腹部猛然抽搐，刺激子宫发生收缩。所以，准妈妈还要把握一下笑的尺度啊。

读诗歌：《他会是什么模样》

他会是什么模样

他会是什么模样？我久久地凝视玫瑰的花瓣，欢愉地抚摸它们：我希望他的小脸蛋像花瓣一般娇艳。我在盘缠交错的黑莓丛中玩耍，因为我希望他的头发也长得这么乌黑卷曲。不过，假如他的皮肤像陶工喜欢的黏土那般黑红，假如他的头发像我的生活那般平直，我也不在乎。

我远眺山谷，雾气笼罩那里的时候，我把雾想象成女孩的侧影，一个十分可爱的女孩，因为也可能是女孩。

但是最要紧的是，我希望他看人的眼神跟那个人一样甜美，声音跟那个人对我说话一样微微颤抖，因为我希望在他身上寄托我对那个吻我的人的爱情。

——选自智利女诗人加布里埃拉·米斯特拉尔的《母亲的诗》

胎教点读

诗人米斯特拉尔通过诗歌来激发人们对美好事物的热爱和追求，每个准妈妈都有一颗发现美的心，胎宝宝正在以看不见的速度不停生长，准妈妈也描绘一下心中这个可爱的小天使吧。

朗读诗歌：《我的影子》

我的影子

我有个小小的影子总跟着我走动，
不知他除了让我看见还有什么用。
虽然他从头到脚都和我一样，
却总是比我抢先一步跳上床。

最有趣的是他时刻都在变化，
不像别的孩子慢慢长大，
有时他像是个皮球一蹿老高，
有时又小得让你看不到。

他不懂怎么玩孩子们的游戏，
只好处处学我的样子。
我知道他很胆小，你别笑，
他跟我一样需要妈妈的拥抱！

一天早上，太阳还没起床，
我悄悄地去花园看露珠的闪光，
可我懒惰的影子却留在了家中，
他还躺在床上，睡得正香。

——作者：罗伯特·路易斯·史蒂文森（英国）

胎教点读

在稚嫩的孩童眼里，影子是这样有趣，它好像自己身边一个好玩的小伙伴。光与影是生活中非常有意思的场景，晚上可以借助灯光玩手影游戏，在天朗气清的日子，还可以到公园或者郊外的林荫地里晒晒太阳，这不仅可以令心情变得格外好，还有助于胎宝宝大脑发育。 胎儿出生前与出生后都同样需要充足的阳光，以获得足够的维生素 D。

讲故事：《狐狸的窗户》

狐狸的窗户

这是一个猎人在山上迷路碰到一个小狐狸的故事。小狐狸住在一片蓝色桔梗花的花田里，开着一家商店，名为“印染·桔梗店”。他给猎人染蓝了手指，用蓝色的手指组成菱形的窗户，可以看到你想看到的东西。从小狐狸的窗户看到了狐狸妈妈，从猎人的窗户看到了曾经喜欢的姑娘，看到了我怀念的庭院和在家里忙碌的妈妈。后来，猎人不小心洗掉了手上的印染，但忘不了用手指头组成窗户看的习惯。

将你的手指搭成窗户，结合下面的词句，看看你能看到什么？

把你的手指染蓝搭成窗户吧

把你的手指染蓝吧，染蓝吧
用漂亮的桔梗花
透过小小的窗户
可以看到宝宝天使般的容颜

把你的手指染蓝吧，染蓝吧
用小小的桔梗花
透过小小的窗户
可以看到宝宝胖胖的手臂
亲昵地抱住你的脖子

把你的手指染蓝吧，染蓝吧
用香香的桔梗花
透过小小的窗户
可以看到宝宝花朵般的嘴唇
亲吻在你的脸颊

——作者：安房直子（日本）

胎教点读

安房直子是日本著名的女性童话作家，她的作品最大的特征是想象。读一读这类童话故事，会让准妈妈感觉生活更美好。

讲故事：《狐狸和小花猫》

狐狸和小花猫

一只小花猫在森林里遇到一只狐狸，于是很友好地和狐狸打招呼："嗨，尊敬的狐狸先生，您好吗？最近过得怎么样？"

狐狸傲慢地将小花猫从头到脚地打量了一番，说："哦，你这个满身花纹的傻家伙，有什么资格问我过得怎么样？你都有什么本事？"

"我只有一种本领，有人追我的时候，我会爬到树上去藏起来保护自己。"小花猫谦虚地说。

"就这本事？"狐狸不屑地说，"我掌握了上百种本领，而且还有满口袋计谋。我真觉得你可怜。"

就在这时，猎人带着四条狗走近了。小花猫敏捷地蹿到一棵树上，树叶把它遮挡得严严实实。"快打开你的计谋口袋，狐狸先生，快打开呀！"小花猫冲着狐狸喊道。可是猎狗已经将狐狸扑倒咬住了。

"哎呀，狐狸先生，"小花猫喊道，"你的千百种本领就这么给扔掉了！假如你能像我一样爬树就不至于丢性命了！"

——选自《格林童话》

胎教点读

准妈妈可以模仿狐狸和小花猫，将自己对故事的理解有感情地传达给腹中的胎宝宝，不要怀疑，胎宝宝虽然小，但通过准妈妈的身心，他能真切地体会到这种感受。

讲故事：《我爸爸，我妈妈》

我爸爸

我爸爸什么都不怕，

连坏蛋大野狼也不怕，

他可以从月亮上跳过去。

还会走高空绳索（不会掉下去），

他敢跟大力士摔跤。

在运动会比赛中，轻轻松松就获得了第一名，我爸爸真的很棒！

我爸爸吃得像马一样多，游得和鱼一样快。

他像大猩猩一样强壮，也像河马一样快乐，我爸爸真的很棒！

我爸爸像房子一样高大，有时又像泰迪熊一样柔软。

他像猫头鹰一样聪明。有时也会做一些傻事。我爸爸真的很棒！

我爸爸是个伟大的舞蹈家，也是个了不起的歌唱家。

他踢足球的技术一流，也常常逗得我哈哈大笑。

我爱他，而且你知道吗？

他也爱我！（永远爱我！）

我妈妈

我妈妈是个手艺特好的大厨师，

也是一个很会杂耍的特技演员。

她不但是个神奇的画家，

还是全世界最强壮的女人！我妈妈真的很棒！

我妈妈是一个有魔法的园丁，她能让所有的东西都长得很好。

她也是一个好心的仙子，我难过时，总是把我变得很开心。

她的歌声像天使一样甜美。

吼起来像狮子一样凶猛。我妈妈真的、真的很棒！

我妈妈像蝴蝶一样美丽，还像沙发一样舒适。

她像猫咪一样温柔，

有时候，又像犀牛一样强悍。我妈妈真的、真的、真的很棒！

不管我妈妈是个舞蹈家，还是个航天员，

也不管她是个电影明星，还是个大老板，她都是我妈妈。

我妈妈是一个超人妈妈，常常逗得我哈哈大笑。

我爱她，而且你知道吗？

她也爱我！（永远爱我！）

——作者：安东尼·布朗（英国）

余治莹　译

胎教点读

在孩子的眼里，他的爸爸、妈妈永远是最伟大的，爸爸、妈妈的每个动作、每句话、每个表情都可能在孩子心中发芽，留下深远的影响。所以啊，准爸爸、准妈妈从现在开始就要进入做爸爸妈妈的角色了哦，你们为胎宝宝所做的一切，他都是可以感觉到的。

讲故事：《逃家小兔》

逃家小兔

从前，有一只小兔子，他不想待在家里，于是，他对妈妈说："我要逃跑。"

"如果你跑了，"妈妈说道，"我一定会追上你，因为你永远是我的小兔子。"

"如果你追上我，"小兔子说，"我就变成一条鱼儿，跳进凉凉的小溪，从你身边游开。"

"如果你变成一条凉凉小溪中的鱼儿，"妈妈说，"我就变成一个渔夫，我会抛下鱼饵等着你。"

"如果你变成一个渔夫，"小兔子说，"我就变成一块石头，在高高的山崖上，让你够不着。"

"如果你变成一块高高山崖上的石头，"妈妈说，"我就变成一个登山的人，我会爬上山顶，找到你。"

"如果你变成一个登山的人，"小兔子说，"我就变成一朵番红花，藏在一个秘密的花园里。"

"如果你变成一朵秘密花园里的番红花，"妈妈说，"我就变成一个园丁，我会在花丛里发现你。"

"如果你变成一个园丁，发现了我，"小兔子说，"我就变成一只鸟儿，从你身边飞走。"

"如果你变成一只鸟儿，从我身边飞走，"妈妈说，"我就变成一棵树，让你来我枝头做窝。"

"如果你变成一棵树，"小兔子说，"我就变成一艘小船，扬着帆，离开你。"

"如果你变成一艘小船，扬帆离开我，"妈妈说，"我就变成风，吹着你，让你开往回家的方向。"

"如果你变成一个小男孩，跑进大屋子里，"兔妈妈说，"我就变成你的妈妈，用双手捉住你，把你抱在怀里。"

……

"得啦，"小兔子说，"也许我还是就待在这儿，做你的小兔子吧。"

他也真的这么做了。"来，吃个胡萝卜吧。"兔妈妈说道。

——作者：玛格丽特·怀兹·布朗（美国）

胎教点读

尽管养育孩子意味着必须承担更多的责任，但有孩子的夫妻往往更有幸福感，因为他们心中拥有更多的爱。爱孩子，这可能是人类最自然、最朴素的情感。

美育胎教

斯瑟蒂克：我在怀孕期间常常看伴有优美音乐的电视片，看那些表现美丽自然和动植物生态的节目，以及介绍世界各地优美风景的旅游记录片。

制作布书，给宝宝可爱的读物

1. 材料准备

各种色彩的棉布、贴画、剪刀、胶水、针线（最好包括各种彩色的线）、签字笔、纸（普通A4纸即可，不要太小）、铅笔。

2. 制作步骤

（1）确定一个题材。讲一个故事，展示一些漂亮可爱的图片，写下一段想对宝宝说的话，这些都不错。

（2）将几块棉布裁剪成书本的大小，缝制成书本。

（3）在纸上用铅笔勾勒出布书的草图，如小树、小花、小草、小动物等。

（4）将棉布按照纸样裁剪成草图，再把剪好的棉布图案放在棉布书上，对齐压平后沿着四周与棉布缝在一起。如果觉得缝制太麻烦，也可以将素材用胶水粘贴上去。

胎教点读

布书是人们的智慧结晶，近年在发达国家非常普及，并受到婴幼儿教育专家的广泛推崇，被公认为“小宝宝最好的软性益智读物”。准妈妈现在就可以着手制作一本布书，它是宝宝将来很好的早教素材，而且准妈妈做手工动动手动动脑，还能让自己身心愉悦，并促进胎宝宝大脑发育。

温馨提示

缝制布书最好使用棉布，不要用化纤的布料，因为化纤材质很容易产生静电、沾染灰尘，不利于保存，并且将来宝宝玩的时候，还有可能导致宝宝尘埃过敏。

和胎宝宝一起画画

画画就像接受心理治疗一样，可以达到释放内心情绪的目的，这种能够缓解压力的活动所起到的胎教效果比鉴赏画作高出许多，所以，应当鼓励准妈妈带着愉快的心情试试画画或者涂鸦。

1. 从简单的东西画起

不经常画画的准妈妈一开始可以从简单的画开始，比如画苹果：

材料：一张画纸（可以准备一个绘画本，如果一时没有，也可以用普通白纸代替）、几支彩色铅笔（画画的时候可以涂上漂亮的颜色）

步骤：

（1）准妈妈先在纸上画个圆形。

（2）将圆形的顶部中央修改成心形样。

（3）画上苹果把儿。

（4）用红色的彩笔将苹果涂色。

（5）向胎宝宝做介绍，比如：这个大苹果红红的，多漂亮，吃起来甜甜的、沙沙的，妈妈今天还吃过，味道可好了。

2. 画画不妨随心所欲

准妈妈没有画画的经验，或者是画得比较少，这是没关系的，可以自己先多画，在画的过程中，不论是动脑还是动手，都能对胎宝宝产生积极有益的影响，变成母子同学。

因此，准妈妈在画画时不必拘谨，可以随心所欲去画，蓝天、白云、树木或是孩子漂亮的面庞等都是非常好的素材。

平时，准妈妈要尽可能多地接触不同的色彩和素材，甚至可以参照从医院带出来的 B 超图片画一画胎宝宝现在的模样。

要知道，准妈妈的画作并不一定要拿给别人欣赏，更应该关心的是在作画的时候自己是否有一颗积极、愉悦的心，以及是否有与胎宝宝共同参与的感觉。

温馨提示

准妈妈画画最好用蜡笔或者彩色铅笔，不要接触油画颜料，颜料一般有刺鼻的气味，准妈妈接触时间长了，有可能损害胎宝宝的神经系统。

欣赏名画：《鸡雏待饲图》

名称：《鸡雏待饲图》

作者：李迪

年代：宋代

目前收藏地：故宫博物院

画中有两只小鸡，一只蹲着，一只站立，头转向同一个方向，屏气凝神，就好像母鸡在前面找到了好食物，正在召唤自己的孩子们。画面虽然简单，但是却将嗷嗷待哺的小鸡情态表现得淋漓尽致，非常传神。

这幅画相信准妈妈看到会心生共鸣的，胎宝宝何尝不是一只等待妈妈喂养的小可爱呢？为了胎宝宝，作为准妈妈的你，也正在努力给自己的孩子补充身体和精神上的食粮。

趣味小故事

这幅画的题字是清朝皇帝的真迹，乾隆既喜欢经常作诗又喜欢到处题字，当然，他的字也写得非常好。

欣赏名画：《受胎告知》

名称：《受胎告知》　　年代：1440~1450年

作者：意大利画家弗拉·安哲里柯　　目前收藏地：佛罗伦萨圣马可博物馆

胎教点读

《受胎告知》是安哲里柯为佛罗伦萨圣马可修道院画的壁画中的一幅。画中内容是上帝派天使通知玛利亚，说她将受孕生一个儿子，可以取名叫耶稣，他是未来人类的救世主。

画中人物被置身于一座罗马式拱券结构的建筑物里，整幅画面构图简洁，色彩淡雅明快，笔触流畅细腻，隐含着某种神秘性。

画家在这幅画里想要强调谦逊温和的圣母与美丽年轻、长着一对翅膀的天使的形象，与其他画家的同一题材相比，独特之处在于，会使观者感受到一种美好而优雅的抒情色彩。

音乐胎教

斯瑟蒂克：众所周知，音乐能影响人的情绪，培养人丰富的感受性，为此，我录制了几首能使我心情平静的柔和、优美的曲子，以此作为调节气氛，或是进入学习状态的精神安定剂。

欣赏名曲：《杜鹃圆舞曲》

《杜鹃圆舞曲》是约纳森在1918~1930年为无声影片做钢琴配音时即兴而作，曲调优美，音乐形象生动鲜明，带有浓浓的春意，特点是模仿杜鹃鸣叫的音调。

体会《杜鹃圆舞曲》里的轻快活泼

这首曲子在曲调和节奏上，具有挪威民间舞曲的风格，乐曲一开始节奏轻快、活泼，描绘了一幅生机盎然的景象，接着曲调表现出杜鹃在林中飞来飞去的浓浓春意，形成了温和、迷人的气氛。

胎教点读

春天是一个充满了希望和朝气的季节，《杜鹃圆舞曲》用音乐为准妈妈和胎宝宝带来了春天的声音，听这首春意盎然的曲子，能让准妈妈一整天都充满朝气和活力，赶走孕期的心理压力，胎宝宝也能受到乐曲的感染，体验到欢快的情绪。

欣赏名曲：《欢乐颂》

《欢乐颂》是《贝多芬第九交响曲》的终曲乐章，作品是贝多芬于1819~1824年创作的，这期间也是他全部音乐创作生涯的最高峰。

体会《欢乐颂》里的欢乐主题

这首乐曲的主旋律进场是由大提琴和低音提琴演奏的，浑厚、低沉的声音在寂静中响起，给人一种深沉、平静的感觉；

旋律演奏了一次之后，中提琴进场重复旋律，旋律行进到中音部，主题曲稍亮的音色给旋律带来一种明快的感觉，低音部则退到后面和木管一起伴奏；

中提琴演奏完旋律之后也退到伴奏，接着小提琴加入了，小提琴如歌般的声音欢唱着，让旋律真的活起来了；

小提琴声部简单重复了旋律后，旋律行进到乐队齐奏，这时铜管、木管吹奏主旋律，其他各声部伴奏，场面宏大，由前面的平静、深沉的快乐进入到了万众欢腾的场面。欢乐颂的主旋律贯穿始终，一个简单而又优美的旋律将欢乐表现得淋漓尽致。

温馨提示

在这个阶段，准妈妈的精神、情绪正处于低潮期，所以应该听一些欢快、柔和的乐曲，这样可以平复焦躁不安的情绪。

聆听名曲《爱之梦》，放松情绪

《爱之梦》是“钢琴皇帝”李斯特创作的，是一首甜美的乐曲，充满了爱的柔情和愉悦。全曲一共有三首，丰满的和声、优美如歌的旋律，表达了对纯真爱情执著的追求，使这首钢琴小品成为一首令人难忘的“情歌”。

值得一提的是，这三首曲子中，最为出色的是第三首根据《尽情地爱》改编的《爱之梦》。一般提起李斯特的《爱之梦》，指的就是这首乐曲。

1. 体会《爱之梦》里爱情的感觉

音乐一开始，旋律深情而婉转，很容易深深地打动人们的心；

随着情绪的变化，难以抑制的爱的热情终于爆发出来，原来含情脉脉的内心独白，发展成大胆而炽热的爱情倾诉，散发着火一般热情，而后旋律移到高音区；

音乐渐渐达到高潮，最后又回到开始时的那种抒情境界，重复爱的主题，在梦一般美丽的感觉中，恋恋不舍地结束全曲。

2. 《尽情地爱》

《爱之梦》的歌词由德国诗人弗莱里格拉特所写，原名为《尽情地爱》，大意是：

爱之梦

爱吧！

能爱多久，愿意爱多久就爱多久吧！

你守在墓前哀悼的时刻快要来到了。

你的心总是保持炽烈，保持眷恋，

只要还有一颗心对你回报温暖。

只要有人对你披露真诚，

你就尽你所能让他时时快乐……

胎教点读

怀孕的最初几周里，无论昼夜，准妈妈都可能感到疲劳，全身懒散、无力，这是怀孕后激素改变导致的。《爱之梦》是一首有助于舒缓疲劳感的音乐，推荐给准妈妈。

温馨提示

李斯特的钢琴曲既不是那种赏心悦目的沙龙音乐，也不是追求表面效果的炫技曲，是真正具有艺术价值的钢琴音乐。一般来说，那些经历了时间考验的音乐大师，他们的作品都更能令人身心得到放松，艺术价值也更高。

营养胎教

斯瑟蒂克： 有段时期，清晨常感到不适，连拿叉子都不愿意，为此，约瑟夫想了很多方法改善食物的味道，让我爱吃。

准妈妈的饮食习惯影响宝宝的口味

准妈妈的饮食能影响到胎宝宝出生后的口味。如果准妈妈在怀孕期间偏爱某种食物，那么胎儿通过子宫可以“品尝”到该食物的味道，这种首次的味觉体验对孩子饮食喜好的形成起着很重要的作用。

美国费城莫内尔研究所一个研究小组进行了一个有趣的实验，研究人员将45位准妈妈分为3组，第一组在怀孕期的最后三个月定时服用胡萝卜汁，第二组在哺乳期服用胡萝卜汁，第三组则没有服用胡萝卜汁。在宝宝出生后，研究人员对宝宝进行了对胡萝卜喜好程度的测试发现：在孕期喝胡萝卜汁的妈妈生的宝宝，不仅能吃不少这种食品，在吃的时候，很少有拒绝的表情。但是，对那些没有接触过胡萝卜汁的妈妈生下的宝宝来说，他们对胡萝卜不敏感。

由此可以确定，准妈妈孕期的口味会对胎宝宝日后的口味产生直接的影响。因此，准妈妈孕期饮食多样，不但是胎宝宝营养的保证，还是胎宝宝养成良好饮食习惯的基础。

吃坚果有利于胎宝宝大脑发育

对于大脑的发育来说，需要蛋白质和脂类（不饱和脂肪酸）。坚果类食物中含有15%～20%的优质蛋白质和十几种重要的氨基酸，这些氨基酸都是构成脑神经细胞的主要成分。同时，坚果还含有对大脑神经细胞有益的维生素。因此，无论是对准妈妈，还是对胎宝宝，坚果都是补脑、益智的佳品。

适合准妈妈的坚果：

核桃、花生、葵花子、松子、榛子、开心果、板栗等坚果都适合准妈妈食用，准妈妈可以准备一些，每天吃一点。一般建议每天吃大约50克即可。因为坚果中的脂肪较多，多吃容易油脂超标。

另外，准妈妈要少吃炒制和盐焗坚果，否则容易上火，尤其到孕中晚期，过多的钠盐摄入还会导致水肿和高血压。

温馨提示

有些准妈妈会讨厌坚果的味道，这时候，准爸爸可以想一些办法，例如把坚果研成末，加入盐或焙过的花椒粉混合夹馍、调面条，还可以拌在凉菜里或做成各式各样的菜肴，让准妈妈爱吃。

合理搭配，饮食补铁

铁是维持生命的主要物质，人体内的铁大部分用于制造血红素。怀孕后，准妈妈身体里的血液量会比平时增加将近50%，因此，需要补铁。

通过饮食补铁是准妈妈可以选择的最安全有效的补铁方法。

首先，准妈妈要多吃富含铁的食物。含铁丰富的食物有很多，动物性食物如肝脏、生蚝、蛤蜊等，植物性食物如扁豆、豌豆、海带、紫菜、黑木耳、南瓜等。不过，植物性食物中的铁的吸收率远低于动物性食物。因此，补铁食物应优先选择动物性食物。

其次，饮食的合理搭配也很重要。准妈妈要想从食物中摄入铁，除了选择富含铁的食物之外，要多吃有助于铁吸收的食物，少吃不利于铁的吸收的食物。比如维生素C可以促进人体对铁的吸收——维生素C可帮助三价铁转化为更容易被人体吸收的二价铁。如果将富含维生素C的食物与富含铁的食物搭配食用，就可以提高铁的吸收利用率，准妈妈要多吃。

温馨提示

富含鞣酸的食物，如浓茶、咖啡等则不利于铁的吸收，其中的鞣酸极易和铁发生化学反应，生成不溶性的铁质沉淀，妨碍铁的吸收，准妈妈则要少吃了。

孕期可以吃火锅吗

虽然吃火锅有让准妈妈感染弓形虫的危险，但是只要注意方法，准妈妈并非不可以吃火锅。

1. 注意卫生

（1）最好自己在家做。准妈妈喜爱吃火锅，最好自己在家准备，除汤底及材料应自己安排外，食物卫生也是最重要的。

（2）使用公筷。准妈妈应尽量避免用同一双筷子取生食物及进食，这样容易将生食上沾染的细菌带进肚子里，而造成泻肚及其他疾病。

（3）食物要煮透才可食用。任何

食物一定要煮至熟透，才可进食。特别是肉类，如果涮肉时没有煮透，就不能消灭其中的寄生虫，准妈妈若误吃了这样的涮肉，就可能感染胎宝宝。

2. 注意口味、食材

准妈妈最好不要吃过于辛辣的食物，注意饮食清谈，避免过油腻的火锅食材。

温馨提示

吃火锅时，准妈妈若胃口不佳，应减慢进食速度及减少进食量，以免食后消化不了，引起不适。

孕期怎么健康吃水果

水果富含多种维生素和矿物质以及丰富的膳食纤维，健康食用对准妈妈和胎宝宝都很有好处。

1. 吃水果要适量

按照中国营养学会给出的“中国居民平衡膳食宝塔”，每日建议的水果食用量为200克~400克（糖代谢异常的准妈妈应遵医嘱进食），这个量足可以满足准妈妈的需求。如果进食过多，每日食用水果超过500克，对健康反而不利——水果中含有的葡萄糖、果糖被胃肠道消化吸收之后会转化为中性脂肪，使准妈妈体重增加，还容易引起高脂血症。

2. 吃水果不要贪甜

准妈妈不宜吃太多很甜的水果，如果摄入过多，这对母体和胎儿的健康都不利。

常见水果含糖量：

含糖量<10%：青瓜、西瓜、橙子、柚子、柠檬、桃子、李子、杏、枇杷、菠萝、草莓、樱桃等。

含糖量为11%~20%：香蕉、石榴、甜瓜、橘子、苹果、梨、荔枝等。

含糖量>20%：红枣、桂圆、哈密瓜、柿子、玫瑰香葡萄、冬枣、黄桃、干枣、蜜枣、柿饼、葡萄干、杏干。

3. 吃水果要注意卫生

水果大多生吃，生吃水果要做好清洗工作，去除水果表面的农药残留。一般建议先清洗干净水果的表皮，可以用清洗蔬果的洗洁精来清洗，然后用流动水冲洗一下。必要时可以放入清水中浸泡一下。

温馨提示

准爸爸为准妈妈挑选蔬菜水果可以讲究一下搭配，不仅是营养的搭配，颜色也可以更加协调、多样化，比如绿油油的小油菜与红红的西红柿配在一起就煞是好看，能促进食欲。

运动胎教

斯瑟蒂克：我常在风和日丽的下午，到离家不远的小路上散步。

做家务是不错的运动胎教

在孕期，准妈妈在不疲劳的前提下，做一些力所能及的家务活，不但可以锻炼身体，还可以调剂生活，更是很好的胎教课程，能培养胎宝宝爱劳动的好习惯。

1. 选择力所能及的家务活

准妈妈做家务要在力所能及的范围内，要掌握在不累、不搬重东西、震动较小、不压迫腹部的范围里，比如煮米饭、收拾屋子、扫地等。

2. 注意保护自己

（1）洗菜、刷洗碗碟时尽量不要把手直接浸入冷水里，因过凉受寒有可能诱发流产。

（2）尽量避免接触含有化学物质的家用清洁用品，在家使用清洁用品时要戴上橡胶保护手套。

（3）不要做长时间弯腰或下蹲的家务活，如擦地、在庭院除草一类的活，因为长时间蹲着，会引起骨盆充血可能导致流产，尤其在怀孕后期应绝对禁止。

（4）将放在地上的东西拿起或放下时，要屈膝落腰、完全下蹲、单腿跪下，拿住东西，再慢慢伸直双膝站起，或慢慢屈膝落腰、下蹲、单腿跪下后轻轻放下东西，再慢慢站起，注意不要压迫腹部。

温馨提示

家务活里的胎教活动是很丰富的，可以开展语言胎教，告诉胎宝宝讲究卫生等。

促进胎宝宝身心发育的小动作

准妈妈需要适当运动，如果在上班的话，可能没有太多的时间与空间来锻炼，可以试试做做简单温和的小动作，除有利于解除疲劳、增强肌力外，也可使胎宝宝的身心得到良好的发育。

1. 活动脚腕

准妈妈端坐在椅子上，一条腿搁

在另一条腿上，下面的脚平踏地面，上面腿的足尖伸直，踝关节以上不动，缓缓上下活动踝关节数次，然后将足背向下伸直，使膝盖、踝关节和足背尽量成一直线。两腿交替做上述动作。

2. 动动脚尖

准妈妈端坐在椅子上，两足平踏于地，尽力上跷两足尖，跷起后再放下，反复多次，注意足尖上跷时，脚掌不要离开地面。

3. 颈部运动

将头挺直，然后弯向左边并将左耳尽量贴近肩膀；再将头慢慢挺直，右边再做相同动作。可帮准妈妈改善颈部肌肉酸痛。

4. 腰部运动

先挺起腰，再将两肩往上耸以贴近耳，停留10秒，放松肩部。可帮准妈妈改善肩部肌肉酸痛。

5. 手肘运动

手部合十，将手腕下沉至感觉到前臂有伸展感，停留10秒，接着再将手指转向下，将手腕提升至有伸展的感觉。可帮准妈妈缓解手腕痛及手肘痛。

温馨提示

如果准妈妈原来有颈椎病，做某些动作感到恶心、眩晕，就要立即停止。

养心健体的太极拳

太极拳作为群众性健身的一项最为主要的运动，几乎在所有的公园、社区健身点和综合性的健身俱乐部都可以看到。太极拳动作缓慢，运动量适中，准妈妈也可以适度练习。

准妈妈练习太极拳的好处

(1) 练习太极拳要求“心静”，注意力集中，这样做可以启迪胎宝宝智力，提高智商。

温馨提示

准妈妈练习太极拳，应注意运动量、运动强度和运动时间要适当。由于人的体质和健康状况不同，应因人而异，以练拳后精神振奋、心情愉悦、身体舒适为好。

(2) 常练太极拳能增强中枢神经系统的机能，对大脑活动有良好的训练作用。

(3) 练太极拳还能增强柔韧性和舒缓心理压力，有利于胎宝宝的生长发育。

(4) 练太极拳可以增强消化系统的功能，为准妈妈提供足够的营养，取得健身效果。

(5) 适当的练习还能减少产前的水肿、便秘等现象，有利于分娩的顺利进行。

准爸爸胎教

斯瑟蒂克：约瑟夫从不和我吵架。他从书中了解到，夫妇不和给孩子带来的危害要比怀孕时生病、工作疲劳和抽烟等原因带来的危害更大。

营造和谐美好的家庭气氛

准妈妈在整个妊娠过程中，大多数的时间都是在家中度过的，家庭气氛和谐与否对胎宝宝的生长发育影响很大。和谐的家庭气氛是造就身心健康后代的基础，在和睦相处的氛围中准妈妈得到的是温馨的心理感受，胎宝宝也能在如此良好的环境中获得最佳熏染，从而促进身心的健康发育。

良好的家庭氛围需要夫妻双方共同努力营造，一方面准妈妈自己要注意调节不良情绪，另一方面准爸爸的努力也很重要。

1. 体贴照顾

准爸爸应体贴照顾准妈妈，主动承担家务，常陪伴准妈妈，多听听准妈妈的意见和想法，帮助她实现心中所想。

2. 多点幽默

准爸爸还应多看一些幽默书籍，以活跃家庭气氛，增进夫妻情趣，使准妈妈身心愉快。

3. 心理交换

准爸爸和准妈妈之间要心意相通，也要将心比心，以心换心，要多想想："他待我这么好，我要为他做些什么？""我希望在家中感到温暖、愉快，那么怎样也使他（她）温暖、愉快？"如果能经常自觉地问自己这些问题，夫妻关系就会更上一层楼。

温馨提示

准爸爸时常布置一下家庭环境，改换一下家具的位置，或添置一些有趣的小玩意等，可能会给准妈妈带来意想不到惊喜。

激发准妈妈的爱子之情

准妈妈与胎儿有密切的心理联系，如果准妈妈对胎儿有任何厌恶情绪或流产的念头，都不利于胎儿的身心健康。因此，准爸爸应该想办法激发准妈妈的爱子之情。

为了培养准妈妈的爱子之情，准爸爸除了让准妈妈多看一些能激发母子情感的书籍或影视片外，还要多与准妈妈谈谈胎宝宝的情况，如：询问胎宝宝有没有动，提醒准妈妈注意胎宝宝的各种反应；与准妈妈一起描绘胎宝宝在“宫廷”中安详、活泼、自由自在的形象；一起猜想胎宝宝的小脸蛋是那么漂亮逗人，体形是那么健壮完美。这对增加母子生理心理上的联系，增进母子感情都是非常重要的。

准爸爸还可以带准妈妈去逛街，去买一些宝宝的用品，看到漂亮的宝宝衣服，准妈妈一定会想到要生一个漂亮可爱的宝宝，把他打扮得漂漂亮亮，这对激发准妈妈的爱子之情也是有帮助的。

温馨提示

有的准妈妈由于妊娠反应、妊娠负担或因肚子大起来影响了外貌、体形，面部出现色素沉着损害了自己的容颜等，转而会迁怒于腹中的胎宝宝。这时候，准爸爸要学会宽慰准妈妈，告诉准妈妈怀孕后更有魅力。

帮准妈妈减压

怀孕可能令准妈妈的情绪不受控制，时好时坏，而且很容易变得情绪低落，一个人心理状态越不好就越想得到亲人的同情和安慰，因此，准爸爸要为准妈妈实行减压计划，给予她更多的关怀和爱护、鼓励和支持。

1. 转移准妈妈的不良情绪

当准爸爸发现准妈妈出现担心、紧张、抑郁或烦闷的情绪时，可以引导准妈妈做一件高兴或喜欢的事，如浇花、听音乐、欣赏画册、阅读或去郊游等。自然美感引起的情感，会使准妈妈对生活重新充满信心。

准爸爸也可鼓励准妈妈把烦恼向密友倾诉，或写信、写日记。

2. 丰富准妈妈的业余生活

除了听音乐外，还可以作画、观看艺术表演，以提高艺术修养。同时，准爸爸要鼓励准妈妈加强“专业”学习，特别是妊娠后期还可与胎宝宝一起学习，如看看儿童读物，读读外语等。

3. 陪伴准妈妈散步

准爸爸每天清晨或傍晚陪伴准妈妈出去散步，在小区里或附近的公园里慢走。准妈妈也可以适当地做孕妇体操，这对缓解压力是很有好处的。

4. 陪伴准妈妈学习孕产知识

准爸爸陪同准妈妈到准妈妈学校或相关准妈妈课堂听取全面的孕期知识的讲座，以便对妊娠、分娩、养育等问题做到心中有数，并互相交流、沟通，就会减少准妈妈因不了解而产生的恐惧和忧虑。

温馨提示

孕吐期间，准妈妈对气味特别敏感，如果无法避开令自己感到难受的味道，可以准备一块手帕，滴上几滴柠檬汁，或准备几片柠檬（或一小块生姜），难过时闻一闻，会起到一定的缓解作用。

和准妈妈玩有趣的手指童谣

手指活动有利于促进胎宝宝的健康发育，准爸爸不妨与准妈妈一起玩这个可爱的手指游戏。

手指童谣一

一个手指点点点（用一个手指轻点肚皮，也可以轻点准妈妈的头部）。

两个手指敲敲敲（用两个手指在肚皮上或准妈妈身上轻敲）。

三个手指捏捏捏（用三个手指在准妈妈身上轻捏）。

四个手指挠挠挠（用四个手指在肚皮上轻挠）。

五个手指拍拍拍（两个手对拍）。

五个兄弟爬上山（用五个手指从肚皮底下或准妈妈身上做爬山状移动）。

叽里咕噜滚下来（双手翻滚着滑下去）。

手指童谣二

小手摊开，咱们来包饺子吧（打开左手手掌）。

擀擀皮（右手在左手上做擀皮状）。

和面和面（右手手指立起在左手手掌上做和馅的动作，就像用手指在抓挠）。

包个小饺子（说一个字，用右手食指依次点着左手的手指）。

香喷喷的饺子给谁吃（用右手把左手指包起来，盖住，问肚子里的胎宝宝）。

饺子送给宝宝吃（把手放到肚皮前）。

饺子送给妈妈吃（把手放在准妈妈面前）。

陪准妈妈做第一次产检

准妈妈需在12周前做第一次产检，在第一次产检之前，准爸爸应和准妈妈一起仔细考虑一下产检时会遇到的问题，帮助准妈妈搜集和记录更全面的信息，作出一个第一次产检的爱心贴，预约产检医院，到了预定的日期，陪准妈妈从容地去检查。

1. 产检项目

产检项目比较平常，包括身高、体重、血压、宫高、腹围、胎位、胎心、尿常规、血常规、心电图等，不需要提前准备什么，有的医院会安排采血，提前咨询医生，听从医生安排即可。

2. 提前考虑医生会提出的问题

产检时，医生通常会问准妈妈一些个人和家庭的健康情况。可能包括以下内容。

（1）年龄、籍贯、文化程度、职业等。

（2）月经初潮时间、月经周期、月经量及末次月经时间。

（3）以前的怀孕、分娩经历，流产史，避孕情况，现有子女情况。

（4）慢性疾病、手术或住院治疗的情况。

（5）药物过敏史。

（6）生活习惯，如饮食、睡眠、运动、吸烟、被动吸烟、饮酒、用药等。

（7）准爸爸的健康情况，如吸

烟、饮酒习惯、疾病史、用药史等。

（8）准妈妈和准爸爸双方的家族遗传病史。

（9）是否有早孕反应、有无阴道出血、腹痛或任何不适。

（10）初次胎动时间（如果有的话）。

在第一次产检之前，准爸爸和准妈妈应该一起仔细考虑一下以上的问题，这样便于医生了解更全面的信息，保证准妈妈和胎宝宝的健康。

3. 提醒准妈妈着装

做产检时穿的衣服要宽松，容易穿脱。不要穿连衣裙，以免在某些检查时，需要把裙子全部提起，导致全身暴露而尴尬。最好的搭配是前开口的上衣和大摆的裙子或宽松的裤子。鞋子要避免复杂的系带鞋子，尽量好穿脱。

温馨提示

如果准爸爸和准妈妈还有一些其他健康问题，也可以记录下来，产检时主动告诉医生，确保获得更加周到的孕期保健服务。

意念胎教

斯瑟蒂克：“如果你是女孩的话，等你的手够得到厨房的桌子了，就让你帮妈妈打蛋。如果你是男孩的话，就让你帮我在餐桌上摆刀叉。”我一面在头脑中想象将来和孩子一起生活的情景，一面把我盼望的美好心情传递给胎儿。

创造性审美想象

创造性审美想象是一种能充分发挥和调动主观能动性的心理活动，它可以使准妈妈的生活变得更美好和快乐。

创造性审美想象的方法：

1. 准妈妈自己置身于一个舒适的环境中，或是坐着，或是躺着，使身体完全放松。

2. 当准妈妈感到自己深深地放松了之后，开始放飞想象的翅膀，事实上任何令准妈妈感到愉悦的事情都是可以想象的，比如想象自己置身在清新的大自然中——也许是在一片开阔的绿色草地上，旁边是潺潺的小溪，也许是在海边细软的沙滩上，能看到波浪起伏；想象宝宝是多么活泼可爱，自己的心情是多么愉快欢乐，胎教成功的喜悦充溢在自己心头。

这些想象会给准妈妈和胎宝宝带来更多美好的体验，而使准妈妈在孕期所遇到的一切困难也会变得容易克服了。

温馨提示

准妈妈要觉得这一过程是欢快有趣的，要坚持做下去，可以是5分钟，也可以是半小时。

神奇的脑呼吸法

脑呼吸训练，可开发人类高等感知的能力，即开发超越五感（视觉、听觉、味觉、嗅觉、触觉）的新知觉，将大脑内的无限潜能充分发挥出来。准妈妈可以将脑呼吸运用于胎教，能让胎宝宝发育得更加完善。

脑呼吸法：

1. 首先熟悉脑的各个部位的名称和位置。闭上眼睛，在心里按次序感觉大脑、小脑、间脑的各个部位，想象脑的各个部位并叫出名字，这时要集中意识，这样可提高注意力，能清楚地感觉到脑的各个部位。

2. 保持安静，简短地做5分钟左右，待逐渐熟悉方法后，可增加想象的时间。

3. 想象一下肚子里的胎宝宝，想象胎宝宝的各个身体部位，从内心里感觉胎宝宝的形象，可以通过观察超声波照片来帮助感觉，这样形象更容易想象。

4. 脑呼吸的同时可以默默和胎宝宝对话，使胎宝宝和准妈妈更容易进行交流。

温馨提示

饭前适合做脑部想象活动，因为身体比较轻快。

第四个月（13~16周）

尽可能多地陪陪胎宝宝

我常在风和日丽的下午，到离家不远的小路上散步。这是一条安静的林荫小道。听着啾啾的鸟鸣声，心情会变得格外轻松愉快。这时我就能感觉到腹中的孩子，好像在很舒服地舒展着他的小身体。

——斯瑟蒂克

进入相对稳定的孕中期了，孕早期各种难受的感受都开始消失，胎宝宝带给你的喜悦感越来越强烈，在此期间，不仅食欲变得更好，兴致也很容易被调动起来，所以是陆续实施各种胎教的好时机，可以逐渐增加每天胎教的类型和内容了。

准妈妈与胎宝宝的变化

准妈妈

1. 第 13 周

准妈妈的乳房在本周也会变得更大。乳房处的静脉在皮肤下清晰可见。触摸乳房的时候，准妈妈还可能感觉有瘤状物体，这是由于乳腺管为产乳做准备引起的。

由于乳房正迅速地增大，可能会造成准妈妈腹部和乳房的皮下弹力纤维断裂，开始在胸部、臀部和腰部出现妊娠纹。这时准妈妈应进行适当的锻炼，增加皮肤对牵拉的抗力。

2. 第 14 周

准妈妈的腹部隆起得更加明显了，这会让准妈妈更快捷地找到“做孕妇”的感觉。

准妈妈的乳头有可能已经可以挤出乳汁来，看上去像刚分娩后分泌的初乳。不要担心，这是正常的生理现象。同时，由于体内激素水平的改变，准妈妈的身体变化更加明显：阴道分泌物明显增多，乳晕颜色明显变深，面积也增大。

3. 第 15 周

准妈妈的外形特征越来越明显了，抚摸肚皮的时候，准妈妈可以感觉到子宫大约在肚脐下方 10 厘米处。准妈妈会食量大增，到本周为止，准妈妈的体重大约会比孕前增加 2.2 千克。

4. 第 16 周

准妈妈的乳房在继续膨胀。同时，由于子宫日渐膨隆，使得准妈妈的腹部向前突出，骨盆前倾，身体的重心前移，这会加重准妈妈背部肌肉的负担，所以准妈妈可能会常常感到腰酸背痛。

此外，准妈妈可能还会觉得容易疲倦，并且可能有便秘、胃灼热、消化不良、胀气和浮肿等症状，偶尔出现头痛或晕眩、鼻塞、牙龈出血等状况。准妈妈还可能出现脚部轻微水肿，腿部静脉曲张等症状。

胎宝宝

1. 第 13 周

进入本周之后，胎宝宝的身长 70 毫米~90 毫米，体重在 20 克左右。

胎宝宝的眼睛在头的额部更为突

出，两眼之间的距离拉近了，眼睑仍然紧紧地闭合，嘴唇能够张合，耳朵现在很安稳地长在脑袋两边。脖子已经发育得足以支撑头部了。手指上开始出现指纹，手指开始能与手掌握紧。脚趾与脚底也可以弯曲。神经元迅速地增多，神经突触形成，胎宝宝的条件反射能力加强。

2. 第14周

进入本周之后，胎宝宝的身长有75毫米~100毫米，重量30克~43克。胎宝宝身体的所有基本构造都已经形成了。胎宝宝的头发也开始迅速地生长。胳膊会长得更长一些，使它与身体的其他部分成比例，这时胳膊已经比较灵活了，但是腿还要再发育一段时间才能够比例协调，同时，在胎儿手指上已经出现独一无二的指纹印。

3. 第15周

本周，胎宝宝身长大约有10厘米，体重60克~70克。胎宝宝的眉毛开始长出来了，薄薄的皮肤上覆盖了一层细细的绒毛。另外，胎宝宝的汗腺正在形成，味蕾也开始形成。眼睑仍然闭合，但可以感觉到光，如果准妈妈对着肚子打开手电筒，他很可能会躲开光源。

4. 第16周

本周胎宝宝身长约16厘米，体重约100克。他的头部相比以前明显更直立了，双眼已经移到了头部前方，眼睑仍然紧闭，但是眼球已经在慢慢移动了。血管网遍布全身，通过薄而透明的皮肤就可以看到。

胎宝宝的双臂及两腿的关节已经形成，腿的长度超过了胳膊，手指甲完整地形成了，指关节也开始运动。另外，可以不断吸入和呼出羊水。

宝宝心声

这个月，妈妈的胃口开始好起来了。妈妈一定很好奇，我在子宫的伙食怎么样吧？说实话，我是尝不到什么滋味的，甚至我长出了舌头也一样，因为我的所有营养都是通过脐带传送的。

在这里点菜很方便，但是也有风险，因为我把所有的食物都交给妈妈来掌管了，所以，如果妈妈爱我，一定要把自己喜爱的小零食改成有营养的食物哦。比如薯片、椒盐脆饼干、辣椒酱、炸鸡等，就尽量少吃，可以换成烧土豆、苏打饼干之类的。

温馨提示

进入相对稳定的孕中期，流产的可能性大大减小，你可以适当地锻炼，这对胎宝宝的生长很有利。

条件允许的准妈妈现在可以去参加孕妇培训班了。

情绪胎教

斯瑟蒂克：约瑟夫经常对我说："最理解母亲心情的是你腹中的胎儿。你要经常以一种安详、和蔼和稳定的情绪，保护这个小生命，直到他来到这个世界。"

开怀一乐，猜一猜搞笑谜语

1. 谜面

(1) 准妈妈出门去。(打一成语)

(2) 一个人被刷成了金色。(打一成语)

(3) 有十只羊，九只蹲在羊圈，一只蹲在猪圈。(打一成语)

(4) 帽子脏了翻过来再戴。(打一成语)

(5) 小白长得非常像他哥哥。(打一成语)

(6) 一群鸭子开会。(打一成语)

(7) 一个人拿筷子吃饭。(打一成语)

(8) 一群人拿鸡蛋砸枪。(打一成语)

(9) 搬建中的钢琴。(打一成语)

(10) 谁家没有电话？

2. 谜底

(1) 挺身而出；(2) 一鸣惊人(一名金人)；(3) 抑扬顿挫(一羊蹲错)；(4) 张冠李戴(脏冠里戴)；(5) 真相大白(真像大白)；(6) 无稽之谈(无鸡之谈)；(7) 脍炙人口(筷至人口)；(8) 枪林弹雨(枪淋蛋雨)；(9) 一见钟情(移建中琴)；(10) 天衣(天衣无 phone)。

温馨提示

游戏中，准妈妈可以想象自己正在和胎宝宝对话，全情投入，就如同胎宝宝在问自己各种千奇百怪的谜语。准妈妈要思考后告诉胎宝宝答案，并且要问胎宝宝："宝宝，妈妈答得对吗？"这样，这个游戏会让动脑变得更加有意思。

参加文娱活动调节心情

各种各样轻松的文娱活动对调动情绪、舒缓紧张焦虑心理非常有益，还可以帮助锻炼身体，有利于胎宝宝成长及分娩。

用唱歌或听音乐的方式来“款待”自己是一个不错的选择，能调整激素水平，减轻身体不适。俄罗斯曾有一个准妈妈合唱团，参加合唱团的准妈妈的健康状况及宝宝出生后的身心状态都比一般的准妈妈更棒。

当然，喜欢到卡拉 OK 厅唱歌的准妈妈此时最好不要再继续，这样的娱乐场所充斥着烟酒和嘈杂的音响声，会加重烦躁心情。

阅读优秀的文学作品，观赏自己喜爱的绘画和工艺品，适当看些主题真善美的电视、电影和戏剧等也很享受。当然，园艺、绘画或朗读散文诗等，也一样能够使人的心灵沉浸在美好的感受中。

温馨提示

不妨多整理心情，看看哪些活动是自己最为享受的，多花一点时间在这些品位独特的“享受”上，在保证安全的基础上，文娱方式可以多样化。

学会摆脱不良胎梦的困扰

不少准妈妈孕期都会做一些关于胎宝宝的梦，而且有些梦常常很逼真，又有些恐怖，搅得准妈妈心绪不宁，尤其到了怀孕后期。面对不良梦境，准妈妈该怎么办呢？

1. 梦是准妈妈的心理释放

胎梦和一般的梦一样，也是准妈妈自然而然做出来的梦，只是正处于怀孕之时，准妈妈的注意力大多容易集中在胎宝宝身上，所以对梦境格外敏感，也记得更清楚，再加上孕期身体和心理上的变化，做梦可能较常人要频繁。

胎梦其实是一片心理释放之地，胎梦中之事，大多反映了一些准妈妈需要考虑或关注的事情，比如：梦见自己不能喂宝宝，很可能反映了准妈妈担心自己不知道怎样照顾刚出生的孩子。

2. 学会交流，放松心情

准妈妈不妨把梦讲给家人或好朋友，将自己的担忧说出来，还可以根据梦中的意象，结合平时的生活，检视自己的所思所想，主动而客观地去与自己的梦“沟通”。

（1）将孕期所做胎梦用文字记录下来。

（2）同时记下梦里的感觉或情绪。

（3）凭自己的感受展开自由联想与分析其象征隐喻。

（4）回想并写下做梦之前可能的相关生活细节。

（5）将梦、感觉、梦境隐喻、自

由联想的结果与生活脉络相对应。

3. 充实自己的生活

不少准妈妈怀孕后就辞退了工作，十分闲暇，其实，过于闲暇正是胡思乱想的催化剂，而忙碌恰恰剥夺了头脑“跑偏”的机会。

准妈妈要学会充实自己，培养兴趣爱好，使生活充满色彩。一本好书、一支优美的田园交响曲、一个讲给胎宝宝听的故事、一段记录下的逸闻趣事，都可以作为填充大脑的内容，让准妈妈走出不良梦境的困扰。

温馨提示

不妨把梦当作解读自己内心世界的一个机会，一旦认识到自己的担心，通常就能坦然地去面对它们了。

挑选漂亮的孕妇装，做靓丽的准妈妈

一些时尚的孕妇装，会让准妈妈隆起的肚子更有美丽的孕味，有些也很适合上班时穿着。

1. 上衣和裙子的选择

（1）几件能随着身体增大而变化的衣服。有褶饰、后系带、侧面系扣或和服式等有细节设计的上衣的裙子，可以让准妈妈在体形改变的时候，随时调整。

（2）款式选择高腰的。一条高腰的上衣或连衣裙，可以用来区分准妈妈胸部和腹部的线条，显得时尚又精神。

（3）质地柔软、透气性强、易吸汗、性能好的衣料是首选，这样的面料包括棉、麻、真丝等，其中以全棉最为常见。

（4）挑款式也要挑颜色。健康、明朗、柔和的粉色系、浅蓝色系等明亮的颜色，可以衬托肤色，让准妈妈光彩照人，还具有消除疲劳、抑制烦躁、控制情绪的作用。

2. 裤子的选择

因为腹部变化的缘故，裤子比较难把握，最简单的方法是选择特意为

给孕妇设计的高腰裤子，能柔软地包裹住腹部，同时腹部以下可采用普通的裤型，比如牛仔裤、休闲裤等，非常百搭，可以穿整个孕期。

另外，一些专为孕妇设计的打底裤，具有可调整的腰部和紧缩的腿部，不但方便搭配，也能让准妈妈穿着更舒服。

温馨提示

平时宽松的毛衣、T恤、宽大的男式服装等可以充分利用起来。用些心思来搭配，会让准妈妈的穿着更多样化。

量体选衣的小策略

高大型	考量胸部、肩膀的宽度，可以选择连袖的衣服，布料上不要太膨松，以免看起来更臃肿
娇小型	适合选择轻巧、可爱的孕妇装，稍微短一点的上衣能让身形看起来比较修长
瘦削型	穿背心裙会显得丰满一点，但需要注意领口不能太低，此外要留意肩膀宽度是否合适
丰满型	细肩带的衣服会看起来不协调，另外要避免穿胸线突出的衣服，以免胸部看起来更加丰满

语言胎教

斯瑟蒂克：胎儿在耳朵长好之前就已具备听人讲话的能力了。如果用“听”来表达不合适的话，可以改用“领会”一词，也就是说，胎儿在用耳朵听之前是用心来领会、理解的。

唐诗欣赏：《望洞庭》

望洞庭

湖光秋月两相和，潭面无风镜未磨。

遥望洞庭山水翠，白银盘里一青螺。

——刘禹锡

胎教点读

《望洞庭》是唐代诗人刘禹锡所作的一首山水小诗，洞庭是湖名，在湖南省北部。

第 1 句从水光月色的交融不分写起，表现湖面的开阔辽远；

第 2 句用镜子的比喻表现夜晚湖面的平静；

第 3 句写远望湖中君山翠绿的色彩；

第 4 句再用一个比喻，用青螺形容洞庭湖中的君山，看上去好像搁在白银盘子里一样。

全诗虽然是纯粹写景，但既有细致的描写，又有生动的比喻，读起来饶有趣味。诗歌的格调也表现了诗人的性格、情操和美学趣味。

品读诗歌：《金色花》

金色花

假如我变了一朵金色花，只是为了好玩，长在那棵树的高枝上，笑哈哈地在风中摇摆，又在新生的树叶上跳舞，妈妈，你会认识我吗？

你要是叫道："孩子，你在哪里呀？"我暗暗地在那里匿笑，却一声儿不响。我要悄悄地开放花瓣儿，看着你工作。

当你沐浴后，湿发披在两肩，穿过金色花的林荫，走到你做祷告的小庭院时，你会嗅到这花的香气，却不知道这香气是从我身上来的。

当你吃过午饭，坐在窗前读《罗摩衍那》，那棵树的阴影落在你的头发与膝上时，我便要投我的小小的影子在你的书页上，正投在你所读的地方。

但是你会猜得出这就是你的小孩子的小影子吗？

当你黄昏时拿了灯到牛棚里去，我便要突然地再落到地上来，又成了你的孩子，求你讲个故事给我听。

"你到哪里去了，你这坏孩子？"

"我不告诉你，妈妈。"这就是你同我那时所要说的话了。

——作者：泰戈尔（印度）

胎教点读

天真可爱的孩子，他有着花一般的外表，温馨袭人的香味，调皮又无邪。母亲对于儿女的爱是伟大而无私的，儿女对母亲的爱与回报，也是时时刻刻在进行着的。如果孩子的世界里，处处都是爱与美，爸爸妈妈也一定会获得新奇而美丽的"回报"。

和胎宝宝谈天说地

准妈妈与胎儿之间，有着非常微妙的关系，不仅血脉相连，而且心意相通，胎宝宝在情感上依赖准妈妈，虽然他听不懂准妈妈说话的内容，但能够感觉声音和语调的变化，进而获得类似谈话的体验，促进语言乃至智力的发展。

1. 谈谈日常生活

在日常生活中，当准父母做任何事情时，都可以讲述出来，比如：早上起来想起胎宝宝就问："宝贝早上好，昨晚睡得舒服吗？"洗澡时说："这是流水声，妈妈在洗澡。"

2. 多表达自己的赞美与期盼

准妈妈的心会随着胎宝宝的变化而更加柔软、充满期待，当准妈妈感觉到不一样时，别忘了赞美胎宝宝："宝贝真是体贴妈妈，一晚上乖乖睡觉，真是妈妈的好宝贝。"当准妈妈对胎宝宝心生期待时，说出来的胎教效果也会很好，比如"宝贝会长得高高的，像爸爸，皮肤白像妈妈，聪明能干像爸爸，大眼睛像妈妈"等。

胎教点读

胎宝宝一般喜欢准妈妈用"陶醉"一般轻轻摇晃的动作来表达对自己的关爱。他喜欢准爸爸低沉浑厚的声音，所以准爸爸也要多与胎宝宝谈话。

讲故事：《小房子》

小房子

在很久以前，离城很远的乡下，有一座坚固又漂亮的小房子。小房子坐落在山冈上，每天都很开心。清晨她看着太阳升起，黄昏她看着太阳落山。

一天又一天，每天都有一点儿不一样……可小房子总是老样子。

春天来了，小房子等待着第一只知更鸟从南方飞回来，她看着草地慢慢变绿，树枝上抽出嫩绿的芽儿，苹果树开满一树的花儿，孩子们在小溪里玩耍。

长长的夏日里，小房子在阳光下，看着大树、小树为自己披上绿叶衣裳，白色的雏菊铺满山冈，百花欣欣向荣，苹果熟里透红，孩子们在池塘里游泳。

到了秋天，小房子看着第一场霜冻把树叶染成黄色、橙色和红色，人们收割庄稼、采摘苹果，孩子们回学校念书。

接着是冬天，白雪覆盖着乡村田园，孩子们溜冰、滑雪橇。

一年又一年……苹果树老了，地里又种上了新树。孩子们长大了，他们离开去往城市……现在每到夜里城市的灯光好像越来越亮、越来越近了。小房子对城市很好奇，她很想知道住在那儿会怎样。

一天，小房子惊讶地看到，从弯弯的乡间小道上跑来一辆没有马拉的大车，不久又跑来了更多这样的车，有马拉的大车越来越少见了。

……

终于，在铺满雏菊的山冈上，人们修出了一条公路，现在小房子看着各种各样的汽车从城市那边开来，又开去。各种各样的小房子沿着新路两边盖起来，每个人、每样东西，都移动得比以前快多了。

公路越来越多，把乡村田园分割成一块一块的。房子越来越多，越来越大……堆挤在小房子周围，没有人愿意住在小房子里了。

现在夜里不再安静、平和，灯光很亮、很近，路灯整晚都亮着。“住在城市里就是这样吧。”小房子想着，她不知道自己是不是喜欢这样。她怀念那开满雏菊的田野，还有在月光下跳舞的苹果树。

有轨电车、高架列车、地下列车陆陆续续在小房子周围开起来，她的身边满是摩天大楼，人们行色匆匆，周围都是一样的景色，小房子只能在中午见一小会儿太阳，夜晚再也见不到星星和月亮，她已经分不清几时是春天、夏天、秋天，或是冬天。

小房子不喜欢住在城里，她经常梦见乡下，那开满雏菊的田野，还有苹果树。白天醒来，小房子很孤独、很难过。

在一个春天的早上，小房子的小主人终于留意到了她，由于盖得非常好，他们找搬家公司很容易就搬到了城外很远的乡下，小房子在一个漂亮的小山冈上安顿了下来，她高兴极了，乡村处处安静、平和，现在她再次看到了太阳、月亮、星星，还有春夏秋冬。

——维吉尼亚·李·伯顿（美国）

胎教点读

在闲暇时间，准爸爸、准妈妈不妨多到乡间或者郊外去走一走，原始的自然能让人心旷神怡，心绪宁静。

讲故事：《国王的问题》

国王的问题

从前有个小牧童，他在当地非常有名，因为别人无论问什么，他都能给出个聪明的回答，所以声名远扬。

国王听说了这件事，不相信他有这么厉害，便把牧童招进了宫。对他说："如果你能回答我所提出的三个问题，我就认你做我的儿子。"牧童问："是什么问题呢？"

国王说："第一个是，大海里有多少滴水？"小牧童回答："我尊敬的陛下，请你下令把世界上所有的河流都堵起来，不让一滴水流进大海，一直等我数完才放水，我将告诉你大海里有多少滴水珠。"

国王又说："第二个问题是，天上有多少星星？"牧童回答："给我一张大白纸。"于是他用笔在上面戳了许多细点，细得几乎看不出来，更无法数清。任何人要盯着看，准会眼花缭乱。随后牧童说："天上的星星跟我这纸上的点儿一样多，请数数吧。"但无人能数得清。

国王只好又问："第三个问题是，永恒有多少秒钟？"牧童回答："在后波美拉尼亚有座钻石山，这座山有两英里高，两英里宽，两英里深；每隔一百年有一只鸟飞来，用它的嘴来啄山，等整个山都被啄掉时，永恒的第一秒就结束了。"

国王说："你像智者一样解答了我的问题，从今以后，你可以住在宫中了，我会像对待亲生儿子一样来待你。"

——选自《格林童话》

胎教点读

遇到无理的问题时，就要采取巧妙的回答方法。聪明的小牧童避开了正面回答国王的难题，反而给国王出了难题，国王自然就无话可说了。所以，只要教会宝宝学会观察、善于思考，就一定能聪明地解决各种各样的难题。

读散文：《笑》

笑

雨声渐渐的住了，窗帘后隐隐的透进清光来。推开窗户一看，呀！凉云散了，树叶上的残滴，映着月儿，好似萤光千点，闪闪烁烁的动着。——真没想到苦雨孤灯之后，会有这么一幅清美的图画！

凭窗站了一会儿，微微的觉得凉意侵人。转过身来，忽然眼花缭乱，屋子里的别的东西，都隐在光云里；一片幽辉，只浸着墙上画中的安琪儿。——这白衣的安琪儿，抱着花儿，扬着翅儿，向着我微微的笑。

“这笑容仿佛在哪儿看见过似的，什么时候，我曾……”我不知不觉的便坐在窗口下想，——默默的想。

严闭的心幕，慢慢的拉开了，涌出五年前的一个印象，——一条很长的古道。驴脚下的泥，兀自滑滑的。田沟里的水，潺潺的流着。近村的绿树，都笼在湿烟里。弓儿似的新月，挂在树梢。一边走着，似乎道旁有一个孩子，抱着一堆灿白的东西。驴儿过去了，无意中回头一看。——他抱着花儿，赤着脚儿，向着我微微的笑。

“这笑容又仿佛是哪儿看见过似的！”我仍是想——默默的想。

又出现一重心幕来，也慢慢的拉开了，涌出十年前的一个印象。——茅檐下的雨水，一滴一滴的落到衣上来。土阶边的水泡儿，泛来泛去的乱转。门前的麦垄和葡萄架子，都濯得新黄嫩绿的非常鲜丽。——一会儿好容易雨晴了，连忙走下坡儿去。迎头看见月儿从海面上来了，猛然记得有件东西忘下了，站住了，回过头来。这茅屋里的老妇人——她倚着门儿，抱着花儿，向着我微微的笑。

这同样微笑的神情，好似游丝一般，飘飘漾漾的合了拢来，绾在一起。这时心下光明澄静，如登仙界，如归故乡。眼前浮现的三个笑容，一时融化在爱的调和里看不分明了。

——作者：冰心

胎教点读

微笑是一种神奇的表情，它是生活中永远的阳光。怀着母性的宽厚对待生命中的每件事情吧，用柔和的笑影生活在人间，让胎宝宝时时感受到你的爱。

美育胎教

斯瑟蒂克： 给孩子描述生活中本来没有的幻想世界以及讲述什么是勇气、正义、友情等，童话和幼儿画册是最好的媒介物。

绘本介绍：《借物小人阿莉埃蒂》

名称：《借物小人阿莉埃蒂》

原著：玛丽·诺顿（英国）

故事里，身高只有一支铅笔那样长的少女阿莉埃蒂，与她的小人家族在日常生活中必须跟老鼠作战，还必须躲过杀虫剂和捕蟑屋等各种不同的危险。

小人们必须“借用”许多人类的日用品来生活，又不能被人类发现他们的存在。好心的翔为小人族提供帮助，但被管家发现了。管家想尽办法对付小人族，不得已，小人族逃离现在的家，移居到野外开始新的生活。

最终，小人族一家勇敢地走上了去往新家园的路。

胎教点读

生活需要我们更加勇敢，多多沟通。孩子需要父亲的鼓励、母亲的呵护。故事中恬静的感觉相信能让准妈妈疲乏的内心生出丝丝感动。与绘本同名的电影画面非常优美，准妈妈不妨看一看。

欣赏电影：《地球上的星星》

名称：《地球上的星星》

时长：165 分钟

这是一部印度影片。电影主人公小男孩，他的世界充满了别人不以为然的惊奇：色彩、鱼儿、小狗和风筝。这些对于成人世界却并不那么重要，他们对家庭作业、分数和整洁更感兴趣。

在学校，小男孩似乎什么也做不对，一个年轻男老师用时间、耐心和关怀帮助着小男孩，帮他找回自己的快乐。

《地球上的星星》是一部洋溢着童真、包容、善良与阳光的电影，温暖而发人深省。

胎教点读

人长大了，就会用大人的思维去看待周围的一切，可是，小孩子却并不像大人一样思考问题，大人与孩子想要得到有效的沟通，得将自己放到孩子的角度才行。无论是现在，还是在不久的将来，准爸爸和准妈妈都要试着从孩子的角度去与胎宝宝交流，结果会很不一样。

欣赏幼儿画册

斯瑟蒂克说：培养孩子的想象力、独创性以及进取精神，最好的教材莫过于幼儿画册。

斯瑟蒂克这样认为是非常有道理的，画册一直以来都被宝宝钟情，因为它的形式，也因为它的内容表现方式。画册里每一页的内容虽然简单，但图面感很好，准妈妈凭自己的想象描述给胎宝宝，这能很好地促使他健康成长。

什么样的画册更合适

那些色彩丰富、内容愉快、富于幻想、情节独特的，能唤起人幻想、幸福和希望的幼儿画册是最合适的。

另外，一些反映自然、动植物生态、科学进步的附有彩色插图和照片的书，以及有关世界上各民族风情或风景、陆海空交通工具等内容的书也是很好的素材。

胎教点读

擅长绘画的准妈妈可以每天画一些感兴趣的东西，或者可以把杂志上的照片、插图剪下来，或者贴上有色彩的纸，拼成风景和人物图等，非常有意思。

欣赏中国画：《风雨牧归图》

名称：《风雨牧归图》　　年代：南宋

作者：李迪　　目前收藏地：台北故宫博物院

胎教点读

这幅画展现了风雨欲来时的场景，画面中两棵大柳树被风吹得弯了腰，树下两只大水牛腰圆臀肥，四蹄劲健，在风中疾奔。前面的牛背上，牧童扶住斗笠、弯腰伏向牛背，可见风很大；后面的牧童斗笠被一阵狂风吹落树旁，他转身向后趴在迅速跑着的牛背上，欲下不能，欲罢不甘，正犹豫地盯住斗笠。这一静一动、一向前伏一向后趴的姿势形成强烈对比，让人忍俊不禁。

欣赏名画：《日落：阿尔附近的麦地》

名称：《日落：阿尔附近的麦地》　　年代：1888年

作者：凡·高　　目前收藏地：瑞士温特图尔艺术博物馆

胎教点读

阿尔是法国南部的一个小城，1888年2月凡·高来到这里时，他很快爱上了这儿，这里猛烈的阳光和刺目的麦田带给他很多创作灵感。

这幅画中近景是一片没有边际的金灿灿的麦地，远处是傍晚时分的阿尔城，工厂在冒着烟，太阳正从更远的地方落下去，一切都显得从容又生机勃勃。

凡·高是对画画充满激情的画家，他认为好的作品必须是真情实感的表达："一个人绝不可以让自己心灵里的火熄灭掉，而是要让它始终不断地燃烧……你知不知道，这是诚实的人保存在艺术中最最必要的东西！然而并不是谁都懂得，美好的作品的秘密在于有真实与诚挚的感情。"

音乐胎教

斯瑟蒂克：在选择歌曲、乐曲时，我首先考虑的是它会对腹中的胎儿产生什么样的影响，因此选择时极为慎重。

聆听口笛曲：《云雀》

《云雀》是奥地利著名作曲家海顿的D大调弦乐四重奏，是海顿同类型的作品中最负盛名的作品。

体会《云雀》里大自然的魅力

《云雀》由两把小提琴和中提琴、大提琴组合演奏，四声部均衡搭配，整个乐章就像进行一次愉快的交谈。第一乐章开始处，小提琴奏出轻快的旋律，这段旋律十分像云雀欢快婉转的啼唱声，因而后人将这首乐曲称为《云雀》。

胎教点读

云雀是报春的鸟，它的啼声清爽明朗，虽然《云雀》中海顿并没有故意去模仿云雀的啼声，但是，每当风和日丽、天朗气清，春天的气息弥漫大地时，总是会自然想起要欣赏这首乐曲，情绪也会随之变得更好。

《云雀》的音乐风格中也有海顿性格的表现，海顿虽其貌不扬，却十分善良、淳朴、幽默和平易近人，音乐中热情、典雅的风格，欢乐、幸福、和平的气氛就如海顿在向听者轻轻讲述一样。

欣赏名曲：《摇篮曲》

《摇篮曲》是勃拉姆斯作于1868年的乐曲，勃拉姆斯很喜欢他的《摇篮曲》，10年之后，当他创作《D大调第二交响曲》时，《摇篮曲》的主题动机竟自然地出现在这部交响曲的第一乐章里。

体会《摇篮曲》里醉人的气氛

这首《摇篮曲》节奏舒缓，曲调恬静而悠扬，带来的将是宁静与闲适，仿佛是母亲在轻拍着宝宝入睡，深切地表现了母亲温柔慈爱的内心情感，让人在与旋律一同摇摆的过程中，享受着梦境般的美好。

趣味小故事

相传《摇篮曲》是勃拉姆斯为祝贺法柏夫人第 2 个儿子的出生而作的，法柏夫人是维也纳著名的歌唱家。1859 年勃拉姆斯在汉堡时，曾被她优美的歌声所感动，从而与她建立了深厚的友谊，后来就利用她喜欢的圆舞曲的曲调作为伴奏，作了这首平易可亲、感情真挚的《摇篮曲》送给她。

胎教点读

《摇篮曲》特别适合伴随着准妈妈和胎宝宝进入甜美的梦乡，因此在晚上临睡前听一听非常不错。听的时候不妨慢慢闭上眼睛，想象自己正在轻轻摇着睡梦中的宝宝。

聆听古筝曲:《渔舟唱晚》

“渔舟唱晚”取自唐代王勃《滕王阁序》中的名句:“渔舟唱晚,响穷彭蠡(lǐ)之滨;雁阵惊寒,声断衡阳之浦。”《渔舟唱晚》是经典的古筝独奏曲,充满了诗情画意。

体会《渔舟唱晚》里的典雅闲适

《渔舟唱晚》乐曲开始,以优美典雅的曲调、舒缓的节奏,描绘出一幅夕阳映万顷碧波的画面;

接着,节奏性加强,音乐活泼而富有情趣;

当它再次变化反复时,旋律先递升后递降,速度不断加快,表现了心情喜悦的渔民悠然自得,片片白帆随波逐流,渔舟满载而归的欢乐场面。

整首乐曲具有鲜明的中国山水画风格,一曲过后,宛如一张美丽的泼墨山水图从音乐声中绘出。含蓄轻柔的结尾,把人们带到深远的意境中。

胎教点读

古筝是一种中国古典乐器,音域宽广,发音清脆悦耳,如山泉般流畅,被称为“众乐之王”,亦称为“东方钢琴”。准妈妈有兴趣可以学习弹奏,发展成自己的兴趣爱好。

和胎宝宝一起听广播

相比较看电视,听广播可以保持更高的大脑活跃度,而且不影响做其他事,更有利于心绪沉静,眼睛也不受屏幕的束缚,不会产生头晕等副作用,所以,建议准妈妈将一部分看电视的时间换成听广播。

广播里的多彩世界

对于准妈妈来说,可以听故事类、文学赏析类、旅游类、国学类、亲子类、音乐类等节目。一般来说,每个频道的节目会在固定时间段播放,准妈妈锁定几个喜欢的节目后,每天在固定的时间打开来听一听即可。

广播是声音的盛宴,因此播音员的声音普遍非常悦耳,并且普通话都很标准。聆听这样的声音,每一次都是美妙的情感体验，仿佛遨游在宁静的星河里一般。

常听广播可以在不知不觉间增长智慧，开阔眼界，陶冶情操，丰富生活，好处非常多。

温馨提示

准妈妈听广播应该少用耳机，尤其是到了孕中晚期，外放的广播声音可以给胎宝宝一定的刺激，而且不会令准妈妈的耳朵疲劳。

营养胎教

斯瑟蒂克： 饭桌上蔬菜是一日三餐不可缺少的。原来在蔬菜旁边总是放着一大盘约瑟夫喜欢吃的肥肉，而这时他也为配合我改吃瘦肉和用酱油调过味的鱼。

补充热量，为胎宝宝发育提供能量

现在准妈妈已经进入了孕中期，准妈妈的体重将迅速增加，胎宝宝也进入了快速生长发育期。从孕12周开始，准妈妈将保持大约每周增重400克的速度，这就要求相应地增加准妈妈的饮食量来补充。

1. 增加主食的摄入量

热能在每日营养中的分配为：碳水化合物55%~65%，脂肪20%~25%，蛋白质15%~20%。碳水化合物主要从主食中摄取。充足的主食摄入，是保证胎宝宝发育和自身能量供应的基础。

一般来说，准妈妈主食摄入不足，很容易出现能量不足，引起胎宝宝营养不良和各系统、器官发育迟缓，体重、身长增长慢。此外，长期主食摄入不足，还会造成酮体征。因此，孕中期准妈妈需要每日比孕前增加200千卡的热量需求，这些热量相当于大半碗米饭，或一个中等大小的鸡蛋加200克牛奶，或一片面包加一杯130克酸奶，或一片面包加一个中等大小的苹果。

2. 增加摄入主食的种类

准妈妈平时吃的米、面不要过分精白，尽量选择中等加工程度的。主食不要太单一，应米、面、杂粮、干豆类掺杂食用，粗细搭配，有利于获得全面营养和提高蛋白质的营养价值。例如五谷杂粮粥、玉米发糕、窝头等，不但能为准妈妈提供足够的基础能量，还可以提供不同的矿物质和多种维生素。

温馨提示

需要补充热量不是说准妈妈就可以无所顾忌，开怀大吃了，在增加主食的摄入量的同时，准妈妈要注意体重，保证体重增长在正常范围。

粗细粮的科学搭配比例

粗细粮合理搭配混合食用可提高食物的风味，有助于各种营养成分的互补，还能提高食品的营养价值和利用程度。

具体来说就是粗细粮比例以 6∶4 为宜。一是要适当多吃一些传统意义上的粗粮，即相对于大米、白面这些细粮以外的谷类及杂豆；二是针对目前吃加工精度高的精米白面多的情况，要适当增加一些加工精度低的米面，如糙米、全麦面。

当然，6∶4 是一个推荐比例，准妈妈无须每日都严格执行这个比例。一般在一段时间内，如一周中各类谷物摄入总量基本符合此比例就可以了。

粗细巧妙搭配

煮粥时，准妈妈可以在大米中加上一把红豆或者放几块红薯；做饭时加点黑米做成二米饭或用玉米面窝头作为主食；家中如果有豆浆机，准妈妈还可以把多种食物一起放入打成米糊，再调点蜂蜜，好喝而且营养全面。总之，只要准妈妈多动脑子，就能想出许多好办法多摄入粗粮。

温馨提示

建议准妈妈不要在晚餐或睡前吃粗粮，因为粗粮不易消化，晚上肠胃消化能力又相对下降，吃粗粮会加重消化负担，影响准妈妈的睡眠。

孕中期应注意补钙

准妈妈已经进入了孕中期，胎宝宝生长发育的速度加快了，骨骼、牙齿的发育需要钙的支持，为了保证胎宝宝身长的正常增长，准妈妈应增加钙的摄入量。

1. 多吃含钙食物

准妈妈应有选择地多吃些含钙丰

富的食物，如牛奶、豆制品、虾皮、芝麻酱、雪里蕻、海带、紫菜、山楂等。

2. 补充维生素D

维生素D可帮助钙的吸收，所以，准妈妈在多吃含钙食物的同时，要注意补充维生素D。

人体可以从两种渠道获得维生素D，一是晒太阳，二是饮食。准妈妈平时注意适当晒晒太阳，让体内自身合成维生素D。另外，准妈妈要适当多吃含维生素D的食物，比如：黄油、麦片、红肉和蛋黄等，以促进钙的吸收。

3. 注意饮食搭配

钙易与食品中的植酸、草酸结合，形成不溶性钙盐，致使钙不能充分吸收利用，因此，含植酸、草酸丰富的食物如菠菜、竹笋、蒲菜、燕麦等，不宜与含钙丰富的食物共烹。

温馨提示

只要准妈妈多吃些含钙丰富的食物，不必再额外大量吃钙片等钙制剂。经食物吸收的钙足以满足准妈妈和胎宝宝的需要。

选择好吃又有营养的零食

随着早孕反应的减轻和消失，准妈妈的食欲日渐好转，想吃的东西越来越多，饮食的量也逐步增加，吃些零食肯定是常有的事。可是准妈妈是特殊群体，到底该吃什么零食既可以给准妈妈解馋，同时也能为自己和肚子里胎宝宝的营养加分呢？

1. 适合准妈妈吃的零食

（1）谷类食物：谷物食品中含有大量的膳食纤维，既可以增加饱腹感，又可以促进肠道蠕动，清理肠道环境，缓解便秘。

（2）新鲜水果：水果是孕期必不可少的营养食品，它可以为准妈妈和胎宝宝补充多种维生素及膳食纤维。而且大部分水果都含有较多的水分和糖分，既解渴又充饥。

（3）坚果：核桃仁、松子仁、杏仁、榛子等坚果含有准妈妈和胎宝宝所需的多种微量元素，能够迅速补充能量、消除疲劳，还有滋润头发和皮肤的作用。

（4）牛奶或酸奶：牛奶和酸奶含有丰富的蛋白质、脂肪和钙质，作为正餐或者零食，都是不错的选择。

2. 不适合准妈妈吃的零食

（1）口味重、有刺激性的零食：超辣的泡椒凤爪、特咸的罐头鱼等口味重的零食，多吃影响口腔和牙齿健康，刺激肠胃，可能加重多种孕期不适。

（2）含添加剂、色素的零食：冰

棍、汽水、罐头等含添加剂、色素的零食准妈妈不要吃，这些添加剂虽然短期内并不会对准妈妈和胎宝宝产生影响，但长期累积之后，肯定对健康不利。

温馨提示

准妈妈吃零食的最佳时间是两餐之间，而不是餐前餐后的时间。

（3）没有什么营养的零食：果冻、膨化食品（虾条等），这些零食虽然口味很好，但其实大多都是添加剂制成的，所含营养很少，吃了对身体没有什么益处，反而容易影响正常进食。

自制鲜榨果蔬汁，营养又通便

自制果蔬汁既营养又好消化，对于不喜欢吃水果或蔬菜的准妈妈来说，喝上一杯葡萄汁或胡萝卜汁是一种获得维生素、矿物质的简单方法。

胡萝卜苹果汁

材料：胡萝卜1个，苹果1个，冰糖少许。

做法：

（1）将胡萝卜、苹果分别洗净切成可放入榨汁机的大小的块。

（2）将苹果块、胡萝卜块加少量凉开水榨成汁。

（3）将做好的果菜汁倒在杯中，加入少许冰糖即可。

雪梨菠萝汁

材料：菠萝50克、雪梨1个。

做法：

（1）将菠萝去皮，切成小块；雪梨洗净，去皮、去核后切块。

（2）将切好的菠萝块、雪梨块加入榨汁机中，加少量凉开水榨成汁即可。

黄瓜猕猴桃汁

材料：猕猴桃1个，黄瓜半根，蜂蜜适量。

做法：

（1）猕猴桃去皮切成块，黄瓜洗净切成丁。

（2）将猕猴桃块和黄瓜丁一同放入榨汁机中，倒入适量的凉开水，搅拌1分钟左右。

（3）将搅拌好的汁液倒入杯中，调入蜂蜜即可。

温馨提示

自制果蔬汁比市场上卖的果汁干净、便宜，准妈妈闲来无事的时候，不妨给自己榨上一杯。

运动胎教

斯瑟蒂克： 为了保持良好的情绪以利于胎教，我每天下午都要出去散步，或在公园里骑自行车，有时为了能在风景美丽的野外呼吸新鲜空气，就和约瑟夫一起去近郊做半日游。

学做简单的孕妇养生保健操

从现在开始，准妈妈可以开始做分娩的准备工作，如果征得医生的允许，准妈妈可以练习一下孕期体操。孕期体操是为了减轻孕期酸痛、辅助分娩而设计的，简单而且容易坚持，准妈妈要提前练习。

1. 做好准备工作

根据家里的情况，准妈妈可以选择在地上做站式运动或在床上做坐姿运动。

2. 孕妇养生保健操的做法

分伸展运动、扩胸运动、腿部运动、脚步运动、髋部运动、揉穴运动和背部运动。经过临床验证比较安全，因有穴位按压，建议购买相关的光盘。

温馨提示

做动作时不要太剧烈，以不感到吃力为宜，以免伤到自己。

游泳可以减轻孕期不适

游泳是非常适合准妈妈的有氧运动，不但可以促进准妈妈的血液流通，改善心情，还可以减轻怀孕所带来的种种不适。

1. 游泳前

（1）要征询医生的意见。医生根据准妈妈的情况进行全面分析后，确定不会发生意外，再去游泳。

（2）下水前做好热身准备。

（3）室内游泳池游，水温以29℃~31℃为宜，并要注意避开阳光的照射。

2. 游泳时

（1）运动要适度。一般情况下，准妈妈每周可以游泳1~2次，每次可以游500米左右。每次游完泳后，准妈妈的心跳每分钟不超过130次，运动后10分钟内能恢复到锻炼前的心率，说明运动量比较合适。

（2）选择自己感觉舒服的划水方

式，可采用仰泳的姿势，只要仰面漂浮在水上，双腿慢慢踩水就可以得到很全面的锻炼。如果准妈妈盆骨前部的耻骨联合部位感觉疼痛，就更要避免蛙泳。

3. 游泳后

上岸时要注意擦干身体，避免感冒。

温馨提示

有过流产、早产史，阴道出血，经常腹痛，患妊娠高血压疾病和心脏病的准妈妈都不适宜游泳，应当采取别的方式锻炼身体。

准妈妈多走路好处多

准妈妈多走路能加强心肺功能，对准妈妈及胎儿都有直接的益处。

准妈妈坚持多走路还能加强血液循环、增加肌肉力量、消除腰背痛、增加身体耐力，可为分娩做准备；还可起到调节血压、血糖、控制体重过度增加等作用。

怀孕中期多走路可以抑制脂肪的产生，在传统的“养胎”宝典里面，很多都是提倡准妈妈应该休息，不少准妈妈都是吃饱了就睡觉，吃的又大多是大补的营养品，因此在临分娩时都是超重的，而走路就可以适当地改变这种状况，减少准妈妈的负担。同时也可以让胎宝宝不因为母体内能量多而过分吸收导致胖宝宝的出生。

准妈妈走路时的注意事项：

1. 准妈妈必须根据自己的体质、平时锻炼习惯和孕期具体情况控制运动量的大小，因人而异，区别对待，切不可强求一致。

2. 选择合适的鞋，以便为双脚提供足够的支撑力。

3. 在慢跑前、慢跑中和慢跑后记得喝水。

4. 选择平坦、环境好的地方进行运动。

温馨提示

考虑到走路会对膝盖有一定压力，如果准妈妈怀孕之前活动很少，不要勉强自己快走或慢跑。

准爸爸胎教

约瑟夫：我确信孩子的智力和个性是由胎儿时期的环境造成的。如果你在自己孩子身上寄托了极大的希望，你就不应该把育儿的责任全部推给妻子，你作为准爸爸也应该参加进去。

提前做好闪光卡片

闪光卡片就是用彩笔写上字母、文字、数字的纸片，可以帮助准妈妈强化意念和集中注意力，并让准妈妈获得明确的视觉感，从而获得比较好的胎教效果。

制作闪光卡片：

1. 准备一些打印纸，一些彩色笔，可选择那些线条稍微粗一些的，另外还要准备一支钢笔或黑色签字笔。

2. 在卡片上写下想要教胎宝宝的内容，可以是数字以及用这些数字进行加法、减法、乘法、除法算式等，也可以是字母或者文字。

温馨提示

也可以在卡片上画上色彩鲜艳的、充满童稚的画，准爸爸不妨一试。

3. 制作卡片时候，要注意颜色搭配，最好主题用比较显眼的色彩，周围的色调可以是浅或暗的颜色。

经常和胎宝宝说话

准爸爸坚持每天对子宫内的胎宝宝讲话，让胎宝宝熟悉准爸爸的声音，能够唤起胎宝宝最积极的反应，有益于胎宝宝出生后的智力及情绪稳定。

准爸爸可以每天在固定时间，摸着准妈妈的肚子和胎宝宝打招呼、说童话故事或念儿歌给他听，或者跟胎宝宝讲讲这天发生的有趣事情等，这些都对胎宝宝脑部发育有很大的帮助。

要讲的话题可以事先构思一下，先拟定一篇小小的讲话稿，稿子的内容可以是一段优美动人的小故事、一首纯真的儿歌、一首内容浅显的古诗，也可以谈自己的工作及对周围事物的认识。如果文字功底比较好，不妨用诗一般的语言，童话一般的意境，告诉胎宝宝外面这个美丽的新世界。

温馨提示

许多准爸爸觉得要对着一个看不见的小人儿说话有点不好意思，其实胎宝宝完全能听到你的声音，只要克服心理障碍，多试几次就会好的。

陪准妈妈对弈

下棋是一种有益的智力活动，现在胎宝宝的大脑正在形成，他的脑部发育非常迅速，因此是对他进行适当脑部刺激的好机会，准爸爸陪准妈妈对弈，可以让准妈妈多动脑，也有助于开发胎宝宝的潜能。

与准妈妈对弈的技巧：

1. 准爸爸一般都对下棋有更多的兴趣，更了解下棋的规则和战术，如果准妈妈以前不经常下棋，准爸爸可以采取让子的办法。

2. 如果准妈妈的棋艺和准爸爸旗鼓相当，准爸爸就要集中精神，静心定气，全力以赴，这样才能让双方都体会到下棋的乐趣。

温馨提示

可根据夫妻俩的喜好选择下哪种棋，围棋可以，象棋也不错，跳棋、五子棋等也是合适的选择。

3. 以平和心态面对游戏娱乐活动。如果准妈妈是个性格急躁的人，在下棋的过程中，准爸爸要学会照顾准妈妈的情绪，如故意让着准妈妈等，同时，准爸爸更应该注意控制自己的情绪，不执著于胜负。

夫妻性生活甜蜜，胎宝宝性格会更好

妊娠 3 个月以后，由于激素的作用，准妈妈的性欲有所提高，而且这时早孕反应过去了，准妈妈的心情开始变得舒畅，可以适度地过性生活。

适当过性生活的好处：

1. 愉悦的性生活可谓是对胎宝宝最温柔的刺激。夫妻间相互亲吻与抚摸，爱的暖流就会传到对方的心田，这会有益于胎宝宝的性格发育。

2. 妊娠期的性生活也是最好的听觉胎教。在性生活达到高潮时，夫妻双方互相表白发自内心的爱意是最美

丽的语言，这浓浓的爱意胎宝宝也能感受到。

3. 准爸爸的精液中含有一种精液胞浆素，能够杀灭葡萄球菌等致病菌，可以清洁及保护准妈妈的阴道。

温馨提示

性生活以每周 1～2 次为宜，性交可采取夫妻双方习惯和舒适的姿势，但要注意不要压迫腹部，体位可采用侧卧体位、前坐体位或后背体位。准妈妈要注意自身调节，不要过度兴奋，以免诱发流产。

一起听胎宝宝有力的心跳

现在，胎宝宝的心脏跳动已经很有力了，甚至准爸爸将耳朵贴在准妈妈的肚子上，就能听到胎宝宝的心跳。

1. 胎心音反映胎宝宝的健康状况

在胎宝宝到第 8 周后，胎心跳动每分钟能达到 180 次左右，第 14 周以后下降为每分钟 140 次左右，20 周以后保持在每分钟 120～160 次。

胎心跳动的速度可以直接反映胎宝宝的情况，过快、过慢或不规则都说明胎宝宝情况异常。准爸爸学会监测胎心音可及时发现胎宝宝的异样情况。

2. 如何听胎心音

（1）做好准备。听前准妈妈需要排尿后仰卧床上，伸直两腿，准爸爸可直接用耳朵贴在准妈妈腹壁上听，准妈妈则可以借助听诊器。

（2）找准胎心的位置。要听胎宝宝的心跳声，准爸爸应先找到胎心的位置。胎心位置因胎位而异，如胎头朝下，在准妈妈肚脐的右下方或左下方听；若臀在下，那就在脐的右上方或左上方听。最简单的方法是，在产检时请医生帮助确定，然后记住这个位置，以后依样画葫芦即可。

（3）学会分辨胎心音与准妈妈腹内的杂音。胎心音呈双音，犹如钟表的“滴答”声，清脆整齐，速率较快。听的时候必须与准妈妈腹内的几种杂音准确地区分开。

A. 脐带杂音：一种酷似吹风样的声音，是一种单音，速率与胎心相同。

B. 子宫杂音：吹风样的声音，音调低沉有力，速率与脉搏速度相同。

温馨提示

如果胎心率低于 120 次/分钟或高于 160 次/分钟，或节律不规则，很可能是胎宝宝宫内窘迫的信号，就要密切观察胎动和胎心的变化，如果仍不正常就必须从速去医院就诊。

C. 腹主动脉音：似敲鼓一样的“咯咯”响，速率亦与脉搏相同。

D. 胎动音：一种没有一定规律的杂音，部位多变化，时有时无。

意念胎教

斯瑟蒂克： 每时每刻把深深的爱倾注在你腹中的胎儿身上吧！

想象宝宝是个小天才

几乎所有的准妈妈都希望自己的胎宝宝是非凡的天才，那就尝试运用想象的力量，将美好的愿望、祝愿传递给胎宝宝。意念是胎教的一种重要手段，从某种意义上来说就是想象力，想象能增加准妈妈与胎宝宝的联系，这也是意念对胎宝宝身心发育的促进作用。

根据天才宝宝的特征来尽情想象：

1. 记忆力强。宝宝记忆力强，能记住大量的、不同的信息。

2. 说话早。宝宝会迅速掌握大量词汇、发音清晰、喜欢刨根问底并具备非凡的理解力，显示出聪明的潜力。

3. 阅读早。宝宝识字和识图很快，会捡起书本自己阅读。

4. 思维能力强。有较强的探索和

解决问题的能力，具有对复杂的概念的理解能力，有分析事物关系的能力，能进行抽象和归纳。

5. 专心致志。宝宝玩拼图游戏的时候非常专心、有耐心，能长时间地关注一件事情，自始至终，有成为天才的趋势。

温馨提示

准爸爸不妨给准妈妈找一些介绍天才宝宝的书籍来看，在心里形成具体的天才宝宝形象，这样就能够产生强烈而有效的想象，使意念发挥作用。

第五个月（17~20周）

快快回应胎宝宝的动作

我曾读过一本很有意思的书，作者是捷克斯洛伐克精神科医生斯塔尼斯拉夫古洛夫。书中说一个男子在吃某种药物后能回忆起自己在母腹中的情况。他在回忆时说：我感觉到母亲的心脏带着清晰悦耳的声音，在一下一下地搏动，这时我听到很多人的笑声、喊叫声，还听到小号的吹奏声……

——斯瑟蒂克

这是激动人心的一个月，因为准妈妈一定不会错过第一次胎动的感觉，那是一个多么可爱的孩子在跟准妈妈玩游戏啊。摸摸他吧，关爱的抚摸是胎宝宝所喜爱的。不要觉得不可思议，胎儿的确已经可以听到某些声音了。随着时间的推进，能听到更多的内容，所以给胎宝宝取名字、讲故事、听音乐、唱儿歌、对话等有趣的胎教活动都可以考虑每天实施了。

准妈妈与胎宝宝的变化

准妈妈

1. 第 17 周

准妈妈的子宫在不断地变大，子宫内环绕在胎宝宝周围的羊水也不断增加，以保护好胎宝宝。

准妈妈可能会常有心慌、气短的感觉，有时还会有便秘现象。这些都是正常的。

2. 第 18 周

随着子宫的继续增大，准妈妈的宫底慢慢上升到在肚脐下面两横指的位置。由于体形的变化及身体负荷的增加，准妈妈变得容易疲倦，偶尔还会出现身体失去平衡的情况，这时候一定要注意保护好自己。

3. 第 19 周

准妈妈下腹部的隆起开始明显，子宫底也在升高——一般子宫底每周会升高 1 厘米左右。乳晕和乳头的颜色加深了，乳房也越来越大。

敏感的准妈妈已经可以明显感到胎动。

4. 第 20 周

一般情况下，准妈妈已经可以清楚地感受到胎宝宝在子宫内不停地运动了。在经历过最初体会到胎动的惊喜与幸福之后，准妈妈可能也会为胎宝宝的惊人活力而烦恼，因为胎宝宝的生物钟和准妈妈可能是不一样的，所以，如果夜间胎动太剧烈，会让准妈妈晚上睡不着觉。

温馨提示

准妈妈还会感到腹部一侧有轻微的触痛，那是因为子宫在迅速增大，子宫两边的韧带和骨盆也在生长变化造成的。但是如果持续几天一直疼痛的话，最好去医院找医生检查。

胎宝宝

1. 第 17 周

现在，胎宝宝身长大约有 17 厘米，体重 150 克~200 克。在今后 3 周内，他将经历一个飞速增长的过程，重量和身长都有很大变化。胎宝宝此时的骨骼都还是软骨，可以保护骨骼的“卵磷脂”开始慢慢地覆盖在骨髓上。他的循环系统和尿道完全进入正常的工作状态，肺也开始工作了。

2. 第18周

18周的胎宝宝体重有160克~198克。胎宝宝的指尖和脚趾上的肉垫已经形成，薄薄的皮肤下的血管清晰可见，耳朵已长到正常的位置。胎宝宝的躯干、肢体都发育得比较完善了，看上去越来越具有人的形状，同时下肢比上肢长，下肢各部分也成比例了。

胎宝宝的活动越来越频繁，他的小胸脯不时地鼓起来、陷下去，这是呼吸的表现，但这时的胎宝宝吸入呼出的不是空气而是羊水。

3. 第19周

19周的胎宝宝体重有200克~250克。此周胎宝宝最大的变化就是感觉器官开始按照区域迅速地发育，味觉、嗅觉、触觉、视觉、听觉从现在开始在大脑中专门的区域里发育，此时神经元之间的连通开始增加。

4. 第20周

20周的胎宝宝身长约25厘米，体重250克~300克。胎宝宝的牙齿正在发育，神经和肌肉之间的联系也已经建立，当肌肉受到刺激收缩和松弛时，胎宝宝的肢体就可以围绕关节运动。

宝宝心声

妈妈常常担心我在子宫里会很无聊，其实，我是很会自己打发时间的。

这周，给我输送养分的脐带长得更粗、更强壮了，它成了我的一个好玩具。我特别喜欢用手拉它、抓它，有时抓得特别紧，紧到只能有少量的氧气输送，不过我很聪明的哦，这只是我跟自己玩的一个游戏而已，很快我就会放手，让自己得到充足的氧气和养分。

在以后的日子里，子宫中最好的玩具就是脐带了。

温馨提示

孕激素的分泌会给准妈妈的皮肤带来一定的变化，比如色素沉着、皮肤瘙痒等，也有些准妈妈的皮肤会变得细腻、光滑，比孕前还要好。随着准妈妈腹部的不断增大，皮肤可能还会因为缺乏足够的蛋白质而发生胶原纤维断裂，形成妊娠纹。建议准妈妈在医生的建议下，使用安全的祛除妊娠纹的产品，同时，日常饮食中坚持合理的饮食结构，补充足量的维生素C、维生素B_6、蛋白质，滋养皮肤，减轻上述各种皮肤症状。

情绪胎教

斯瑟蒂克：当母亲愤怒、不安、悲哀时，身体内分泌出的激素及其大脑生成物质会通过胎盘传给胎儿，这样会使胎儿陷入和母亲一样的精神状态。

让幸福的感觉陪伴自己

幸福感并不遥远，对愿意去感受幸福的人来说，身边处处都是幸福的存在。怀孕给准妈妈带来的幸福感是非常独特的体验，做了准妈妈的人，通常会更容易感到幸福。

体会做妈妈的幸福感

当发现一个小小的生命那么执著地生存着时，准妈妈会庆幸吧，在与他相处的每一天里，准妈妈都似乎忘掉了烦恼和琐事，只是尽情地享受着，感恩着。

当胎宝宝开始动起来时，准妈妈心里的幸福、骄傲感一定是油然而生的，那种作为一个女人，一个妈妈的感觉，会令人感到神奇、幸福。

每当想到自己越来越大的肚子里装着一个一天天长大的小人，想到他正在调皮地啃脚指头，想要和准爸爸、准妈妈玩时就会手舞足蹈起来，弄得准妈妈的肚皮这里鼓一下，那里又鼓一下时，准妈妈的幸福感一定是满满的。

怀孕后，准妈妈有了更多特赦的放松机会，老公每天抢着干家务，主动争取时间陪准妈妈散步，变着花样买各样的水果，夫妻之间的情意是最甜蜜的幸福感觉。

家人每天除了张罗丰富可口的三餐，还会关切地嘱咐准妈妈不要忘记吃饭，要多吃点好的，早早地就给胎宝宝做了好多小衣服小鞋子，这样的小幸福是不是每天都在上演呢？

还有亲戚朋友们，他们拿出了自家的孕妇装、婴儿床、宝宝旧衣服，给准妈妈打气，不厌其烦地分享怀孕的种种经验，这是平时体验不到的关怀啊。

出门在外，更多的人对准妈妈露出友善的笑容，公交车上人们主动给孕妇让座，甚至当准妈妈走在路上，还会有许多人投来羡慕的目光，这是多么奇妙的感觉。

……

生活中有太多太多令人感动的事

情，这些小小的幸福就像阳光般照在准妈妈的身上，每天都有那么多，感受到这些，相信胎宝宝也会觉得很开心的。

温馨提示

珍视拥有的东西，多和家人、朋友建立密切的联系，抽时间和他们相处在一起，对于准妈妈来说，幸福的感觉会更容易感受得到。

克服羞怯心理，相信自己是最美的

当腹部逐渐隆起，身形有了变化，特别是妊娠斑光顾了之后，有的准妈妈会有一种羞怯感，最常表现为不愿见熟人，特别是遇到要好的朋友，会感到很难为情。

1. 孕期的美无与伦比

乳房膨胀，腰围增大，面部出现褐色的斑点等，这些都可能是准妈妈正面临的，但是，要知道，这些都不足以遮盖准妈妈身上散发出来的美丽。

怀孕的十个月，可能是准妈妈一生中最辉煌的岁月，也是最美丽的时候，怀孕虽然使以前的体态美消失了，但同时又有一种别样的美；

皮肤较以往会变得更加细腻红润，额头上的皱纹也消失了，并且发质比以前好很多；

怀有一个胎宝宝的骄傲和幸福感也会使准妈妈异常美丽，内心焕发的母性光辉让人感受到的是无法形容的美，这种美是一个女人最完整、最没有遗憾的美了；

养儿方知父母恩，怀孕后，准妈妈大多对父母有全新的理解，相似的经历能让自己和妈妈或婆婆更亲近。

2. 此时心境更为柔和

到了孕中后期，最初的紧张、焦虑等慢慢消失了，准妈妈的整个心情都会变得开朗，即便遇到一些不顺心的事情，也不容易受影响，注意力更多地放在胎宝宝上。在这一阶段心境变得更为平静、柔和。

3. 扮靓孕期的小细节

（1）化淡妆，会使精神焕发，眼睛明亮有神，有快活的感觉。

（2）勤洗澡，不仅能清洁身体，水还能使日益发胖的身体放轻松。

（3）多护肤，每天洗脸护肤，补充必要的水分和油脂，避免受到阳光直射。

（4）穿得漂亮点，无论是日常衣服还是孕妇服，花色和款式得体会显得比较苗条。

温馨提示

怀孕中后期，准妈妈情绪可能会相对较低，注意力也降低，这是一种保护胎宝宝和自己的心理状态，不必太过忧虑，可以多和亲朋好友交流感受。

语言胎教

斯瑟蒂克：晚饭后的时间是充裕的，这时我们的“交谈”便开始了。我会对胎儿讲我多么爱她，并讲述自己这一天的经历。

学手语，与胎宝宝沟通

1. 宝贝，你真勇敢

宝贝：

（1）一手虚握，然后甩腕，五指张开，掌心向下。

（2）左手伸出拇指，手背向外；右手轻拍几下左手背。

你：一手食指指向对方，但是在这里，可以指向腹部，并温柔地注视，表示胎宝宝。

真：一手食指弹打一下另一手食指。

勇敢：双手拇指、食指在胸前搭成圆形，然后向两侧拉开，表示“大胆”。

2. 妈妈（爸爸）爱你

妈妈：一手伸食指贴在嘴唇上。（爸爸：一手伸拇指贴在嘴唇上）

爱：一手轻轻抚摸另一手拇指指背，表示一种“怜爱”的感情。

你：一手食指指向对方，正确的手语表达“你”的时候是指向对方。

胎教点读

和语言一样，手语也是一种交流的方式，手语是全球唯一真正通用的语言，一种没有隔阂的语言，说明这是人类最本真的表达自己的方式。在手语的传递中，准妈妈的心绪会很宁静，这能对胎宝宝产生良性刺激。在做手语时，眼睛可以注视着自己的手，并用心记住手的运行轨迹，这一切，都将以信号方式传达给胎宝宝。

讲故事：《小猫和鱼》

小猫种鱼

小猫看到农民把玉米种到地里，到了秋天，收了很多玉米。

小猫看到农民把花生种到地里，到了秋天，收了很多花生。

小猫把小鱼种到地里，到了秋天，小猫想收很多小鱼。

小猫钓鱼

小猫种鱼没有收获，只好跟着猫妈妈去钓鱼啦。他们刚在池塘边坐下，一只蜻蜓飞来了。蜻蜓真好玩，飞来飞去像架小飞机。小猫很喜欢，就去捉蜻蜓。捉了半天没捉着，回来一看，妈妈钓着了一条大鱼。

小猫又坐下来钓鱼，一只蝴蝶飞来了。花蝴蝶真美丽，小猫很喜欢，又跑去捉蝴蝶。捉了半天没捉着，回来一看，妈妈又钓着了一条大鱼。

小猫很郁闷："为什么我一条小鱼也钓不着？"猫妈妈看了看小猫，说："钓鱼就是钓鱼，不要这么三心二意的。你一会儿捉蜻蜓，一会儿捉蝴蝶，怎么能钓着鱼呢？"小猫很难为情，安静地钓起鱼来。

蜻蜓飞来了，蝴蝶飞来了，小猫假装没看到，盯着自己的渔竿瞧。一会儿，小猫也钓起来一条大鱼啦，猫妈妈很为他感到自豪！

胎教点读

真是只让人忍俊不禁的小猫啊，玉米种下去能收玉米，可是小鱼种下去会有什么结果呢？胎宝宝一定也很想知道，快跟他讲一讲吧。从前熟悉的有趣小故事，准妈妈都可以讲给胎宝宝听，多与胎宝宝互动。

念童谣：《连念七遍就聪明》

连念七遍就聪明

天上七颗星，
地上七块冰，
树上七只鹰，
梁上七根钉，
台上七盏灯……
呼噜呼噜扇灭七盏灯，
嗨哟嗨哟拔掉七根钉，
呀嘘呀嘘赶走七只鹰，
抬起一脚踢碎七块冰，
飞过乌云盖没七颗星……
连念七遍就聪明。

胎教点读

绕口令是一种传统的语言游戏，其中有读音很相近的字，比如“星”“冰”“鹰”“钉”和“灯”等，读起来有美感的同时，也很容易念错，所以需要多多练习才加快高念的速度，获得游戏的成就感。不过，绕口令的好处是即便念得不对，挫败感也不会很明显，因为这会造成滑稽的幽默感，博大家一笑。准妈妈来试一试吧，既能锻炼胎宝宝的语言能力，也能从中获得快乐。

欣赏古诗：《国风·邶风·击鼓》

这首诗歌描述了一个出征的士兵，在战场上回忆与妻子的誓言的故事。“执子之手，与子偕老”，夫妻俩平凡的相许，非常刻骨铭心，其中的甜蜜和期待甚至消散了战争的惨烈和悲凉。

国风·邶风·击鼓

击鼓其镗（tánɡ），踊跃用兵。土国城漕，我独南行。
从孙子仲，平陈与宋。不我以归，忧心有忡。
爰居爰处？爰丧其马？于以求之？于林之下。
死生契阔，与子成说。执子之手，与子偕老。
于嗟阔兮，不我活兮。于嗟洵兮，不我信兮。

执子之手，与子共著。
执子之手，与子同眠。
执子之手，与子偕老。
执子之手，夫复何求？

——选自《诗经》

温馨提示

夫妻和睦的关系是让胎教取得良好效果的基础，准妈妈千万别忽视了准爸爸，不妨给他写封信，说说你的心里话，还有你对他最近努力的感谢等，给他一个浪漫的惊喜。

美育胎教

斯瑟蒂克：如果你对植物很熟悉，可以让胎儿认识一下植物；如果你对美术感兴趣，可以多向胎儿介绍一下美术；如果擅长绘画和写文章，不妨亲自画一画，写一写，并讲给胎儿听。

欣赏名画：《蒙娜·丽莎的微笑》

名称：《蒙娜·丽莎的微笑》

作者：列奥纳多·达·芬奇

年代：1503~1505 年

目前收藏地：法国巴黎卢浮宫

胎教点读

画中描绘的是一位表情神秘的女子，她是当时的新贵乔孔多的年轻妻子蒙娜·丽莎，那时，蒙娜·丽莎刚刚失去女儿，她一直处于哀痛之中，闷闷不乐，为了让女主人开心，达·芬奇在作画时请来音乐家和喜剧演员，想尽办法让蒙娜·丽莎高兴起来，最终，这幅画画了 4 年才完成。画面中端庄美丽的蒙娜·丽莎有着使无数人为之倾倒的神秘微笑，伴随着岁月的流逝，她的微笑依然亲近而又遥远，无论什么场合，什么时代，都值得赏画者去慢慢体会。

趣味小故事

达·芬奇是一个博学者：除了是画家，他还是雕刻家、建筑师、音乐家、数学家、工程师、发明家、解剖学家、地质学家、制图师、植物学家和作家。他的天赋非常高，IQ在200左右，早在16世纪，他的许多观念就与现代人相似了。

欣赏名画：《枫叶寒蝉》

名称：《枫叶寒蝉》

作者：齐白石

年代：20世纪20年代

胎教点读

这幅画中，一只枫叶斜着伸出，画法写意，简括、传神；一只寒蝉伏于叶上，正感知着浓浓的秋意，蝉笔法工致，呼之欲出，境界新奇而充满诗意。

写意的树叶与工笔的寒蝉相互对比，其格调超脱高妙，力显神韵，洋溢着健康、有趣、自足和蓬勃的生命力。

画面中的色彩取朱红色与黑色两种，给人鲜而不艳、雅而不俗的感觉，顿然一股丰富多彩、生机勃勃之感。

画面构图简洁，流露着画家对日常生活情景的热爱和朴实深厚的人生体验，通过水墨和色彩把自己真挚的情感，朴实无华地熔铸于笔端。

欣赏唐诗：《江畔独步寻花》

江畔独步寻花

江上被花恼不彻，无处告诉只颠狂。走觅南邻爱酒伴，经旬出饮独空床。

稠花乱蕊畏江滨，行步欹危实怕春。诗酒尚堪驱使在，未须料理白头人。

江深竹静两三家，多事红花映白花。报答春光知有处，应须美酒送生涯。

东望少城花满烟，百花高楼更可怜。谁能载酒开金盏，唤取佳人舞绣筵。

黄师塔前江水东，春光懒困倚微风。桃花一簇开无主，可爱深红爱浅红。

黄四娘家花满蹊，千朵万朵压枝低。留连戏蝶时时舞，自在娇莺恰恰啼。

不是爱花即肯死，只恐花尽老相催。繁枝容易纷纷落，嫩叶商量细细开。

——作者：杜甫

诗歌大意：

江边的阵阵花香诱得人情不自禁地向前走去，真想找人分享这样的美景啊，无奈邻居已经出去找人喝酒去啦。层层叠叠的花儿争奇斗艳，可是我老了，对着眼前这大好的春光，真有点怕呢，不过我还能赋诗饮酒，我可不服老。春光呀，你莫要欺侮我这个白头人哦。在这静僻优美之地，应该喝酒来助兴啊，要是换作在闹市，这般景致可是绝对没有的了。

黄师塔前的江水向东流去，江边一簇簇桃花盛开着，我被春风熏得懒洋洋的，眼前的深红还是浅红哪一种更好看呢？黄四娘家百花盛开，把枝子都压弯了腰，还盖住了小路，引得蝴蝶们翩翩起舞，这里是黄莺歌唱的好地方啊。突然心中有点感慨，到了秋天，越是盛大的景色，越是流失得快，反而是不起眼的嫩枝细叶能长长久久。

胎教点读

公元 760 年，诗人在成都西郊浣花溪畔定居，建成草堂。那里风景秀丽，令人心情舒畅，春暖花开时节，繁华盛开，大自然带给了诗人莫大的安慰与灵感，以及对美好生活的期待。

欣赏诗歌：《经柳园而下》

经柳园而下

经柳园而下，我曾遇上我的爱，
她走过柳园，纤足雪白。
她要我自然地去爱，就像树木吐出新芽。
但我，年少愚笨，不曾听从。

在河边的田野里，我曾和我的爱人驻足，
在我倾靠的肩上，她放下雪白的手。
她要我自然地生活，就像堤堰长出青草，
但那时，我年少愚笨，如今泪湿衣衫。

——作者：叶芝（爱尔兰）

Down by the salley gardens my love and I did meet;
She passed the salley gardens with little snow-white feet.
She bid me take love easy, as the leaves grow on the tree;
But I, being young and foolish, with her would not agree.

In a field by the river my love and I did stand,
And on my leaning shoulder she laid her snow-white hand.
She bid me take life easy, as the grass grows on the weirs;
But I was young and foolish, and now am full of tears.

胎教点读

这首飘逸的诗歌表达了诗人对爱与生活的态度：对待爱情和生活，人们应当顺其自然，就像“绿叶长在树枝上”“青草长在河堰上”，别因为羞涩和怯懦而留下遗憾。

画指纹画：《美丽的花园》

材料准备：铅笔，白纸，专用手指画颜料（在各大网上商城和儿童玩具店均可以买到）。

绘画步骤：

1. 用铅笔勾勒出简单的线条，了解要按印的位置；

2. 将手指染上想要的颜色，然后用不同的手指印染出各种花朵以及小蜜蜂、小草等图案。

胎教点读

准妈妈一边按印，一边要给胎宝宝“解说”绘画的步骤。比如：“宝宝，妈妈用食指按一下黄色，小蜜蜂的身体就出来啦……”这会加深胎宝宝对画的理解。只要准妈妈多发挥想象力，还可以画出很多漂亮的手指画来，这对锻炼胎宝宝色彩感知、右脑图像思维能力很有益处。

学写毛笔字，陶冶情操

书法是一门艺术，能提高人的审美感觉，准妈妈学写毛笔字是一种美学胎教。

1. 要准备的工具

（1）毛笔。

（2）墨汁。

（3）纸张：刚开始练习用宣纸太浪费了，可用学生用的十五格纸，用废报纸也行。

（4）字帖：一本好字帖对于初学者非常重要，最好从真书（楷、隶、魏碑等）入手，行草比较难，不宜先行练习。

2. 学写毛笔字的方法

（1）从笔画开始练起，再循序渐进，穿插带笔画的字进行练习，如“三、王”练横画，练熟后可以临古诗帖。

（2）不练笔画，可以直接从练字开始，主要方法有：

描红：在勾勒出的字框内填写笔画，一般书店都有售。

摹临：在前人的法帖上覆上白纸临摹。

临摹：参照前人的法帖进行临摹。

背临：先学习消化前人的法帖，然后不看法帖完成书写。

胎教点读

向准妈妈推荐几本好的楷书字帖：颜真卿的《勤礼碑》《多宝塔碑》《麻姑仙坛记》；柳公权的《玄秘塔》《神策军碑》；欧阳询的《九成宫》等。

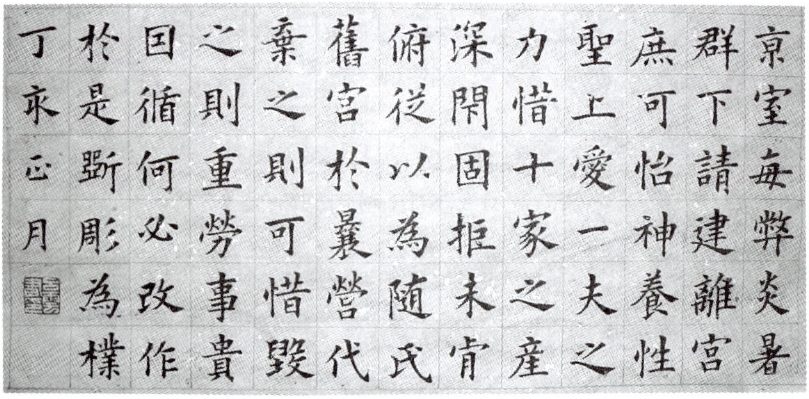

音乐胎教

斯瑟蒂克：我曾听祖母讲过这样一件事情：斯拉夫女性还在怀孕时，会坐在摇椅上，把手放在腹部给胎儿唱祖先传下来的歌曲。

失眠时不妨听听安眠好音乐

如果失眠仍然困扰着你，不妨听听音乐吧，柔和、静谧的音乐会赶走烦恼，舒缓神经、调节情绪，使你的大脑放松，容易进入睡眠状态。

莫扎特、班得瑞等音乐家的作品都是不错的睡前音乐，可以使血压和脉搏正常，缓解神经紧张，常常聆听，不仅可以改善失眠症状，还有助于胎宝宝的右脑发育。

莫扎特安眠音乐推荐

1. 《舞随光动》Dancing with the Neon Light
2. 《深蓝梦》Dream in Dark Blue
3. 《心灵感悟》Sentiment of My Heart
4. 《细水长流》Running Water in the Long Rill
5. 《花絮轻撒》Rose Petal Floating
6. 《爱的轮回》Love is Around
7. 《月影摇曳》Shadow Shaking in the Moonlight
8. 《逐梦》Catching Dreams
9. 《萦绕天使》Angel Flying Around
10. 《夜宴》Deep Night

班得瑞安眠音乐推荐

1. 《希望之翼》Gold Wings
2. 《海王星》Neptune
3. 《钻石》Diamonds
4. 《清晨》New Morning
5. 《满天星》Starry Sky
6. 《爱的旋律》Melody Of Love
7. 《初雪》The First Snowflakes
8. 《日落》Sunset Glow
9. 《款款柔情》Tenderness
10. 《紫蝴蝶》The Purple Butterfly

温馨提示

睡前20分钟最适宜听安眠音乐，可以让准爸爸记得每晚睡前20分钟左右开始播放，准妈妈则静静躺在床上，一边听音乐，一边想美好快乐的事情，不知不觉就会睡着了。

欣赏名曲：《梦幻曲》

《梦幻曲》是舒曼于1838年创作的一首钢琴曲，是他所作的《童年情景》中的一部分，也是当中最脍炙人口的一首乐曲。

体会《梦幻曲》里的童年时光

随着柔美平缓的主旋律，将把人带入沉思的梦境，在梦幻中出现美丽的世界。在那梦幻中升腾，就像是进入一层比一层更美丽、更奇异的梦境中，仿佛看见了一个圣洁的小天使，那期盼了许久的可爱小宝宝向我们走来。

胎教点读

《梦幻曲》描写了儿童的快乐生活，这首曲子欢快动人，饶有情趣，具有动人的抒情风格和芬芳的幻想色彩，能将人引入轻盈缥缈的梦幻世界，枕着快乐和惬意，梦也沉醉。

随着《梦幻曲》旋律的变化，听者能在梦幻中从一幅图景转入到另一幅图景，然后在曲调渐渐安静下来的时候，准妈妈和腹内的胎宝宝可能在这无限深清和充满诗意的曲子中安然酣睡了。

欣赏名曲：《春之歌》

《春之歌》由德国作曲家门德尔松创作于1842年6月，那时正值初夏晚春，门德尔松在一片大草坪附近，写下了这首风一般悠扬的名曲。

体会《春之歌》里绚丽多姿的春色

《春之歌》主旋律绚丽多姿、委婉迷人，串串音符犹如飘飞的花瓣，展现出春光的明丽与妩媚。伴奏部分是流畅跃动的琶音，像是竖琴奏出，仿佛淙淙溪水，烘托出春的意境与活力。

与主旋律相伴，还有一首旋律意在刻画人们置身于春色之中激动兴奋的心情，它在《春之歌》的中间部分奏出，使这幅春色图画更增添几许纷

温馨提示

《春之歌》描写了大地回春、万物苏生的蓬勃气象，准妈妈只要放松自己去听，很容易被曲中流水般轻柔的浪漫旋律所吸引，而带入到一种快乐的气氛中去。

纭与迷离，产生一种心旷神怡的愉悦感和一种春深似海的神秘感。

这首乐曲的结尾再现了明媚如歌的主旋律，又回顾了激荡兴奋的惜春之情。在寂静安恬的气氛中，音乐渐渐弱下来，消逝在无尽的春光之中，仿佛获得永恒的生命。

准妈妈写的歌词

从21周开始，准妈妈就可以增加唱歌的内容了，持之以恒地坚持唱，是可以收到良好效果的。歌曲已经听过不少了，一定也常常不经意间哼出一些自创的歌词吧，不妨试试自己写歌词。

妈妈保护宝宝

咿呀哟，咿呀哟
宝宝要快快长大
宝宝不要害怕
妈妈来保护宝宝

哎呀呀，哎呀呀
小手小手快快长大
让妈妈来牵着宝宝

哎呀呀，哎呀呀
小脚小脚快快长大
妈妈要快些见到宝宝

咿呀哟，咿呀哟
宝宝要快快长大
宝宝不要害怕
妈妈来保护宝宝

另外，改熟知歌曲的歌词也是一件很有趣的事情，易于上口也更容易操作，比如：

好宝宝，穿花衣，天天都爱来这里，我问宝宝你怎么来，宝宝说，我们家里最美丽！

……

胎教点读

文字能促使人思考，记录下瞬间即逝的灵感，人们需要在爱中生活，更需要在写中思考，让诗情画意在优美轻快的旋律里恣意，当有了灵感，别忘了拿笔记录下来。

营养胎教

斯瑟蒂克：七点钟，面包烤好了，早餐的食物全部摆在餐桌上了，这时便叫约瑟夫来吃早饭。我们相对而坐，互相说一句感谢的话后，便按日本人的习惯合掌说："我开始吃了。"于是开始吃饭。我这样做其实也是对肚子里的苏珊说："吃饭吧。"

孕期健康消暑饮品

炎炎夏日，很多准妈妈肯定觉得特别热，想喝冰水又不敢，喝饮料又怕有刺激，怎么解暑才好呢？下面几道解暑又健康的饮品，准妈妈不妨动手做一做。

西瓜菠萝汁

准备：西瓜2片，菠萝半个。

做法：西瓜用勺子取出瓜肉；菠萝去皮。将两种材料依次放入榨汁机中，加适量纯净水榨成汁，滤出果汁即可饮用。

樱桃核桃牛奶汁

准备：樱桃3个，核桃4个，牛奶1杯。

做法：将樱桃洗净，去核；核桃取核桃仁。樱桃和核桃一起放入榨汁机中，加牛奶榨成汁，即可饮用。

葡萄甜瓜柠檬汁

准备：葡萄15颗，甜瓜半个，柠檬汁1小匙。

做法：将葡萄洗净，去皮、去籽；甜瓜去皮、去籽、去瓤，洗净，切块。先将1杯纯净水倒入榨汁机中，再将葡萄、甜瓜放入榨汁机中榨成汁。将蔬果汁倒入杯中，加入柠檬汁搅匀即可饮用。

温馨提示

准妈妈可以趁自己无聊或者感觉情绪不佳时，用榨汁机给自己制作果蔬汁。果蔬汁营养又健康，好看的颜色、甜甜的味道也会让人情绪好起来，动手也是乐趣呢。

胎宝宝也需要补充蛋白质

蛋白质是胎宝宝发育的基本原料，对胎宝宝的脑发育尤为重要，准妈妈在孕期缺乏蛋白质，胎宝宝就会发育迟缓，体重过轻，甚至影响智力。有几种氨基酸对胎宝宝生长有特殊的作用，如色氨酸缺乏可引起先天性白内障。

1. 蛋白质需求量

每天的蛋白质需要量 75 克 ~ 100 克不等，增加量的多少与孕周有关，一般在孕早期不多，孕中期为 85 克左右，孕晚期需要量最大，为 100 克左右。

2. 主要食物来源

含蛋白质多的食物有：牛奶、鸡蛋、鸡肉、牛肉、猪肉、羊肉、鸭肉、甲鱼、黄鳝、虾、鱼、蟹等。其中鸡蛋、牛奶、鱼类蛋白质为优质蛋白质。植物蛋白含量最多的是大豆，其次是麦子和米。花生、核桃、葵花子、西瓜子也含有较多蛋白质。

温馨提示

蛋白质的补给要在碳水化合物（水稻、小麦、玉米、大麦、燕麦、高粱、甘蔗、甜瓜、西瓜、香蕉、葡萄、坚果、番薯等富含碳水化合物）供给充分的条件下进行。不然，蛋白质被大量消耗，在分解代谢中会产生过多的尿酸尿素，增加准妈妈的肾脏工作负担。

胎宝宝的大脑发育离不开脂肪

脂肪是构建细胞的重要成员，如细胞膜、神经组织、激素等都含有必需脂肪酸，胎宝宝大脑的 60% 由各种必需的脂肪酸组成。

胎宝宝储备的脂肪占其体重的5%～15%，若缺乏脂肪，可导致胎宝宝体重不增加，影响大脑和神经系统发育，胎宝宝的心血管系统构建也会出问题。

1. 孕期脂肪需求量

脂肪可以被人体储存，所以在整个孕期中，准妈妈需要每日比孕前多200千卡的热量，无须过多。

2. 主要食物来源

含脂肪较多的食物有各种油类，如花生油、豆油、菜油、麻油、猪油等。此外花生、核桃、果仁、芝麻、蛋糕、葵花子中也含有很多脂肪。

一般来说，植物油比动物油脂更适合准妈妈，两者要交替来食用，不仅消化率大大提高，亚油酸含量丰富，而且含有大量维生素E。

温馨提示

脂肪不可以摄入过多，准妈妈若长期过多摄入脂肪，体内贮存脂肪就会增加，会导致准妈妈和新生儿肥胖。

补充铁质，拒绝贫血

胎宝宝发育迅速，无论准妈妈体内铁储备是否充足，胎宝宝都会毫不客气地摄取，这种情况下，准妈妈如果不注意补铁，就很容易出现缺铁性贫血。

准妈妈如果出现疲倦、乏力、头晕、耳鸣、食欲缺乏、消化不良、烦躁不安、注意力不能集中、口唇及口腔黏膜呈苍白色等情况，就应考虑是否贫血了。

饮食补铁

准妈妈在孕中期每日铁的供给量为25毫克，孕晚期每日铁需要量为30毫克。准妈妈应当多吃含铁丰富的食物，补充动物血、肉类、肝脏等富有血红素和铁的动物性食品以及菠菜、油菜等含铁丰富的蔬菜。同时，补充含维生素C丰富的水果以利于增加铁的吸收，比如苋菜、油菜、猕猴桃、柑橘、酸枣、柚子等。

其他含铁丰富的食物还有黄豆、豆制品、鸡蛋、银耳、黑木耳、淡菜、海带、海蜇、芹菜、荠菜、黄花菜、苜蓿、番茄等。

温馨提示

如果准妈妈贫血比较严重，必要时可在医生的指导下补充铁剂，并且要坚持服用。

运动胎教

斯瑟蒂克：有时和约瑟夫一起去植物园和动物园，有时带着炊具去郊外野营，有时去看湖中的野鸭子和天鹅，有时在沙滩上享受日光浴。这对我来说是十分愉快的时光。

与准爸爸跳一曲爱的华尔兹

华尔兹是一种三拍子的舞蹈。它原是欧洲的一种土风舞，其中一部分传到英国，经整理规范成了英国华尔兹，即华尔兹，也就是我们惯称的慢三；另一部分传到欧洲中部，仍然保持土风舞热烈、淳朴的风格，经整理规范成了维也纳华尔兹，即我们常说的维也纳华尔兹。

华尔兹舞曲轻快，明朗而动人，舞步也是如此，令人有飘飘欲仙的感觉，比其他舞步更有诗意，更温文尔雅。

准妈妈在怀孕期间选择慢三就比较合适，舞蹈动作可以比较舒缓，也可以比较自由地配合旋律和节拍，使得手、脚、腰等部位得到自然摆动，让肌肉充分伸展、放松，以达到运动的目的，不妨与准爸爸共舞一曲吧。

温馨提示

华尔兹又名圆舞，这是因为华尔兹在整个舞蹈过程中，有很多旋转的动作。做旋转动作有一定的危险，所以，准妈妈要放慢跳舞的速度。同时，准爸爸要注意保护准妈妈。

可以健美胸部的按摩操

按摩可以使准妈妈的乳头和乳晕皮肤变厚，增强乳头、乳晕对哺乳刺激的耐受力。如果准妈妈能在每天入睡前坚持进行2~3分钟的按摩，对促进乳汁分泌与恢复，防止胸部下垂，都将产生很好的效果。

胸部按摩步骤：

1. 将右手手掌放在腋窝附近，左手放在右手手背上，以肩膀为中心，轻轻地前后活动肘部，右手则按从左到右的方向顺序轻柔地按摩左侧乳房。按摩的力度以不感到疼痛为准。

2. 右手手掌弯成“C”状，轻轻托住左侧乳房，左手轻轻按在右手手背上，以肩膀为中心，缓缓地、有节奏地上下推动乳房。

3. 换右侧乳房，进行同样的操作。

温馨提示

准妈妈在按摩过程中要密切关注自己身体的反应，不要刺激或按摩乳头，否则容易导致宫缩。如果出现频繁宫缩，要马上停止按摩。

调整心情的腹式呼吸法

腹式呼吸法会使人体刺激分泌微量的激素，使人心情愉快，准妈妈这种愉悦的心情也会影响胎儿，使胎儿感觉很舒服。如果准妈妈能在胎教前、每天早上起床时、中午休息前、晚上临睡时各进行一次这样的呼吸法，不但妊娠期间动辄焦躁的精神状态会得到改善，胎教的效果也会得到大大提升。

腹式呼吸法：

1. 选择地点。腹式呼吸锻炼受场地的局限很少，准妈妈可以在床上、沙发上，也可以坐在地板上进行，不过，准妈妈应尽量选择环境优美的地方。

2. 准妈妈盘腿坐或散坐在选择好的位置上，背部挺直，全身放松，双手轻放在腹部。先将自己的呼吸调节均匀，再慢慢地用鼻子吸气，同时在心里默数 1、2、3、4、5（以 5 秒钟为标准，肺活量大的准妈妈可以坚持 6 秒钟，有困难的准妈妈可以保持 4 秒钟）。吸气时，准妈妈要让自己感到气体被储存在腹中。然后，准妈妈再缓慢、平稳地将气呼出来，呼气所用的时间应该是吸气时的两倍。

3. 练习时，准妈妈要想象胎儿正居住在一个宽广的空间里，自己正在把新鲜的空气传送给胎宝宝。

温馨提示

多数准妈妈在进入孕晚期后都有胸闷、喘气困难的感觉，从现在起多练习腹式呼吸法，可以起到缓解不适的作用。

准爸爸胎教

斯瑟蒂克：与胎儿对话的关键不是传递知识，而是让胎儿熟悉准爸爸的声音，从而产生一种安全感。

准爸爸积极参与抚摸胎教

抚摸胎教可以锻炼胎宝宝触觉感应，并通过触觉神经感受体外的刺激，从而促进了胎宝宝大脑细胞的发育，加快胎宝宝的智力发展；抚摸胎教还能激发起胎宝宝活动的积极性，促进运动神经的发育。

在进行抚摸胎教的过程中，不仅要让胎宝宝感受到准父母的关爱，还要使准妈妈身心放松、精神愉快，也加深了一家人的感情。所以，进行抚摸胎教，准爸爸的参与十分重要。

准爸爸参与抚摸胎教的方法。

1. 准爸爸可以选择合适和固定的时间抚摸胎宝宝，或用手指轻按妻子的腹部，把压力通过腹壁传至胎宝宝皮肤，以产生压觉和触觉。这样可刺激胎宝宝的触觉感应，激发胎宝宝活动的积极性，促使其发生蠕动。

2. 准爸爸可一边抚摸一边呼唤胎宝宝的名字，还可以跟胎宝宝说话，把胎宝宝当成每时每刻和自己生活在一块儿的小人儿，把自己正在做的或可以和胎宝宝一起做的事告诉胎宝宝。

温馨提示

一般有不规则子宫收缩、腹痛、先兆流产或先兆早产的准妈妈，或者曾有过流产、早产、产前出血等不良产史的准妈妈也不宜进行抚摸胎教，以免发生意外，可以用其他胎教方法来代替。

孕程过半了，花点儿小心思祝福准妈妈

孕程过半了，准爸爸可以动一动小心思，为准妈妈送上一份祝福，祝福准妈妈和胎宝宝健康，也为辛苦孕育宝宝的准妈妈表达自己的一份爱意。

1. 制作祝福卡片

(1) 先把卡纸对折，再在表面抠出一个自己喜欢的形状，然后在周围画上一些五颜六色的图案。

（2）把贺卡翻开，在中间写上自己的祝福语。

（3）还可以从报纸、杂志上剪下精美的图片，粘在贺卡上。

2. 制作祝福蛋糕

材料：富强粉1千克、黄油2大匙，白糖3大匙，鸡蛋5个，葡萄干、果脯、桃仁、橘饼各适量。

制作方法：

（1）先把油和糖放入搅拌机内搅拌融化，再分次打入鸡蛋，直到搅拌均匀成稠状后加面、果料拌匀。

（2）分别把等量的料放入铺上纸的模型内，在上面撒果仁。

（3）用炉温150℃烘烤40分钟即可。

温馨提示

除了自己动手制作，准爸爸也可以买一些小礼物给送准妈妈，如漂亮的孕妇装、漂亮的发夹等，准妈妈肯定喜欢。

意念胎教

斯瑟蒂克： 当孩子还在准妈妈腹中的时候，准妈妈无论在精神方面、健康方面或是平时行动方面都必须特别注意。因为准妈妈生活中的任何行为都将给胎儿极大的影响。

在想象中与胎宝宝对话

准妈妈深呼吸一下，闭上眼睛，将腹中的胎宝宝当作一个可以谈心的对象，想象他正在认真倾听自己说话，或者想象他正在乖巧地回应自己，比如：

“亲爱的宝宝，我是最最爱你的妈妈。宝宝，现在，你睡在妈妈的肚子里，还时不时地伸伸你的小胳膊、踢踢你的小腿，这些妈妈都能感觉得到。再过五个月，我们就能见面了，多么期待着这一天的到来啊。”

“宝宝，不知道你长得像爸爸多一些，还是像妈妈多一些？不过，妈妈猜啊，你应该像爸爸那样有一个大大的充满智慧的脑袋，像妈妈一样有乐观爽朗的性格，你应该有一双又大又亮的眼睛和一个肉嘟嘟的小屁股。你一定特别爱笑，是个健康又活泼的小天使。”

温馨提示

在进行想象胎教时，准妈妈应该尽量形象地在心中构思出较具体的影像，像放电影一样，越生动越好，这样会更加有效地将准妈妈的所思所想传达给胎宝宝。

闪光卡片胎教

斯瑟蒂克：真正使用“闪光卡片”作为胎教教材，是从怀孕第5个月开始的。

如何利用闪光卡片进行胎教

从妊娠第5个月，准妈妈可以开始使用闪光卡片作为教材进行胎教了。

闪光卡片胎教法：

1. 为了使准妈妈要讲的内容易于被胎宝宝接受，首先准妈妈要保持平静的心情并且集中注意力，在学习开始前，准妈妈要把呼吸调整得深沉而平静。

2. 准妈妈拿起准备好的卡片，把要教的内容在头脑中描绘出来，一面正确发音，一面用手指临摹字形，并将注意力集中在字的形状和色彩上以加深印象。这还不够，比如“1”这个数字，即使视觉化了，对于胎宝宝来说，也是一个极为枯燥的形象。为了学习起来有兴趣，准妈妈可以给胎宝宝描绘由“1”联想起来的事物，如：竖起来的铅笔、一根电线杆、食指等。

温馨提示

向胎儿表现文字的形状和单词的意思的时候，准妈妈用不着解释得如同词典里那么准确，如果准妈妈特有的语言变得如同官样文章，那么胎儿的“接收机”反而会失灵，所以只要用平时的语言来解释就可以了。

第六个月（21~24周）

随时随地传递爱的讯息

我在唱歌和听音乐时，时刻都意识到胎儿在我腹中正用心地倾听，这非常重要。刚开始要做到这一点并不那么容易，因为在工作和缝衣服的时候，一边想着胎儿，一边唱歌很难同时做好，为此，我只记住几首我经常哼唱的歌曲、乐曲，并养成唱歌的习惯。后来用了不到一个月的时间，就能得心应手了。

——斯瑟蒂克

在这个时候，胎儿的能力已经不可小觑了，千万不要还抱着胎儿像白纸一样的想法，你可知道，他不仅能听能动，还能够记忆，并且可能在学习呢。如果此时准爸爸准妈妈注意到了这一点，时时给予胎儿学习的机会与内容，那么在孩子出生以后，你很可能会有意外的惊喜。

准妈妈与胎宝宝的变化

准妈妈

1. 第21周

到本周，准妈妈的体重还是按照每周0.4千克左右的速度增长，孕前胖的人应少增加些（0.25千克），孕前瘦的人可以每周增加0.5千克左右。子宫上升到肚脐上方，把手放在肚脐上1.3厘米的地方，将可以摸到子宫。

由于孕期激素的影响，准妈妈的小腿可能会有点儿水肿，准妈妈要避免久坐或久站，这样可以保证血流畅通，避免水肿。

2. 第22周

随着子宫的增大，准妈妈身体的重心发生了变化，凸出的腹部使重心前移，为了保持平衡，准妈妈不得不挺起肚子走路。越来越重的身体，以及子宫日益增高压迫到肺部，会让准妈妈在上楼时感到吃力以及呼吸相对困难。

准妈妈现在可以察觉到腹部有挤压感，这是因为快速生长的胎宝宝压迫了周围的组织和器官。此外，由于孕激素的作用，准妈妈的手指、脚趾和全身关节韧带变得松弛，这也会使准妈妈觉得有些不舒服。

3. 第23周

在这周，子宫扩展到了肚脐上方约3.6厘米处，准妈妈的体重估计已经增加了5千克~7千克了，此后，准妈妈的体重还会保持每周400克左右的增长速度。

4. 第24周

由于乳房的膨胀和腹部的扩张，准妈妈的皮肤被进一步拉伸，可能会有发痒的感觉。脸上和腹部的妊娠斑更加明显并且增大。

温馨提示

由于增大的子宫对膀胱的压迫，所以准妈妈可能会发觉有液体渗漏到内裤，有时很难分辨究竟是羊水还是尿液。如果漏液没有味道，要怀疑是羊水的可能，请及时去医院就诊。

胎宝宝

1. 第21周

本周胎宝宝的身长有25厘米，体

重 300 克~350 克。

胎宝宝现在看上去变得滑溜溜的，胎脂覆盖了他的全身，它可以保护胎宝宝的皮肤，不少宝宝在出生时身上都还残留着这些白色的胎脂。此时，细细的胎毛也已经布满全身。

2. 第 22 周

本周胎宝宝的体重为 350 克~400 克。

胎宝宝的眼睛也已发育，但是虹膜（眼中的有色部分）仍缺乏颜色，眉毛和眼睑已经清晰可辨。胎宝宝的嘴唇越来越清晰，小牙尖也出现在牙龈内。胎宝宝的胰腺（产生激素的重要器官）正在稳步发育。

3. 第 23 周

本周胎宝宝的体重有 400 克左右。

胎宝宝肺中的血管已经形成，呼吸系统正在快速地建立，但是要等到出生后才能完成真正的呼吸动作。

胎宝宝的嘴唇、眉毛和眼睫毛已各就各位，清晰可见，视网膜也已形成，因此他现在具备了微弱的视觉，并且听力基本形成，已经能够准确辨认准妈妈的说话声、心跳声和肠胃的蠕动声。

4. 第 24 周

本周胎宝宝身长约 30 厘米，体重 500 克~550 克。

胎宝宝的大脑发育得非常快，味蕾现在可能也在发挥作用了。现在棕色脂肪已经开始沉积在颈部、胸部和大腿两侧，并将一直持续到足月，这种特殊的脂肪组织是为了使身体产生热量，维持体温。汗腺也正在形成。

宝宝心声

我几乎隔一小会儿就会把拇指放到嘴里吸吮一下，有时我一高兴还会将每个手指逐个吸吮一遍，还有很多动作我都没有来得及记下来。爸爸妈妈，我今天做了什么特别的动作没有呢？

在妈妈肚子里待的时间已经过去一半了，爸爸还记得是在哪一天看到我的第一张 B 超照片的吗？妈妈第一次感受到胎动是在什么时候呢？帮我记住这些特别纪念日吧。将来我可以拿去跟其他小朋友炫耀一下：“看，我有多么棒的爸爸妈妈，他们记录了我成长的一切！”

温馨提示

从本周开始到 24 周结束，你可以去做 B 超排畸检查了，一般要做小脑、上唇、心脏、脊柱等筛查。你可以选择四维彩超，看得会更清楚一些。

情绪胎教

斯瑟蒂克： 要保持心情的平静，除了排除周围环境中的干扰之外，最要紧的莫过于自我情绪调整。

拍大肚照片，让幸福感长驻

孕中期是准妈妈状态最好，也是最美的时候，少了刚怀孕的不适，多了一分母性的气质，对人对事都更加温和，而此时的孕态也很完美，肚子像个加大版的小皮球，特别惹人爱，这个时期来拍摄一套大肚照非常合适，定格一下自己人生中这一幸福的瞬间吧。

拍照的注意事项：

1. 拍孕期照应在准爸爸的陪同下进行，以免发生意外，准爸爸参与到拍照中来，一家三口幸福感更强烈。

2. 有的摄影师为了追求效果，会在准妈妈的肚皮上彩绘，但是要注意涂料的质量问题，要提醒的是，最好不要彩绘，以免影响到胎宝宝的健康。

3. 关于化妆美容方面，由于准妈妈的抵抗力偏弱，因此化淡妆就好，不要做指甲美容。应带上自己的安全化妆品，影楼的化妆品多是公用的。

4. 拍摄中要放松心情，愉快地表现出将要做妈妈的幸福感，表现最真实的状态，千万别因害羞而遮遮掩掩。既然是拍大肚照，至少要有一组露出肚子的照片才算完美哦，还可以涂些亮亮的橄榄油，让肚子更漂亮。

5. 考虑到拍照时间比较长，照相馆旁边最好有卫生条件好的餐厅，或者自己带上食物和水，中途及时补充能量，并休息一下。

6. 不要贪多，拍太多的照片需要花费很多时间，可能会体力不支，主要是留个纪念，20 张左右也足以挑出满意的了。

温馨提示

不用担心在怀孕期间照相会对胎宝宝产生不良影响，在用相机或手机拍摄的过程中，不会产生有害射线，自然光或灯光也不会对身体造成伤害。多一点拍照兴趣，反而可以提升准妈妈的情趣，充实生活。

自创童话故事，获得加倍的开心

胎宝宝越大，就越喜欢听准爸爸、准妈妈讲故事，如果准爸爸、准妈妈能自创故事，丰富的想象力不但会让自己感到惊喜，胎宝宝也会受益。

1. 用童话与胎宝宝沟通

在童话世界里，小鸟儿会说话，太阳会眯眯笑，小草会流泪，北风会生气……童话是有趣的，也是最容易与胎宝宝沟通的。

准妈妈如果想表达对胎宝宝的期待，或者给他讲某个道理，又或者自己对有些童话故事的情节与结局不满意，那么准妈妈可以自己巧妙地改编出一个童话，它会带来别样的效果。

2. 寻找童话素材

数学家为了邻居家的女儿，写出了梦幻童话故事《爱丽丝漫游仙境》，英国妈妈JK. 罗琳为了满足女儿床前听故事的要求，回想起火车上遇到的戴着眼镜的小男孩，创造了哈利·波特和一个魔法世界。

你呢，你想给胎宝宝讲一个什么样的故事，有什么样的素材曾经在你脑中闪过？生活中到处都是童话：花圃里的月季花中有个花仙子的故事；那只在路边的小狗说不定经历了神奇的冒险之旅；正在搭乘的地铁竟是银河号，载着大家开向另一个美丽的星球……

3. 用故事衍生故事

如果准爸爸、准妈妈心中有许多故事，可以对它们善加利用，现有的故事和童话可以衍生出许许多多的故事来，比如将自己和胎宝宝想象成主人公，带入故事中，再给准爸爸和亲朋好友也加入一些“戏份”，马上就能畅游在美丽的童话世界里了。

怎么样，现在就为胎宝宝写出一个用爱心与童心织就的故事吧。

温馨提示

过于复杂或是有惊恐情节的故事不太适合用来做胎教，否则容易令准妈妈自己产生厌烦或者不愉快的情绪，容易扰乱胎教计划。

安排一次短期旅游放松心情

有多久没有去看看郊外的风景了，想去呼吸一下新鲜的空气了吗？不要错过孕中期这个好时机，这个时候准妈妈已经适应了孕期生活，胎宝宝也在稳定地成长，若正好赶上秋高气爽的好天气，很适合出去放松放松身心。不过，最好能事先做好出行计划，让旅行更轻松。

1. 怎样安排行程

在制订旅行计划时，一定要考虑到胎宝宝，行程不要安排得太紧，也不要过于劳累。最好不要选择在旅游黄金周出游，而且要避免人多、复杂的地方。一般而言，空气清新、宁静的地方最理想，最好离家不太远，如有绿色的草地、湖泊则是最佳的选择。准妈妈如感到心旷神怡的话，胎宝宝也会从中受益。

2. 旅行前的准备

（1）在出行前，要征求医生的意见，带上医生开具的病历和相关证明。如果身体情况不适合，应果断取消行程。

（2）随身携带药品，如胃肠药、治疗外伤的药水药膏、创可贴、花露水等。使用前要先看说明书上有无孕妇慎用的字样。

（3）旅途中随时注意身体状况，若有任何身体不适，如下体出血、腹痛、腹胀等，应立即就医，不要轻视身体上的任何症状而继续旅行，以避免错过最佳诊治时机。

3. 交通工具

孕期最好不要长时间乘坐飞机、船或公交车等交通工具。对准妈妈而言，这不同于平常的活动，身体活动虽少了，但必须长时间采用一种姿势，这种“旅行”带给准妈妈的不是欢乐而是疲惫。

温馨提示

现在跟团旅游非常普遍，各种短期旅游名目繁多，但是不建议准妈妈跟团游，一是无法控制路程，二是可能一坐车就要坐5个小时以上，下车后也无法自由休息，身体可能会吃不消。

语言胎教

斯瑟蒂克：无论讲什么，都把自己作为故事中的人物来讲，通过自己的五官把看到的、感受到的一切传递给胎儿，并尽可能地使用“自己的语言”。

用英语和胎宝宝交谈

用英语跟胎宝宝说话也属于胎教，叫作英语胎教，对于说英语有优势的准爸爸、准妈妈来说，这完全可以轻松而自然地实施起来。如果平时不说英语，而又对英语胎教有兴趣，那么这个时候说英语也是很好的语言胎教。当然，假如准爸爸、准妈妈对此并无兴趣，也不用刻意为之。

1. 说英语应该从简到繁

一开始，可以讲一些简单点的话，比如：“This is Mommy”“It's a nice day”“Let's go to the park”“That is a cat”等，将自己看到、听到的东西简单地告诉胎宝宝，当然啦，虽然不说汉语了，但是起的名字还是别忘了叫，或者还可以再给胎宝宝起个好听的英文名，比如：Tom、David、Lisa 等。

接下来，就可以说得长一些了，可以描述一件事情，比如：“David，I am your Mom and I love you so much!”“Johnny，you are my lovely baby and I will try to give anything that you like!”

再以后，还可以选择一些优美的英语小文读给胎宝宝听，也可以收到不错的效果。

2. 适当借助音像资料

有的准妈妈觉得自己的英文能力有限、发音不够标准，或者觉得实行英语胎教有一定困难，那么也可以选择一些句型简单、内容健康、重复性高的英文音像资料，比如音乐、电影、动画片、幼儿科普片等，借助它有趣的内容、清晰的发音、活泼的气氛，同样可以起到很好的效果。

3. 怎样看英语胎教效果

说一段时间英语后，如果再次说起时，胎宝宝有用脚踢准妈妈肚子或者其他反应时，表示胎宝宝有学习效果，这时不妨试着用英语叫他别再踢，看看他会不会平静下来。

胎教点读

除了英语，准妈妈用自己的方言，比如上海话、广东话和胎宝宝说话，也可收到异曲同工的效果。因为胎教的作用之一，就是让胎宝宝及早对身边的声音有所认识。

朗诵诗歌：《钟敲十下不走了》

钟敲十下不走了

假如每秒、每分、每个小时
一下子统统丢失，
从此我不用上学，有人觉得这很糟糕。
我说：“管他哩，反正钟敲十下不走了。”
滴答，滴答，滴答……

我不肯睡觉，妈妈，你生我的气。
我说：“夜没了，天怎么会黑呢？
钟敲了几下就停了，我为何躺下？
不晚，妈妈，根本不晚呀！”
滴答，滴答，滴答……

妈妈，你给我讲你读过的所有童话故事，
黑夜是不会过去的。
虽说时间没有了，玩可以一直玩，
故事讲了一天，还有明天、后天！
滴答，滴答，滴答……

——作者：泰戈尔（印度）

胎教点读

多么形象的孩童心思啊，想一想自己的孩童时光，是否也对时间有过如此美妙的期待，如果钟敲十下不走了，那就再也不担心妈妈的故事会讲完了，爸爸会永远留在家里陪着玩，而上课的铃声不再响起，总是停留在课间玩耍时，用清脆的声音慢慢读：滴答，滴答，滴答……用最美妙的想象来迎接宝宝吧。

朗读诗歌：《乘着歌声的翅膀》

乘着歌声的翅膀

乘着歌声的翅膀，
心爱着的人，
我带你飞翔，
向着恒河的原野，
那里有最美的地方。
一座红花盛开的花园，
笼罩着寂静的月光。
莲花在那儿等待，
它们亲密的姑娘。
紫罗兰轻笑调情，
抬头向星星仰望。
玫瑰花把芬芳的童话，
偷偷地在耳边谈讲。
跳过来暗地里倾听，
是善良聪颖的羚羊。
在远的地方喧闹着，
圣洁的河水的波浪。
我们要在那里躺下，
在那棕榈树的下边，
享受着爱情和寂静，
沉入幸福的梦幻。

——作者：海涅（德国）

胎教点读

细细品味这首诗歌，仿佛可以闻到紫罗兰、玫瑰、白莲花的芳香；看到清澈的水波、碧绿的棕榈，月光下的花园，还有那善良的羚羊，心爱的人……这一切都融入歌声里、梦幻中，把准妈妈带到了恬静、纯净、充满诗意的恒河原野。

读散文：《母亲颂》

母亲颂

人的嘴唇所能发出的最甜美的字眼，就是“母亲”，最美好的呼喊，就是“妈妈”这个声音。

这是一个简单而又意味深长的字眼，充满了希望、爱、抚慰和人的心灵中所有亲昵、甜蜜和美好的感情。

在人生中，母亲乃是一切。在悲伤时，她是慰藉；在沮丧时，她是希望；在软弱时，她是力量；她是同情、怜悯、慈爱、宽宥的源泉。谁要是失去了母亲，就失去了他的头所依托的胸膛，失去了为他祝福的手，失去了保护他的眼睛……

自然界的一切，都象征并表露着母性。太阳，是大地的母亲，她以热量孕育了大地，用光明拥抱大地。大地，是树木花草的母亲，她生育并培养它们，直到它们长大。树木花草又是香甜可口的果实和充满活力的种子的慈母。而宇宙万物的母亲，则是充满美和爱的无始无终的永恒不灭的绝对精神。

母亲这个字眼，蕴藏在我们的心底，就像果核埋在土地深处。在我们悲伤、欢乐的时刻，这个字眼会从我们嘴里迸出，如同万里晴空和细雨蒙蒙时，从玫瑰花蕊溢出的芳香。

——作者：纪伯伦（黎巴嫩）

胎教点读

这是一首诗歌一般的散文，像一首歌一般悠扬，格调高昂，节奏鲜明。用世上一切美好的词语，最意味深长的比喻来赞美母亲都是不为过的。母亲用她温暖的身体和宽大的胸怀接纳孩子的一切，优点与缺点。母亲滋养了自己的孩子，却从未想过索取。所以，大声朗读这首赞美的诗歌吧，不必忸怩，也不要觉得尴尬，启动你的双唇吧。

讲故事：《第一次离开妈妈的小黄鹂》

第一次离开妈妈的小黄鹂

一只小黄鹂鸟，第一次离开妈妈，自己外出捕虫了。

当小黄鹂飞了一天，疲倦地回到家里时，妈妈问他都看到、听到些什么。

小黄鹂说：“除了虫子，我什么也没看到。”

妈妈失望了，说：“我们不是光为了虫子而生活的。”

第二天，小黄鹂鸟又疲倦地飞回来了。

妈妈问他看到、听到些什么。

小黄鹂说：“我看到一只老白头翁真可怜，她老得已经不能捕虫了，我把捕到的虫子送给了她。”

“我还看到一只小百灵鸟，她的歌声真好听，我听了半天。我想，将来我也许会唱得比她更好听的。”

妈妈高兴极了，她说：“你开始懂得怎样生活了！”

胎教点读

“我们不是光为了虫子而生活的”，黄鹂妈妈的话包含了一位母亲最真诚的期待。是啊，生活并不仅仅是为了活着，而应该有广阔的天地，有梦想，有爱心，可以做许许多多喜欢的事情。准爸爸、准妈妈也应该让胎宝宝体会到更多生活的美妙之处。

讲故事：《聪明的小猫》

聪明的小猫

胖奶奶有三只小猫，这三只小猫天天跟胖奶奶生活在一起，吃饭、睡觉、看电视，形影不离。有一天，胖奶奶要去市场买东西，就对三只小猫说："乖宝宝，好好看家呀，我出去买点东西，回来喂你们吃。"说完，胖奶奶就走了，只留下三只小猫在家里。

不一会儿，一个小偷来到了门口，三只小猫谁都没发觉。只见那个小偷先用耳朵听了听，又用手敲敲门。"嗯，屋里没动静，家里肯定没人。"这时，三只小猫听见了敲门声，它们在想：是谁在敲门呢？

"是胖奶奶回来了吧。"

"不是。奶奶刚走啊。"

"那会是谁呢？"

这时候，小偷拿着锤子开始砸门锁了。

"哎呀，不好，是小偷。"一只猫说。

"这可怎么办？"三只小猫着急了。

"胖奶奶怎么还不回来，急死了。"

正在这时，一只小猫灵机一动，想到了一个好主意，于是三只小猫立即行动起来。

一只小猫穿上胖奶奶的拖鞋，"呱嗒呱嗒"地在屋里走来走去。

一只小猫拿起桌上的小勺子和碗，"叮叮当当"地敲了起来。

一只小猫把电视的遥控器按开，电视里面正巧有一群人在"嘻嘻哈哈"地大声说笑。

就这样“呱嗒呱嗒”“叮叮当当”“嘻嘻哈哈”一阵折腾。小偷听见了：“怎么，屋里有人，电视开着，有人在吃饭，并且还有人在屋里走来走去。不好，我赶紧跑吧。”想到这里小偷怕极了，吓得赶紧逃走了。三只小猫见小偷跑了，“喵喵”叫着，好高兴呀。

一会儿，胖奶奶回来了，给小猫们带了好多好吃的东西。但是看到屋里乱七八糟，就说：“你们这三只调皮的小猫，我只走一会儿，你们就把屋里弄得这么乱。”

没办法，三只小猫争着抢着要告诉胖奶奶刚才发生的事，可是胖奶奶听不懂它们的话。只是说：“大家别争别抢，人人有份啊。这是你的，这份是你的，这份是你这个小滑头的。”胖奶奶笑呵呵地看着它们。

胎教点读

即使语言不通，但爱护他人的情谊却是可以传递出去的，准妈妈千万不要觉得和胎宝宝说话是对牛弹琴，别错失了表达爱的大好机会哦。

美育胎教

斯瑟蒂克： 约瑟夫总是这样对我讲："孩子在你腹中无事可做，一定无聊极了。快！大点声用温和的语调给她念书吧，对她讲动物、花草，让她了解外边的世界是多么美好！"

欣赏名画：《向日葵》

名称：《向日葵》

作者：凡·高

年代：1888 年夏末~1889 年

目前收藏地：伦敦国家画廊

胎教点读

《向日葵》不是传统的描绘自然花卉的静物装饰画，而是一幅表现太阳的画，是一首赞美阳光和旺盛生命力的欢乐颂歌。画家以大胆恣肆、坚实有力的笔触，把向日葵的花蕊画得火红火红，就像一团炽热的火球；黄色的花瓣就像太阳放射出耀眼的光芒一般，厚重的笔触使画面带有雕塑感，耀眼的黄颜色充斥整个画面，引起人们精神上的极大振奋。

在法语里，向日葵的意思是"落在地上的太阳"，人们往往把它看作是光明和希望的象征。相信这幅画能给准妈妈一种温暖的感觉，使准妈妈内心充满激情地去面对孕期的任何困难，这种感觉也会传给胎宝宝。

欣赏名画：《西斯廷圣母像》

胎教点读

《西斯廷圣母像》为意大利画家拉斐尔圣母像中的代表作，它以甜美、悠然的抒情风格而闻名遐迩。这幅祭坛画，是拉斐尔为罗马西斯廷教堂绘制的作品，最初它被放在教堂的神龛上，至1574年，一直保存在西斯廷教堂里，故得此名。

这幅作品塑造了一位人类的救世主形象。画面中圣母抱着圣子从云端降下，体态丰满优美，面部表情端庄安详，圣子的眼神中有孩童的懵懂、清澈，却又不乏睿智，画面下方的小天使童稚可爱，画面背景全部用小天使的头像组成，构思新颖独到。

欣赏画作时，能让人感受到母爱的幸福与伟大，这一切将使你的心灵仿佛受到了洗涤、净化和提升，画作中的美能通过准妈妈的神经和对胎宝宝的讲叙传递给胎宝宝，开发胎宝宝的艺术潜能，令大脑发育期的胎宝宝发育得更聪敏。

名称：《西斯廷圣母像》

作者：拉斐尔·圣齐奥

年代：1512~1513年

目前收藏地：德国德累斯顿茨温格博物馆

欣赏电影：《飞屋环游记》

片名：《飞屋环游记》

时长：96分钟

这是一部引人入胜的冒险作品，它诠释出不可思议的爱情真谛与情怀。在影片中，小男孩卡尔与假小子艾丽是相伴一生的爱侣。他们有一个梦想，就是有朝一日要去南美洲的“仙境瀑布”探险，但直到艾丽去世，这个梦想也未能实现。

终于有一天，老人卡尔居然用五颜六色的气球拽着他的房子飞上了天空，他决定要去实现他们未曾实现的梦想。

胎教点读

这部电影讲述着“梦想”，两位老人一生的美丽梦想，这个故事里还讲述着“牵绊”。是什么让人变得勇敢、坚定、善良、宽容，是因为心中有爱，有一份魂牵梦绕的挂念。带着这份爱和挂念，和胎宝宝一起享受电影带来的美好吧。

欣赏电影：《魔法保姆麦克菲》

片名：《魔法保姆麦克菲》
时长：97 分钟

《魔法保姆麦克菲》是一部温情儿童戏剧片，这个电影讲了这样一个故事：

一个有许多孩子的家庭里，孩子特别闹，没人管得住，魔法保姆麦克菲出现了，她运用魔力管住了这些孩子，并且教会他们好孩子应有的品质，比如信念、勤劳、勇敢等。孩子们在长大，在麦克菲的调教下一天天变乖了、懂事了。

这是一部童话式的影片，有一点儿温馨，有一点儿幽默，有一点儿魔幻，再加上可爱调皮的孩子，无论怎样，都很令人开心。

胎教点读

和孩子们在一起的日子，总是很有趣，这是适合在周末闲暇时间里，“一家三口”一起观看的影片，这一类型的电影容易让人放松心情，舒缓情绪。一部好的电影能从中获益匪浅，提升准妈妈和胎宝宝的美学修养。

做手工：心形书签

折纸是一种用纸张折成各种不同形状物品的艺术活动，是一种有益身心、开发智力和思维的活动。准妈妈不妨学一学折心形书签，动手又动脑，这会让宝宝以后也心灵手巧。

心形书签折法：

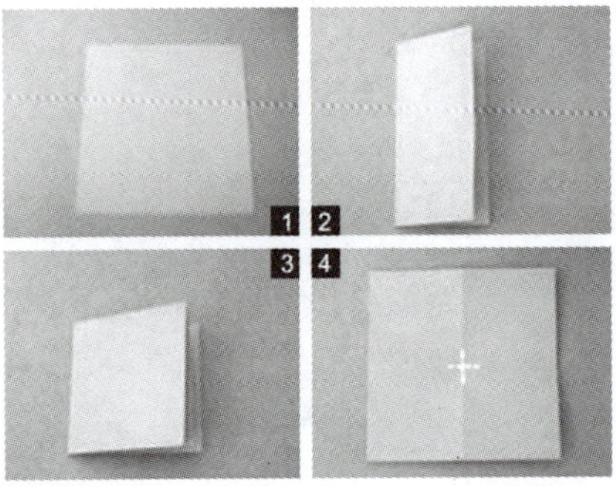

1. 将一张正方形的纸如图折叠两下，打开；

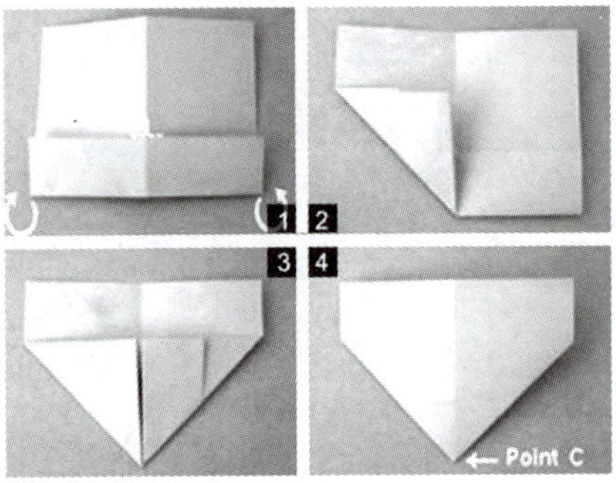

2. 向上对齐中线折起，翻过来；

3. 将两边同时向中间对齐折起，翻过来；

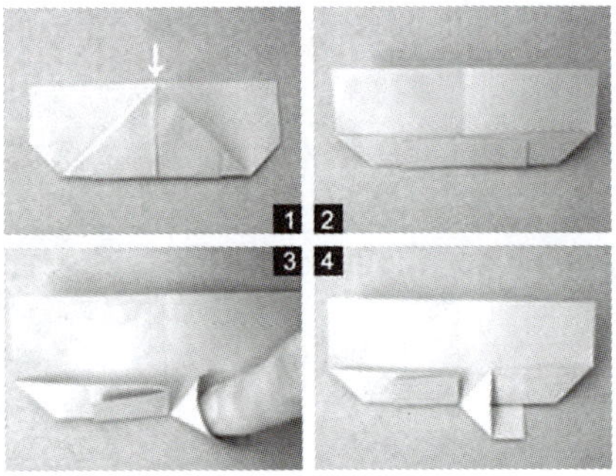

4. 将三角尖向上翻折，翻过来，如图所示；

5. 将底部展开成小工方形；

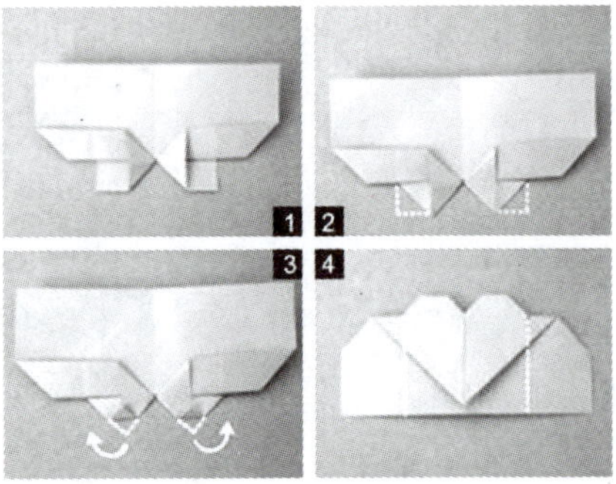

6. 如图所示，将小角向里折起；

7. 向上翻转，成为心形的上半部分；

8. 翻过来，将两边向内对齐折起。

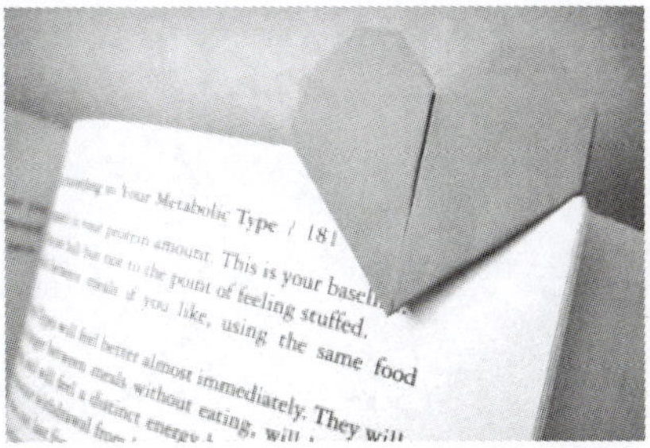

温馨提示

准妈妈折纸时要注意对齐、平整，只有每一步都仔细、用心，折出来的书签才漂亮。用彩色图案的纸折叠会更好看。

做手工：剪雪花

剪纸也是一种艺术胎教。准妈妈不用计较自己剪得好不好，可以尝试剪着玩，只要自己享受到剪纸的快乐，向胎宝宝传递深深的爱、传递美的信息就可以了。

1. 工具、材料

（1）剪刀：1 把

（2）打印纸：2 张

（3）铅笔：1 支

2. 剪纸方法

（1）把打印纸裁成方形，对角折起来（图 1）。

（2）将右边的角向对边的三分之一处折过去（图 2），成图 3 状。

（3）将左边的角向对边折（图 3），成图 4 状。

（4）按图 4 的虚线对折后，再按图 5 的虚线剪去余下的部分。

（5）在三角上面画上一些简单的图案，用剪刀剪下来。

（6）打开折叠着的三角形，一个漂亮的六角形大雪花就呈现出来了。

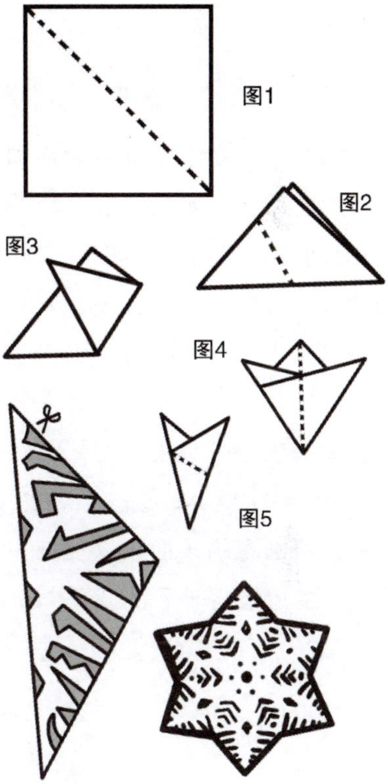

温馨提示

准妈妈自己可以设计出很多种不同图案的雪花。如果用银色的纸来剪，效果更好，把它挂起来是很美的饰物。

音乐胎教

斯瑟蒂克： 有些曲子也许很合你自己的情趣，但若是激烈的摇滚舞曲、爵士舞曲、安魂曲的话，就不适合用于胎教。

根据胎宝宝性格选曲效果更好

准妈妈可以通过胎宝宝的活动来感受他的性格，比如胎宝宝有的“淘气”，有的“调皮”，也有的“文静”，有心的准妈妈很快就会心中有数的。

一般，那些活泼好动的胎宝宝可以经常听一些节奏缓慢、旋律柔和的乐曲，如《勃兰登堡协奏曲》《摇篮曲》《渔舟唱晚》等，这些柔和舒缓，并具有诗情画意的乐曲可以使准妈妈及胎宝宝的情绪逐渐平静。

而那些文静、不爱活动的胎宝宝则可多听一些轻松活泼、跳跃性强的乐曲、歌曲，如《铃儿响叮当》《牧童短笛》《春之声圆舞曲》等，既可以使准妈妈振奋精神、消除忧虑，也能给腹中胎宝宝增添生命的活力。

温馨提示

如果能和着节奏，将音乐表达的内容与和胎宝宝玩耍结合起来，将对胎宝宝的生长发育起到明显的作用，收到更好的胎教效果。

有趣的谜语歌谣

1. 食物谜语童谣

一物生得真奇怪，腰里长出胡子来，拔掉胡子剥开看，露出牙齿一排排。（玉米）

弟兄六七个，围着柱子坐，大家一分手，衣服全扯破。（大蒜）

脱去黄金袍，露出白玉体，身子比豆小，名字有三尺。（大米）

紫色树，开紫花，开过紫花结紫瓜，紫瓜里面装芝麻。（茄子）

小小金坛子，装着金饺子，吃掉金饺子，吐出白珠子。（橘子）

红口袋，绿口袋，有人怕，有人爱，爱它是样好小菜，怕它吃到嘴里眼泪来。（辣椒）

2. 动物谜语童谣

身上一身毛，头上两个角，火气真不小，还会哞哞叫。（牛）

大耳朵，噘嘴巴，吃起饭来吧嗒吧，细尾巴，胖嘟嘟，吃罢就睡呼噜噜。（猪）

小小虫儿很勤劳，它的本领真不小，会把粮食搬，还会打地道。（蚂蚁）

小小姑娘黑又黑，秋天走了春天回，带着一把小剪刀，半天空里飞呀飞。（燕子）

名字叫作牛，不会拉犁走，别说它的力气小，能够背起屋子走。（蜗牛）

白天草里住，晚上往外飞，带着灯儿把路照，飞来飞去不怕黑。（萤火虫）

胎教点读

谜语童谣肯定会勾出准妈妈很多美好的回忆，多把这些故事讲给胎宝宝听，这会让你们共同的回忆更加五彩缤纷。

营养胎教

斯瑟蒂克： 每当我想吃甜食的时候，就会用蜂蜜来代替糖分的使用；没有食欲的早上就吃放了核桃、葵花子的麦片粥，还会多喝些牛奶。

食用甜食要适量

甜食不单纯限于吃起来甜的食物，主要指的是碳水化合物，它提供热能，维持心脏和神经系统正常活动，节约蛋白质，具有保肝解毒的功能，是准妈妈和胎宝宝不可缺少的营养素。

不过，准妈妈食用甜食要适量，每日食糖量应控制在50克之内。

甜食摄入过多的危害：

1. 甜食吃多了以后，会造成渴的症状，会饮用大量的水，增加心脏和肾脏的负担。

2. 会影响其他营养物质的摄入，比如说脂肪、蛋白质，甚至一些其他蔬菜的摄入，造成营养物质的偏失。

3. 甜食的热量也比较高，过量摄取，很容易造成肥胖，或导致腹中胎宝宝过于肥大。

4. 有妊娠期糖尿病的准妈妈要慎吃甜食，以免血糖增高。

温馨提示

建议准妈妈在怀孕第24~28周时进行糖尿病筛查，超过35岁、肥胖、有糖尿病家族史、有不良孕产史的准妈妈属于高危人群，需要更早进行糖尿病筛查。

准妈妈多吃红枣好处多

红枣含有丰富的营养物质，对于准妈妈补充营养及胎宝宝生长发育都有很大的帮助。

1. 准妈妈多吃红枣的益处

（1）促进胎宝宝大脑发育。红枣中含有十分丰富的叶酸，叶酸参与血细胞的生成，促进胎宝宝神经系统的发育。而且红枣中含有微量元素锌，有利于胎宝宝的大脑发育，促进胎宝宝的智力发展。

（2）增强免疫力。红枣含丰富的维生素C，它可增强母体的抵抗力，还可促进准妈妈对铁质的吸收。

（3）预防贫血。准妈妈极易发生缺铁性贫血，因为怀孕后准妈妈对铁的需求比怀孕前增加近 4 倍。红枣含有较丰富的铁质，准妈妈常食用，不仅能防治缺铁性贫血，还有滋补、强力的功效。

（4）安神定志。孕期准妈妈会经常出现躁郁、心神不宁等情绪，多食红枣可起到养血安神、舒肝解郁的作用。

（5）预防妊娠高血压。红枣中含有芦丁，是使血管软化、血压降低的物质，对于妊娠高血压疾病有一定的防治作用。

（6）健脾益胃。红枣能补益脾胃和补中益气。多吃红枣能显著改善肠胃功能，达到增强食欲的功效。

2. 准妈妈如何吃红枣更健康

（1）适量食用。红枣可以经常食用，但不可过量，否则会有损消化功能，并引起便秘等症状。准妈妈每天食用以 3~6 颗为宜。

（2）吃枣最好吐皮。生吃红枣时，枣皮容易滞留在肠道中不易排出，因此吃枣时应吐枣皮。

温馨提示

红枣含有糖分，尤其是制成零食的红枣，不适合患有糖尿病的准妈妈，因为红枣会造成血糖升高，使病情恶化。

孕期怎样通过饮食护肤

由于孕期体内激素水平的变化，怀孕后有些准妈妈的皮肤会变得细腻、光滑，但也有些准妈妈皮肤变得非常敏感、粗糙，面部可能还会出现妊娠斑，身体上一些部位也会因为黑色素沉着增加而变黑。而准妈妈又不宜使用护肤品，因此，通过饮食来调理肌肤问题，对准妈妈来说，是最好的选择。

1. 多吃富含维生素 C 的蔬菜、水果

维生素 C 能有效抑制皮肤内多巴醌的氧化作用，使皮肤中深色氧化型色素转化为还原型浅色素，干扰黑色素的形成，预防色素沉淀，保持皮肤白皙。猕猴桃、白萝卜、荷兰豆、甜椒、小白菜、甘蓝、西蓝花、冬枣等都富含维生素 C。

2. 鱼搭配黄绿色蔬菜

鱼肉含有 DHA、EPA，可以促进血液循环，蔬菜含有 β 胡萝卜素和维生素 E，能防止 DHA 和 EPA 酸化，最大限度地改善肤色。

3. 多吃富含胶原蛋白的食物

胶原蛋白能使细胞变得丰满，从而使肌肤充盈，妊娠纹减少。富含胶原蛋白的食物有猪皮、猪蹄、动物筋腱等，所以日常生活中猪肉最好带皮

一起吃。

4. 少吃腌、腊、熏、炸的食物

少吃咸鱼、咸肉、腊肉、炸鸡腿等腌、腊、熏、炸的食品，少吃辣椒等刺激性食品。

温馨提示

每天晚上用压缩面膜泡到牛奶里，大约泡10分钟，等面膜全开后敷在脸上15分钟，这样有去角质、美白和滋润的功效。

如何赶走讨厌的便秘

怀孕后，由于胃肠道蠕动速度减慢、盆底肌肉群张力变弱、子宫的压迫等因素，食物通过胃肠道的时间明显延长，准妈妈很容易发生便秘。轻度的便秘会让准妈妈腹痛、腹胀；严重的便秘则可导致肠梗阻，引发早产。

为了胎宝宝的安全，准妈妈在孕期要及时缓解便秘，而缓解便秘，准妈妈又不能随便用药，最好是从运动和饮食两方面来进行调理。

1. 缓解便秘的饮食习惯

（1）喝水要充足。喝水可以帮助润通肠道，促进排便。准妈妈每日清晨起床后，一定要喝点儿水。

（2）增加膳食纤维的摄入。准妈妈日常的菜谱中要多加入一些富含纤维素的食物，如粗粮、芹菜、香蕉、红薯等。

（3）保证蛋白质的供给。充足的蛋白质能给胃肠以动力，使胃肠蠕动有力量，从而促进肠蠕动。所以，准妈妈可适当摄入优质高蛋白质的食物，如瘦牛肉、瘦猪肉、蛋白粉、酸奶等。

（4）少吃辛辣和刺激性的食物，避免大量饮酒。这些饮食都会导致大便秘结，加重便秘。

2. 缓解便秘的小方法

（1）每天早晨醒来后，尝试空腹喝一些蜂蜜水，或者舀一小勺蜂蜜吃，刺激肠道蠕动，帮助身体产生便意。

（2）将1根香蕉、1小块木瓜、1袋250毫升的牛奶放入榨汁机内，打成果汁。每天晚上睡觉前喝一杯，坚持喝3天就会有很好的效果。

温馨提示

如果准妈妈以前不吃含高纤维的食物，那么，一定要慢慢地、逐渐增加高纤维食品的摄入。如果过快地超量食用高纤维食品，可能会引发胃痛、胃胀气，甚至会出现气喘等症状。

运动胎教

斯瑟蒂克： 约瑟夫在我怀孕期间常常带我去户外运动，我们还钓了很多次鱼，我想可能正因为如此，我的四个孩子分娩都很顺利，而且都喜欢鱼和其他动物，一点儿都不害怕它们。

经典的骨盆底肌练习

骨盆底肌练习又叫“凯格尔练习”，是一种专门锻炼女性骨盆底肌肉的运动。

骨盆底肌肉锻炼可以加强膀胱、尿道和阴道周围的肌肉，可以使准妈妈的阴道肌肉在分娩时更有张力和弹性，从而能够更有效地把胎儿推出产道，缩短第二产程，减少准妈妈分娩的痛苦。而且，准妈妈的膀胱肌肉得到锻炼，可以帮助准妈妈预防尿失禁。

骨盆底肌肉练习方法：

1. 排空小便。由于凯格尔练习是进行骨盆底肌肉收缩的运动，锻炼过程中可能压迫到膀胱，准妈妈在开始锻炼前，一定要排空膀胱中的小便。如果有必要的话，还可以垫上护垫，以防遗漏出尿液来。

2. 找准骨盆底肌肉。紧闭并提拉阴道和肛门，感觉到收紧的那部分肌肉就是骨盆底肌肉。准妈妈可以想象一下，当忍住放屁或在小便时突然中断尿流是一种什么感觉。如果准妈妈觉得这种想象不形象，无法让准妈妈明确骨盆底肌肉的位置，那么准妈妈可以将一根干净的手指放入阴道，然后收紧阴道和肛门，如果准妈妈的手指能感觉到受挤压的话，那么挤压手指的肌肉就是骨盆底肌肉。

3. 准妈妈斜靠在床上，双膝弯曲，双脚平放在床上，先调匀呼吸，使身体其他部位放松下来（准妈妈可

温馨提示

做任何运动都应该循序渐进，刚开始时不要急于做太多，随着肌肉弹性的不断增强，准妈妈可以逐渐增加每天练习的次数，并延长每次收紧骨盆底肌肉的时间。

以将一只手放在腹部，如果感觉到腹部松软、不紧绷，说明自己已经处在了放松状态)。

4. 收紧骨盆底肌肉，数 8~10 秒，放松几秒，然后再收紧，就这样反复重复同样的动作。

床上体操，缓解疲劳

在整个孕期，准妈妈会被各种各样的身体不适或者情绪抑郁所困扰，为缓解这些问题，让胎宝宝更加健康成长，准妈妈需要活动，孕期体操就是一种不错的运动方式，准妈妈不妨练一练。

1. 练习床上体操的好处

(1) 床上体操可缓解准妈妈的疲劳和压力，增强信心。

(2) 床上体操锻炼可以增加准妈妈腹肌、腰背肌和骨盆底肌肉的张力和弹性，使关节、韧带松弛柔软，有助于分娩时肌肉放松，减少产道的阻力，使胎宝宝能较快地通过产道。

2. 床上体操练习方法

(1) 脚部运动。准妈妈平躺在床上，把一条腿搭在另一条腿上，然后放下来，重复 10 次，每抬 1 次高度增加一些，然后换另一条腿，重复 10 次；两腿交叉向内侧夹紧、提肛，然后放松。

(2) 骨盆的运动。准妈妈平躺在床上，单膝曲起，膝盖慢慢向外侧放下，左右各 10 次；双膝曲起，左右摇摆至床面，慢慢放松，左右各 10 次。

(3) 盘腿运动。准妈妈盘腿笔直坐在床头，双脚脚心相对，用手把双脚拉向身体，双膝上下活动，宛如蝴蝶振翅。做 10 次。

3. 练习孕期体操要注意的问题

(1) 有习惯性流产史、早产史、此次妊娠合并前置胎盘或严重内科并发症的准妈妈不宜练习孕期体操。

(2) 准妈妈在练体操时，运动时间、运动量要依身体状况而定。做完一遍体操后如果感到累，就应该适当减少运动量。运动适量的感觉为：身体微微发热，略有睡意。

(3) 感觉肚子发胀、生病等身体不舒服的时候，可酌减体操的种类、次数、强度等。

温馨提示

准妈妈最好持之以恒地做孕期体操，这样可以达到最好的效果。如果准妈妈一个人没有兴致，难以坚持，可以与准爸爸一起练习。

准爸妈一起做夫妻操

做夫妻双人操的好处在于由准妈妈和准爸爸配合完成，跟其他类型的体操比也更富有情趣，有利于促进夫妻感情。让准爸爸也参与到对胎宝宝的培养过程中来，会让准妈妈觉得有依靠、身心愉悦。准妈妈经常保持良好的心理状态，将对胎宝宝产生潜移默化的影响，对宝宝将来形成乐观开朗的性格有一定的作用。

夫妻操做法：

1. 两腿张开与肩宽，两人横站成一排，两人手牵手，两人的另一只手在头上连接，一边吐气，一边伸展侧身，外腿躬，里腿绷，交换位置，再做一次。

锻炼目的：伸展分娩时使用的肌肉使其松紧自如，可以消除妊娠期的不适症状。

2. 准妈妈盘腿坐，挺直胸，臀部坐在正中，举起双手，准爸爸站在后面，拉住准妈妈的手，轻轻地向上提拉，准妈妈张开嘴轻轻地吸气、呼气，吸气时往上提，呼气时向下放，准妈妈合起双手，准爸爸一只手拉住准妈妈的手轻轻地向上提，另一只手下垂，准妈妈张开嘴轻轻地吸气、呼气。

锻炼目的：帮助准妈妈缓解胸闷、肩酸的症状。

3. 准妈妈放松跨坐在椅子上，准爸爸站在她身后从肩部开始沿着脊柱的方向轻轻以画圆圈的方式按摩一直到腰底的关节。

锻炼目的：缓解准妈妈腰背部疼痛及宫缩时的疼痛。

温馨提示

练习夫妻操时准爸爸要有耐心，准妈妈要注意练习呼吸方式，用力要轻柔。如有任何不适症状应终止练习。

准爸爸胎教

斯瑟蒂克： 翻阅当时的日记，那已经是16年前的事情了。凭借自己有些模糊的记忆，发现当时在任何时候都能感到约瑟夫那热情的目光。

坚持定时数胎动

从第5个月开始，胎宝宝在准妈妈的肚子里的活动就可以被准妈妈感觉到了，现在，准爸爸可以帮助准妈妈坚持每天数一数胎宝宝的胎动次数，以此为依据，监测胎宝宝的健康状况。

1. 正常的胎动

胎动次数每小时3~5次，12小时内为30~40次胎动（准妈妈可以将早、中、晚3次计数的结果加起来，再乘以4，就是12小时的胎动次数），说明胎宝宝的情况比较正常。

如果12小时内胎动少于20次，或1小时内胎动小于3次或者胎动频繁，往往说明胎宝宝有缺氧的可能，准妈妈不可掉以轻心。

2. 数胎动的方法

（1）选对时间。由于胎宝宝有固定的休息和睡眠时间，这时候是不容易感觉到胎动的，所以数胎动，就应该选择在早餐或是晚餐后1~2小时、下午1~2时、胎宝宝活动比较频繁的时候开始计数。

（2）数胎动时准妈妈最好保持左侧卧，周围的环境要安静，思想要集中，心情要平静，以保证得到的数据比较准确。

（3）准妈妈应该数的胎动，指的是胎宝宝在准妈妈肚子里的主动性运动，如呼吸、张嘴运动、翻滚运动等。在准妈妈咳嗽、呼吸等动作的影响下产生的胎动不是胎宝宝自主进行的，就不应该数。计算胎动时，连续的胎动算作1次，有停顿之后的另一次胎动则算作2次。每次应该数1个小时。

温馨提示

数胎动需要有耐心，如果胎宝宝1个小时都没有活动，准妈妈可以吃点东西，或拍一拍肚子。正常情况下，胎宝宝会马上开始活动的。

（4）数完后，准爸爸要将每次的结果记下来，最好绘个曲线图，以便及时了解胎动的变动情况，也可以为医生的诊断提供参考资料。

为准妈妈准备一份营养早餐

准妈妈在孕期容易犯懒，有时候会想睡懒觉，不吃早餐，准爸爸不妨精心帮准妈妈准备一份营养早餐，好营养和爱心是准妈妈和胎宝宝不可或缺的重要部分。

准妈妈早餐营养要点：

给准妈妈准备的早餐，应保证蛋白质、碳水化合物、维生素、矿物质、水等营养素的供给，而且要合理搭配，饭菜的烹调方式以蒸、煮、凉拌的方式为好，不要太油腻。

1. 优质蛋白质。蛋白质的来源包括：豆制品、蛋、奶、肉、水产品等。

2. 碳水化合物。碳水化合物的来源包括燕麦片、蒸红薯（连皮吃）等。

3. 维生素。各种蔬菜水果都含丰富的维生素，准妈妈可以都吃一点。

4. 矿物质。豆类、奶类、鱼、肉类、海带、肝脏等含有丰富的矿物质。

准妈妈一日早餐推荐：牛奶或豆浆1碗、馒头或面包2片或瘦肉粥1碗、鸡蛋1个、酱牛肉两片、少量蔬果。

温馨提示

要保证营养全面，给准妈妈准备的早餐食物的种类要丰富，每样食物的量可以适当减少。

给胎宝宝放音乐

孕中期是进行音乐胎教的好时机，准爸爸可以给胎宝宝播放音乐。

1. 选择合适的音乐

（1）选择准妈妈喜欢听的音乐，否则的话就不会起到胎教的作用。

（2）选择适合胎教的音乐。在音乐的选择上，胎教音乐必须是经过专业选择和设计的节奏柔和舒缓的轻音乐，音乐应该在频率、节奏、力度和混响分贝范围等方面，尽可能与准妈妈子宫内的胎音合拍、共振。像一些节奏起伏比较大的交响乐，尤其是摇滚乐、迪斯科舞曲等刺激性较强的音乐，都不适合准妈妈听。

2. 如何给胎宝宝放音乐

（1）征得准妈妈同意再播放。在播放音乐的时候要取得准妈妈的同意，如果在准妈妈想休息的时候放音乐显然是不合适的。

（2）控制音乐胎教的时间。胎宝宝的大脑也需要休息，若是长时间聆听，则对其听力、情绪发展等都极为不利。正确的方法是每天播放 1 ~ 2 次，每次听 15 分钟左右即可。

温馨提示

准爸爸还可以根据胎宝宝胎动的频率选择相应的曲目。如果胎动频繁，应放一些柔和轻松的曲子；如果胎动较弱，则需放一些雄壮有力而节奏感又比较强的音乐。

给准妈妈做减轻水肿的营养美食

在整个孕期，尤其是孕中期后，准爸爸都可以经常下厨，本月下厨时可以侧重做一些能帮助减轻水肿的菜，帮准妈妈缓解水肿的困扰。

冬瓜红豆粥

原料：冬瓜 300 克，粳米、红豆各 50 克。

调料：香油适量。

做法：

(1) 冬瓜洗净切块；红豆浸泡 4 小时；粳米淘洗干净。

(2) 将冬瓜块、红豆、粳米放入锅内，加适量的水煮成粥，加香油调味即可。

营养功效：这道美食特别适合水肿严重的准妈妈食用。红豆有清热解毒、健脾益胃、利尿消肿的功效；冬瓜中钠盐和钾盐的含量都比较低，具有利水消肿、清热解毒的独特功效。

鲤鱼陈皮煲

原料：鲤鱼 1 条，红小豆 120 克，陈皮 6 克，姜片适量。

调料：精盐适量。

做法：

(1) 将鲤鱼刮鳞，去内脏，洗净。

(2) 红小豆淘净；陈皮洗净。

(3) 以上 3 种原料加水适量，加入精盐、姜片，煲烂即可。

营养功效：陈皮对胃肠道有温和的刺激作用，可促进消化液的分泌，消除肠管内积气，以及有减轻水肿、腹胀等功效；鲤鱼的蛋白质不但含量高，而且能供给人体必需的氨基酸、矿物质、不饱和脂肪酸，能给胎宝宝提供能量，促进胎宝宝大脑发育。

温馨提示

一般说来，孕期水肿是正常的生理性现象，分娩后会自动消失，也不会对胎宝宝造成不良影响，准妈妈和准爸爸无须特别担心。

意念胎教

斯瑟蒂克：“斯瑟蒂克式胎教法”的基本做法之一是将事物视觉化，再通过内心感受传递给胎儿。

冥想，细细体会孕育的感动

准妈妈用舒适的方式坐着或站着，闭上眼睛，感受一下身体中的小生命，细细体会，从最初惊喜地看着两道红杠杠，到现在胎宝宝在准妈妈肚子里闹腾，这中间有多少让自己激动和难忘的瞬间。

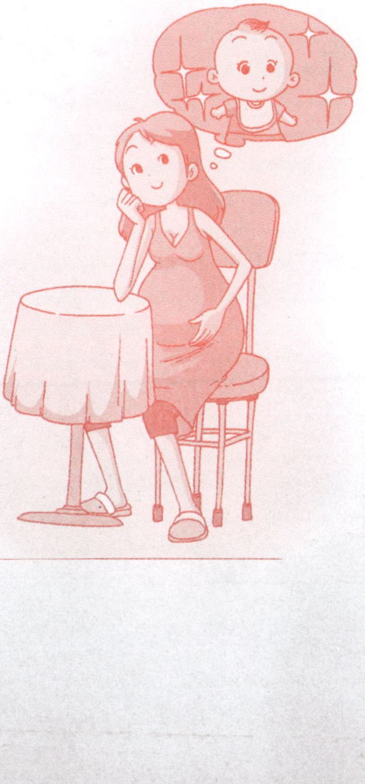

因为有缘，准妈妈孕育了胎宝宝，而胎宝宝虽然还没有出生，但是准妈妈已经能感觉到他带给自己的幸福和感动了。

从肚子稍微隆起了一点，腹中那个小生命越发真实；当第一次产检时，听到那“咚咚”的胎心音，以后的日子里，一下、两下、三下地数着胎宝宝的心跳声，却怎么也不感觉腻烦，反而一天天更加期盼，那种幸福感，即便多年以后，自己也许仍然会记忆犹新。

温馨提示

准妈妈看书或者看电影等情况下，可以有意识地在心中默默识记书或电影中的名词、场景等，这能锻炼想象力和记忆力，也会潜移默化地影响胎宝宝大脑的发育，促进记忆力发展。

闪光卡片胎教

斯瑟蒂克： 在我使用字母卡以及后来使用算数卡（包括计数卡）进行胎教时，就到为苏珊专门准备的小孩房间去。那小房间全部以自然本色为基调，给人以柔和的印象。

认识图形，帮胎宝宝增进空间感

胎宝宝对图形的认识可以强化他的空间感，将来他能更快地适应环境。准妈妈现在可以用闪光卡片来教胎宝宝认识一下各种图形。

1. 准备卡片

准备一些硬纸板，分别在纸板上画上正方形、长方形、正三角形、圆形、半圆形、扇形、梯形、菱形等平面图形。

2. 学习方法

准妈妈拿出一张卡片，在脑中将图形视觉化，然后用生活中存在的东西来进行描述，这样的效果是最好、最生动的。

举个例子，要认识正方形，准妈妈可以先找出画有正方形的卡片，然后引导胎宝宝去发现一些东西，如：“宝宝你看咱家的桌子是方的，看上去就是个正方形，还有什么和桌子长得像呢？”然后边说边继续寻找。“噢，还有坐垫、窗子、本子、电脑……”

温馨提示

认识图形最好循序渐进，一步一步来，可以先学完正方形、长方形、正三角形、圆形、半圆形、扇形、梯形、菱形等平面图形，然后再认识立方体、长方体、球体等。

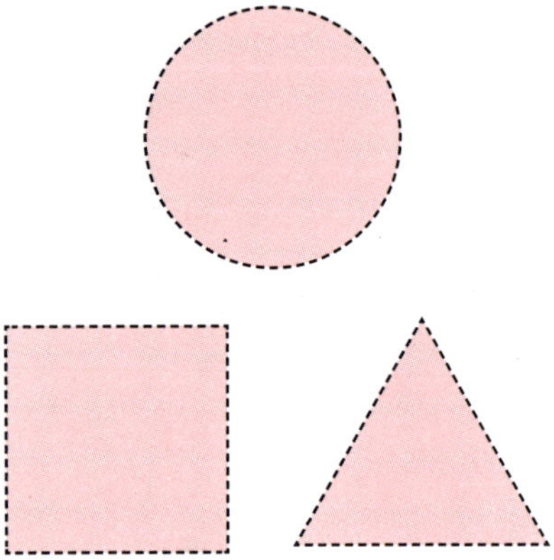

第七个月（25~28周）

让胎宝宝多听听外面的世界

不仅仅是朗读，对这些语言要通过自己的五官使它形象化，以便更具体地传递给胎儿。因为我认为胎儿已经有“心”了，他对我的语言不是用耳而是用脑来接受的，对他讲话时不能单凭声音，而要在头脑中先把所讲内容形象化或是抓住某种感觉再讲。把语言用一种画面或立体形象传授给胎儿，因找不到确切的叫法，我暂且就把它称之为“画的语言”吧！

——斯瑟蒂克

进入到孕7月，又到了胎宝宝大脑发育新的高峰期，这以后，他的大脑结构将与成人相似，感情也越来越复杂，他可能会笑也会哭，会喘气也会打嗝，还会饶有兴致地咂手指头……这一切都表示，胎儿需要更多用心的关怀。每天可以不用做那么多种胎教，但是每做一种都不要敷衍，多试试如何用更加生动的方式与胎儿交流。

准妈妈与胎宝宝的变化

准妈妈

1. 第25周

准妈妈的子宫已经有足球般大小了！感觉到子宫的顶部在肚脐至胸骨的中间了吗？腹部愈加沉重的准妈妈，腰腿疼痛更加明显，肚子、乳房上的妊娠纹也逐渐增多。

由于黄体酮分泌的变化，以及子宫压迫胃部，准妈妈的胃排空减慢，同时幽门肌肉松弛，会导致反胃，所以，现在的准妈妈最好少吃多餐，同时避免油腻、辛辣之物。

2. 第26周

准妈妈子宫的顶部也已经上升到了肚脐以上4厘米的地方。用手抚摸的时候，准妈妈可以感觉到子宫位置的变化。

准妈妈可能会睡眠不好，心神不宁。这是准妈妈对分娩期日渐临近导致的忧虑不安而产生的反应，准妈妈要学会放松。

3. 第27周

进入本周之后，准妈妈的体重增长幅度加大。子宫接近了肋缘，因此准妈妈有时候会感觉气短。

4. 第28周

准妈妈的子宫每一天都在增大，子宫顶部大概超过肚脐5厘米或更多了。体重也比孕前增加了5千克~10千克。准妈妈偶尔会觉得肚子一阵阵发硬发紧，这是假宫缩，不必紧张。同时，由于腹部迅速增大，准妈妈会感到很容易疲劳，脚肿、腿肿、痔疮、静脉曲张等都有可能出现。

温馨提示

因为腹部沉重，准妈妈睡觉时平躺的姿势会觉得有些不舒服了，最好采取侧卧的姿势。

胎宝宝

1. 第25周

25周的胎宝宝身长约31厘米，体重600克~700克。

胎宝宝舌头上的味蕾正在形成，所以胎宝宝现在已经可以品尝到食物的味道了。这一周，胎宝宝的大脑细胞迅速增殖分化，体积增大，同时大脑半球的划分仍在继续。

2. 第 26 周

本周胎宝宝的身长约 32 厘米，重约 900 克。

这一周，胎宝宝的听觉器官发育成熟，眼睛也已经可以睁开了，胎宝宝视觉神经的功能已经开始起作用了。

胎宝宝的皮下脂肪已经开始出现，从现在到出生，胎宝宝的脂肪迅速累积，他的体重会增长 3 倍以上。脂肪可以帮助他适应离开子宫后外界更低的温度，并提供出生后头几天的能量和热量。

3. 第 27 周

27 周的胎宝宝身长大约 33 厘米，体重约 1000 克。

此时胎宝宝大脑已经发育到了一定水平，大脑皮层表面开始出现特有的沟回，脑组织快速增长，大脑可以开始发出命令来控制全身机能的运作和身体的活动。胎宝宝在子宫内也已经形成嗅觉，掌握了寻找母乳的本领。

胎宝宝这时候眼睛已经可以睁开和闭合了，同时有了睡眠周期，能通过准妈妈大脑的激素来区别昼夜。由于开始有了原始的睡眠周期，所以胎宝宝可能会做梦了。

4. 第 28 周

28 周的胎宝宝身长 35 厘米左右，体重约 1200 克。

现在胎宝宝内脏的形状和机能已经接近成人的状态，肺的横隔膜在规律移动，但实际上此时呼吸的还是羊水。

此时的胎宝宝已能感到疼痛，味觉感受敏锐，大脑的思维部分在快速发育。

宝宝心声

我的体重在快速增加，为了跟上我的成长，我的小房子——子宫也在快速增大，把妈妈的肚子顶得圆鼓鼓的。为了给我的小房子腾空间，妈妈的内脏都要靠边站啦，这会让妈妈变得更辛苦。所以，爸爸，妈妈现在很辛苦，就请你给她更多的关心和呵护吧！

妈妈，其实无论何种形式的胎教，都是通过妈妈的感受传递给我的，所以胎教不必拘泥于形式，把自己弄得紧张兮兮，只要妈妈开心，并将满满的母爱传达给我，这就是给我的最好胎教了。

温馨提示

孕期补充 DHA 和 EPA 对促进胎宝宝大脑和视网膜的发育意义重大，即使到宝宝出生后，也要坚持补充 DHA 和 EPA。因为宝宝在 6 岁之前脑神经元突触都在不断增长，需要 DHA 和 EPA 来提供能量。

情绪胎教

斯瑟蒂克： 当准妈妈心里感到恐怖、愤怒、不满时，她的血液和体液就会呈酸性。为了使身体维持最有利于健康的酸碱平衡状态，最有效的办法就是经常保持愉快、稳定的情绪。

准妈妈的心，胎宝宝都懂

胎宝宝和准妈妈的心灵是相通的，准妈妈如果受惊，胎宝宝也会出现受惊反应，而准妈妈高兴则胎宝宝也安心，可以说是母惊儿担忧，母安儿舒畅啊！

1. 激素是传情达意的信使

你大脑中所感觉所思考的事情，通过与大脑皮层直接相连的下丘脑转化为情感，继而转化为躯体的感觉，这个过程中会产生剩余神经激素，它可能通过胎宝宝的下丘脑而对胎宝宝产生影响，使你的感情传达给胎宝宝。

2. 保持良好的感情交流

胎宝宝对于爱的感受力是非常敏锐的，良好的心态、融洽的感情不但是优生的重要条件，而且健康向上、愉快乐观的情绪还会使胎宝宝发育得更健康，分娩时也较顺利。

反之，不良的情绪则会使得胎宝宝的身体和神经发育受到损害。另外，准妈妈千万不要有放弃腹中胎宝宝的念头，他感受到这样的信号会忧虑和害怕，而且这种伤害会延续到出生以后，甚至很长时间。

3. 可以坚持以下情感交流方式

（1）陶冶情操，多听一些优雅的音乐、多看美好的风景和图片，这样可以心态平和。

（2）做做白日梦，幻想一下腹中胎宝宝的样子，猜猜胎宝宝在想什么，在心里跟胎宝宝说说话，这是和胎宝宝联络感情的好方法。

（3）写日记，日记是个抒发感情的好方法，写日记时要怀着一种让宝宝长大后来看的想法，这样准妈妈会发觉更多令人愉快的事情。

玩七巧拼板，让心情舒畅

简简单单的七块板，能拼出千变万化的图形，心情不好时拼一下，相

温馨提示

胎宝宝的性格形成在胎儿期就开始了，准爸爸、准妈妈的温暖和慈爱会同化胎宝宝，使其形成热爱生活、活泼外向、果断自信等优良性格的基础，反之焦虑、厌烦甚至敌意和怨恨心情则会使得胎宝宝萌生孤独、寂寞、内向和自卑的心理。

信无穷变化能让准妈妈忘记烦恼。

玩一玩——七巧拼板里的无穷变化：

1. 拼几何图形，如三角形、平行四边形、不规则的多角形等。

2. 拼各种人物或者动物等形象，如猫、狗、猪、马等，或桥、房子、塔，或中英文字、符号。

3. 说故事，将数十幅七巧板图片连成一幅幅连贯的图画，再根据图画内容说给胎宝宝听，如先拼出数款猫、几款狗、一间屋，再以猫和狗为主角给胎宝宝讲述一个动人的故事。

趣味小故事

我国宋朝有个叫黄伯思的人，他热情好客，发明了一种用6张小桌子组成的宴几（请客吃饭的桌子），后来有人把它改进为7张桌，可根据吃饭的人数把桌子拼成不同的形状，比如3人拼成三角形，4人拼成四方形等，后来宴几演变成一种拼图玩具，由于巧妙好玩，人们叫它“七巧板”。

明末清初时，皇宫中的人也经常用七巧拼板来庆贺节日和娱乐，拼成各种吉祥图案和文字，所以故宫博物院现在还保存着当时的七巧板呢。18世纪七巧拼板一传到国外就立即引起人们极大的兴趣，有些人甚至通宵达旦地玩，并叫它“唐图”，意思是“来自中国的拼图”。

温馨提示

胎宝宝正一天天地成长起来，各种感官正发育完善，此时，继续保持浓厚的生活情趣对胎宝宝的智力发育有着重要作用。

告诉胎宝宝生活的快乐

从积极快乐的事情中，准妈妈可以吸取正面的能量，情绪也会因此而变得好起来，如果准妈妈体会到了生活中的快乐，那么也要记得分享给胎宝宝。这样，腹中的小人儿一定会对外面的世界充满期待，和准妈妈一起乐观、积极地准备好迎接未来的生活。

1. 生活琐事里也有快乐

洗脸、刷牙、洗手、梳头、穿衣等每天重复做的事情，如果乐观地看待它们，一天的情绪都会非常好，让自己意气风发地迎接每一天的到来。做这些事的时候，不妨说说你做它们的体会，包括购买日用品的心得等小细节都可以说一说，这就是生活啊。

2. 多姿多彩的所见所闻

路上的行人，公园里飞过的小鸟，街角的花店等，这些都是生活世界的一部分，也都是胎宝宝将要看到的。所以，也告诉胎宝宝一下出现在视野中的这部分内容吧，不管是生机勃勃的大自然，还是人们快乐的话语，这些多姿多彩的片段都可能在孩子的脑中留下些印痕。

3. 美丽的晨景

太阳每天东升西落，每天醒来，经过一夜的休养生息，整个世界都充满了朝气，所以，在早晨起来后，准妈妈不妨先对胎宝宝说一声“早上好”，然后告诉他早晨有什么美景，比如：太阳公公是什么样子的，花儿草儿现在看起来怎样，天空是什么感觉，有没有漂亮的云朵做伴，天气好不好……

温馨提示

准爸爸也是对话胎教的主要角色，在上班前下班后都要记得给胎宝宝道个别、问声好：“亲爱的宝宝，我回来（上班去）了。”“宝宝，爸爸回来（上班去）了。”给准妈妈一个拥抱，别小看这些细节，它能对准妈妈和胎宝宝产生积极的影响。

心理体操，让准妈妈变轻松

“心理体操”是针对孕妇而创制的，不仅能放松准妈妈的心情，而且对胎宝宝的生长发育也大有好处。准妈妈不妨经常做一做。

第1节：美化生活环境

将房间美化一下，在房间里挂一些画框或者准妈妈自己的画作，适当添一些婴儿用的物品以及准妈妈自制的婴儿礼物，让那些可爱的小物件随时提醒自己：一个生命即将来到你的身边。母爱可以代替焦虑的情绪。

第2节：每天和胎宝宝交流

每天花几分钟的时间同胎宝宝说几句话，利用外出散步的时间聊聊天，对于情绪不稳定的准妈妈来说，这是一件很快乐的事。

第3节：接受音乐的洗礼

每天只需要花10～20分钟静静地享受音乐，或者唱出自己喜欢的歌曲，这能让精神状态变得更好。

第4节：每天笑一笑

笑是极大的生活享受，可转消极为积极，变成生命的能量，与幽默亲密接触，欣赏喜剧，看幽默、风趣的散文和随笔，有意识地收集一些笑话等，都能让自己开怀一笑。

第5节：多一点美妙的想象

想象胎宝宝在“宫中”安然、活泼地生活；他得到了充足的营养，他很满足；他的小脸蛋漂亮、可爱，体形健壮完美，仿佛能够感觉到他柔软的身体。放飞想象，让胎宝宝感受到更多的爱意。

第6节：写下每天的心情

每天都写上一段日记，记录一下每天孕育新生命的感受，这将是一份长久的纪念。这些珍贵的细节会使你以后也能获得更多的快乐。

温馨提示

焦虑随时都可能出现，准妈妈慢慢就会摸索出一套行之有效缓解压力的方法。有意识地深呼吸，任何时候都会有用，也很简单，记得用鼻子吸气，用嘴巴呼出。

语言胎教

斯瑟蒂克： 我常给苏珊讲的除了童话，还有春夏秋冬四季的生活习俗、节日及山里的动物、海里的鱼等也都是我的胎教内容。这类题材作为我向苏珊传授知识时的视觉教材很合适。

讲故事：《星星的陪伴》

星星的陪伴

夜已经深了，大家都困得睁不开眼睛，慢慢地都睡着了。

太阳公公也慢慢将自己的热量收起来，好让自己在夜晚能睡得暖暖和和的；月亮姐姐呢，她接替太阳公公给大家一点柔柔的亮光，然后自己把身子弯成一艘漂亮的小船一样的摇篮，这样她就可以在天空中摇着自己入睡啦；风儿哥哥很聪明，到了夜晚他就把自己吹成细细的一卷，这样就不会到处乱飘，能睡上美美的一觉。

现在只有星星还没睡了，看，她的眼睛一眨一眨的，实在是困得不行了，也好想和大家一样甜甜地睡去啊。

可是，尽管如此，小星星却总是不让自己睡着，只是一个劲儿地把眼睛眨啊眨的，小星星想把睡意赶走，这是为什么呢？

原来，小星星是为了一朵花，这是一朵小小的丁香花，这朵花儿实在是太小、太不起眼了，她只敢在晚上悄悄地开放。大家都睡觉了，丁香花才羞涩地打开薄薄的花瓣，伸出细细的花蕊，静静地开。

小星星不打扰她，只默默地把星光洒在小小的丁香花身上，她看上去好美呀！

终于有一天，小星星对小小的丁香花说："你是很漂亮的呀，身上还有淡淡的香味呢！"小小的丁香花听到了朋友的夸赞，开心地笑了……

夜很深很深了，小星星还没有睡，她在天上陪着小小的丁香花。小小的丁香花儿也没有睡，她准备在天亮以后的阳光里，在小星星甜甜的梦乡里，勇敢地绽放自己的美丽了……

胎教点读

关爱能让人变得勇敢。每一个胎宝宝都是准妈妈心中的天使，无论他将来如何，漂亮不漂亮，富贵还是贫穷，他永远都是妈妈的小宝贝。每个宝宝来到这个世界上都应该得到祝福，让他快乐地生活。

朗诵诗歌：《爱之降临》

爱之降临

啊，爱之初愿对那温柔的心灵多美妙，
就像黄昏时分的第一颗星星
从丝丝微云中悄悄露脸；
那西南风啊多轻柔，
它掠过柳树成荫的草地
吹动朦胧的水面，
轻拂色列斯的金色田野（注：色列斯即罗马神话中的谷物女神）。
但这怎能比得上爱的甜蜜！
爱来到了农夫的心里，
他激动不已，竟忘记了收刈（注：yì，割的意思）。

——作者：柯勒律治（英国）

胎教点读

这首诗歌中大自然浪漫而美丽，惟妙惟肖地展现在眼前。阳光充足的午后，轻柔地朗读一首优美的抒情诗，和胎宝宝一起品味其中的美好，共同感受诗人的浪漫情怀，这对于准妈妈来说，是一次美好的体验。

一起来说绕口令

狮子山上狮子寺，山寺门前四狮子，
山寺是禅寺，狮子是石狮。
狮子看着狮山寺，禅寺保护石狮子。

高高山上一根藤，藤条头上挂铜铃。
风吹藤动铜铃动，风息藤定铜铃停。

吃葡萄不吐葡萄皮，
不吃葡萄倒吐葡萄皮。

墙上一面鼓，鼓上画老虎。
老虎扯破了鼓，拿块布来补。
到底布补鼓，还是布补虎。

你会炖我的冻豆腐，就来炖我的冻豆腐，
你不会炖我的冻豆腐，
别胡炖乱炖炖坏了我的冻豆腐。

没风要扇扇子，有风不扇扇子。
不扇扇子没风，扇扇子时有风。
不扇扇子有风，扇扇子也有风。

胎教点读

绕口令诙谐幽默，妙趣横生，准妈妈可以和准爸爸一人念一首，比试一下谁的口语天分更高啊。念绕口令对提高记忆力、促进大脑发育也大有好处啊。

朗诵诗歌：《爱抚》

爱　抚

妈妈，妈妈，吻吻我吧，
我要更多地吻你，
直吻得
你看不见别的东西……
蜜蜂钻进百合里，
花儿不觉得它鼓动双翼。
当你把儿子藏起，
同样听不见他的呼吸……
我不停地注视着你，
一点也没有倦意，
你眼里出现一个孩子，
他长得多么美丽……
你看到的一切
宛如一座池塘；
但只有你的儿子
映在秋波上。
你给我的眼睛，
我要尽情地使用，
永远注视着你，
无论在山谷，海洋，天空……

——作者：米斯特拉尔（智利）

胎教点读

这首诗蕴含着饱满的感情，一个“爱”字，让读诗的人与自己的切身感受紧紧相连。从孩子的描述中，看到的是深深的母爱，这一切，孩子都是看得到的。无论将来他走到哪里，都会有一颗牵挂家里的心。

宝贝，慢慢来

小水獭兰波正在列一张单子，上面写满了“会做”与“不会做”的事情。

“会做”的比“不会做”的长很多很多，上面有：向前翻跟头、向后翻跟头、对青蛙很友好、堆很棒的沙滩城堡、跳过滑溜溜的石头。“不会做”的那列很短，上面只有：游泳。

有谁听说过不会游泳的海獭？兰波很羡慕自己的朋友们，他们全都会游泳了。

有时，兰波假装自己会游泳，事实上，他只是单脚在河床上很快地跳。

有时，他就是在河岸上跑来跑去，怕自己被正在水中翻滚和打转的朋友们忘记了。

然而，更多的时候，兰波只是站在他很喜欢的滑溜溜的石头上，一心盼望着自己会游泳。

每一天，妈妈都会说："今天你应该尝试着学游泳了。"

可是，每天都并非如此。

一个阳光明媚的星期一，在池塘边，姐姐对兰波说："你现在应该开始从一点点儿做起，慢慢来。"

"从一点点做起，慢慢来？"兰波问。

"是的，相信我，亲爱的弟弟，从一点一点做起，慢慢来可以把不能做变成能做的。"

在这个星期一，兰波开始从一点一点做起，他跳跃着走过河床，每次都努力使自己的脚能多离开河底一会儿。

星期二，他能跳得更高了，有东西握着的时候还能漂浮一阵子呢。

星期三，兰波自己完全可以漂浮起来了。

星期四，他会一点一点踢水，后来还能踢着水游到池塘中间的石头那边。

星期五，兰波自己就能扑通地跳进水中，溅得水花飞溅，不由地从河这边游到河对岸。

很快地，（星期六和星期天）他就能不知不觉游到很深很深的池塘里，后来，他甚至还可以在水下玩翻滚的游戏。

在星期天的晚上，兰波所有的朋友和家人都在河边为他欢呼、加油。

"我做到了，"兰波对姐姐说，"我真的学会了游泳。"

"你确实做到了，"姐姐紧紧地拥抱着这个可爱的小弟弟，笑着说，"你看，从一点一点做起，慢慢来，就会有大收获！"

——作者：安博·斯图尔特（英国）

胎教点读

面对不熟悉或者还不擅长的事情时，我们都会像故事中的小水獭一样感到迷茫，却忘了要一步一步地去学习。慢慢来，一个脚印一个脚印地走，过不了多久，总会有很大的收获。

讲故事：《特殊的气味》

特殊的气味

又是一年秋天，小蚂蚁和小伙伴们开始出去寻找食物了。

突然，远方飘来一阵香味。啊，真好闻啊，小蚂蚁不知不觉就离开了队伍，顺着香味，他来到了一棵桂树旁。桂树正开着金灿灿的桂花呢，怪不得远远就闻到香味了。

小蚂蚁高兴极了，他爬到桂花上晒起了太阳，懒洋洋的小蚂蚁很快就进入了梦乡。哎呀，时间过得可真快，等他醒来时，天已经黑了，他急急忙忙往家赶。

刚进村口，小蚂蚁看到了两个小伙伴，他赶紧迎了上去，不料，小伙伴竟张开嘴，恶狠狠地朝他扑过来，把他当敌人一样驱赶。他边逃边喊："嘿，我是小蚂蚁呀！"可是小伙伴还是一直追着他。

小蚂蚁逃啊逃，一直逃到了小河边，站在小河边，孤独的小蚂蚁伤心地哭了，他怎么也想不出自己是做了什么坏事。

终于，小蚂蚁想起了小时候妈妈说的话："孩子，你要记住，我们每

一群蚂蚁，就是一个大家族，都有一种能互相认识的特殊气味。要是你失去这种气味，家里人就不认识你了，会把你当敌人，非赶走你不可。”

啊，原来是这样啊，一定是我身上沾了花香，怪不得小伙伴们都不认我了呢。这时，河里有一只青蛙对他说：“呱呱呱！小蚂蚁，快到河里洗个澡！”

小蚂蚁心里一亮：是啊，洗个澡不就能洗去身上的香味了吗？小蚂蚁爬到好心的青蛙背上，痛快地在河里洗了一个澡，然后开心地往家赶。

这次回到窝里，小伙伴对他可亲热啦。一个个主动关心他：“喂，小蚂蚁，好久不见了！”“你上哪儿去啦？”“我们可惦记你呢！”小蚂蚁有点不好意思了，心想：以后我可再不能随便到有特殊气味的地方去睡大觉了！

胎教点读

小蚂蚁虽然有一定视觉，但它们并不用眼睛来认识事物，而是用触觉和嗅觉。如果我们用手接近爬行中的蚂蚁，会干扰它的气味信息，使它失去方向感哦，所以，为了让小蚂蚁顺利回家，记得不要靠它太近。

美育胎教

斯瑟蒂克：为了使腹中的胎儿能茁壮成长、身心健康，我们用去了每天的大部分时间。

好书推荐：《小·王子》

书名：《小王子》

作者：安东尼·德·圣埃克苏佩里（法国）

本书的主人公是来自外星球的小王子。书中以一位飞行员作为故事叙述者，讲述了小王子从自己星球出发前往地球的过程中，所经历的各种历险。

作品通过这个小王子的经历，阐述了对社会上不同类型的大人的看法和批评，提出了一些发人深思的问题。作者特别借小王子之口赞颂了情谊和友爱，希望人们要发展友情，相互热爱。在作者看来，爱就要像小王子住的星球上的火山一样炽热，爱就要像小王子那样兢兢业业为玫瑰花铲除恶草。

读《小王子》，准妈妈一定会被这种孩子式的看待世界的态度感动，多么天真、幼稚，可爱又纯洁、真诚。它也许能让准妈妈想起自己曾经也是个孩子，简单、无忧无虑。将这份简单又纯净的感觉带给胎宝宝吧，这也是小王子的理想和祝福。

欣赏电影：《悬崖上的金鱼姬》

片名：《悬崖上的金鱼姬》，又名《悬崖上的金鱼公主》

时长：100 分钟

金鱼姬是人鱼女王的女儿，名叫波妞。这条可爱的小金鱼喜欢吃火腿，喜欢小男孩宗介，喜欢四仰八叉地呼呼大睡，喜欢将宗介曾经养过她的小水桶挎在小胳膊上……

小金鱼波妞为了和喜欢的人在一起，乘风破浪去寻找她的爱人，中间发生很多曲折的故事……

胎教点读

这部电影有如世外桃源，干净、纯粹。小金鱼波妞有着稳定的价值观和对人性不可磨灭的信心，还有着黑暗和邪恶也无法动摇的信念和期盼。她的世界里总是有魔法，但是魔法存在的目的，最终也是为了成全爱与付出。

爱是要付出代价的，爱是需要担当的，爱是需要去争取的，爱是需要你为了对方而放弃一些事情，并改变自己的。

和胎宝宝一起看看《悬崖上的金鱼姬》，让胎宝宝感受到母亲伟大、无私的爱。

插花，养性怡情

插花是一项深受人们喜爱的艺术，不仅可以怡情养性，而且，插花也是一种美育胎教。准妈妈平和、宁谧的心绪在插花的过程中传递给胎宝宝，让他从小就懂得热爱生活，善于发现生活之美。

随意插花

家居的花艺布置应该是舒适而随意的，准妈妈随手剪下几朵喜爱的花朵，巧花心思摆放一下，就能成为最美丽的花艺装饰品。如在香槟杯中放入白色鹅卵石，加水，然后在杯口边缘参差插入三四朵玛格丽特或太阳花，就构成了美好而清新的氛围，就能让准妈妈感觉耳目一新，心情飞扬。

温馨提示

如果准妈妈孕前就对哪种花过敏，那么孕期千万不要接触这些会导致过敏的花。

树叶、蔬果也可以用于插花

插花艺术可不仅仅限于花，树叶、蔬果也可以成为很好的插花材料。春天发芽的柳枝，夏天郁郁葱葱的树枝，秋天变红的枫叶、银杏叶，都可以插在花瓶里，为房间增添自然之色。

欣赏舞蹈：《雀之灵》

《雀之灵》是著名舞蹈家杨丽萍自编自演的女子独舞。首演于1986年。

为了创作《雀之灵》，她长时间在云南各族的田间地头采风寻觅，观看了无数民间舞蹈，再将其中精彩的动作“剪辑”下来，浓缩在歌舞中。舞蹈中充满了原汁原味的云南民族元素。

胎教点读

《雀之灵》这个题目体现了创作者对作品内涵的高度要求。举手投足之间，看似孔雀“迎风挺立”“跳跃旋转”“展翅飞翔”，但它远远超过了形态模拟，创造出一个精灵般的、高洁的生命意象。

看过这个舞蹈，准妈妈或者隐约可以感受到它所表现出来的强烈的生命意识。舞者用肢体语言表达着对生命、对人生的感悟和思考、追求。准妈妈要细细品味和思索，这份感悟和感动能传给胎宝宝，对开发胎宝宝的艺术潜能大有益处。

欣赏名画：《日出·印象》

画名：《日出·印象》　　年代：1872 年

作者：克洛德·莫奈（法国）　　目前收藏地：法国巴黎马尔莫坦美术馆

胎教点读

如果准妈妈在晨雾迷茫的水边观赏过日出的景象，如果曾有过这样的经验，那么，当欣赏莫奈《日出·印象》这幅画时，想必会再次领略大自然在这一美妙时刻的动人妩媚。

《日出·印象》描绘的是在晨雾笼罩中港口日出时的景象。在由淡紫、微红、蓝灰和橙黄等色组成的色调中，一轮生机勃勃的红日拖着海水中一缕橙黄色的波光，冉冉升起。海水、天空、景物在轻松的笔调中，交错渗透，浑然一体。近海中的三只小船，在薄雾中渐渐变得模糊不清，远处的建筑、港口、吊车、船舶、桅杆等也都在晨曦中朦胧隐现……这一切，隐隐约约、朦朦胧胧，能让人一瞬间就被这美丽感动。

音乐胎教

斯瑟蒂克： 准妈妈哼唱的歌曲，以及生活中处处皆有的音乐，能陶冶性情，对胎儿来说，也是不可缺少的精神食粮。

欣赏名曲：《B小调第一钢琴协奏曲》

《B小调第一钢琴协奏曲》是俄国作曲家柴可夫斯基最具有代表性的钢琴协奏曲之一，写于1874～1875年。

体会《B小调第一钢琴协奏曲》里光明的气息

这首《B小调第一钢琴协奏曲》，以新颖明晰的素材，表达了对光明的向往和对生活的热爱，曲调中充满了青春与温暖的气息。

作品的第一乐章是稍慢的快板；首先是降B小调，4把圆号以响彻云霄的方式奏出引子，大提琴与第一小提琴主奏降D大调主题，接着钢琴以华彩的姿态发展，表现出矫健的步伐、饱满的情绪和乐观的气概。第二主题以降A大调先出现于单簧管，钢琴加以反复。在发展部，第一主题配以新音型，以钢琴为主形成变化，主题深情、真挚，如梦般甜美。

第二乐章，朴素的小行板，最急板；在加弱音器的弦乐组曲伴奏下，独奏长笛唱出沉思的旋律，然后由钢琴接过去。谐谑曲式的中段精巧得像室内乐，乐章结束时简短地回到开端的旋律。

第三乐章热情的快板，是回旋曲式的，奔放如舞曲的叠句由钢琴独奏引出，小提琴用八度奏出一个庄重抒情的对比主题，钢琴则加以呼应，柴可夫斯基用这样的一种形式营造最后的高潮。

胎教点读

反复倾听，这支乐曲既好像是波涛起伏的大海，又像是和煦扑面的春风，好似灿烂的阳光铺满了生活的大地，让准妈妈真正感受到生活的美好。

欣赏名曲：《G弦上的咏叹调》

《G弦上的咏叹调》是巴赫创作于1729～1731年的《D大调第三组曲》，原为包括古钢琴的管弦乐队演奏。1871年，德国小提琴家威廉密将第二乐章改编为小提琴与钢琴曲，旋律移至C大调，用小提琴的一条G弦演奏，故称为《G弦上的咏叹调》，是曲中之珍品。

体会《G弦上的咏叹调》里多变的旋律

第一部分为六小节，重复一次，旋律悠长抒情，由弱而强，抒发着沉思冥想的心绪，寂静中的长音与回旋十六分音符相结合的旋律，使情绪步步深入，为第二部分做了铺垫。

胎教点读

整首乐曲旋律质朴，富于表情，有多种器乐演奏，对听者来说是一种极大的享受。

第二部分12小节，前6小节以独特而摇摆的切分节奏构成，有时前面的音一直延续到后面，而有时后面的音提前出现在前面，给人一种非常期待而又异常欢乐的感觉。

后6小节以坚定有力的节奏展开，表现出不屈的性格，达到全曲的高潮，最后音乐在激动和自信的情绪中圆满结束。

欣赏名曲：《雨滴》

《雨滴》是肖邦在1838年一个雨夜所作，当时他和情人乔治·桑正隐居在四季如春的地中海马尔岛。

体会《雨滴》里的田园浪漫情怀

乐曲的开始非常抒情，吟唱般的旋律伴着“雨滴”声，仿佛是远远的田园牧歌，“牧歌”的情绪微微地起伏变化，开始是沉醉在大自然中的悠然，慢慢地有些激动，仿佛是对大自然发出的感叹；

乐曲的中间部分略显奇特，它把人们引进神秘的境界，像一群人在庄严的赞歌中缓缓前行；

在夹杂着各种情绪变化后，接下来是一段抒情的音乐，优美的旋律和歌唱性的低音线条综合在中声部隐约可见的“雨滴”声中，静谧而又美好。

结尾处，前奏的再现，虽然只是一个乐句，却意味深长：音乐渐渐远去，“雨滴”慢慢地停下来，留在了听者美好的想象中，充满浪漫气息。

营养胎教

斯瑟蒂克： 中午吃一大盘青菜沙拉和菜谱上定好的菜，午饭后吃一杯浇了蜂蜜的牛奶冻。我总是一边吃一边说："我吃这么多蔬菜是因为要补充大量的维生素，也是为了你的发育。"

不能用营养补充剂代替正常饮食

有的准妈妈因为担心孕晚期吃得太多，引发肥胖，从而不利分娩和产后恢复，于是尽量控制饮食，并食用各种营养补充剂来补充胎宝宝发育所需的营养。这样是不对的。

1. 营养补充剂不能满足人体营养所需

人体所需营养素分为两大类：一类在食物中所占的比重大，需要量多，包括：碳水化合物、脂肪和蛋白质。另一类需要的量相对较少，在食物中所占的比重也较少，被称为微量营养素，包括矿物质、维生素和膳食纤维等。单纯服用的营养补充剂则多是以维生素为主再加一些矿物质，虽是人体必需的，但却远远不能满足人体所需，因为再多的维生素、矿物质也代替不了正常饮食所提供的蛋白质和碳水化合物。

2. 营养补充剂有副作用

无论营养补充剂的营养价值如何，它永远都无法取代天然食物，而且营养补充剂服用不当有可能会对人体产生一些副作用，比如吃补铁片容易引起便秘、食欲不佳等。

温馨提示

如果准妈妈身体缺乏某种营养素，并不能单单通过饮食来补充时，就有必要在医生指导下，服用营养素补充剂来弥补缺少的营养，同时应注意食补与用药结合起来。

补充B族维生素有益神经系统

B族维生素包括维生素B_1、维生素B_2、维生素B_6、烟酸等营养物质，它充当着脑力活动的重要助手，是不可缺少的。

准妈妈如果缺少B族维生素，胎

宝宝出生后易有哭闹、不安、烦躁等状况，还可以引起胃肠蠕动减弱、便秘、消化液分泌减少、食欲缺乏等症状，并且会加快准妈妈的早孕反应，使母体对营养的吸收更差，造成胎儿各方面营养缺乏，从而严重影响脑的发育，影响胎宝宝今后的智力。

如何补充B族维生素

B族维生素主要存在于谷物内，特别是粗粮中。所以准妈妈平时一定要注意多吃粗粮，做饭时尽量减少淘米的次数。

另外，各种蔬菜、瘦肉、蛋黄、动物肝脏等也含B族维生素，准妈妈也要注意补充。

常吃香菇可增强身体免疫力

香菇营养丰富，准妈妈多吃能够强身健体、增加对疾病的抵抗能力，保证母子的健康。

香菇除含抗病毒活性的双链核糖核酸类以外，还有一种多糖类，它们是由7个分子以上的醛糖、酮糖通过糖苷键综合而成的多聚物，能通过增强免疫力提高机体对病毒的抗击力，抗肿瘤活性和调节免疫功能的作用很明显。

此外，香菇中含有的腺嘌呤，可降低胆固醇、预防心血管疾病和肝硬化，准妈妈经常食用也能增强机体免疫力。

以下两道美食，特别适合准妈妈食用。

香菇鸡汤

原材料：土鸡腿2只，干香菇6朵，红枣6粒，姜2片。

调味料：料酒1大匙，盐1小匙。

做法：

(1) 将土鸡腿剁小块，氽烫去除血水后冲净。

(2) 香菇泡软、去蒂，红枣泡软。

(3) 将所有材料放入炖盅内，加入料酒，再加开水6杯，外锅加水2杯半，加盖蒸40分钟。

(4) 起锅前加盐调味，拌匀后即可盛出食用。

香菇鲫鱼粥

原材料：糯米100克，鲫鱼100克，新鲜香菇50克。

调味料：盐适量。

做法：

(1) 糯米淘洗干净，加水用大火煮开，煮开后转小火煮20分钟。

(2) 香菇洗净，切薄片；鲫鱼去内脏，洗净。两种材料一起加入煮好的糯米中，续煮15分钟，粥熟时拣去鲫鱼骨，加入盐调味即可。

运动胎教

斯瑟蒂克：据说，以拉梅兹呼吸法为代表的各种无痛分娩法，都是让盆腔肌肉变得更有弹性，不会腹式呼吸的孕妇应掌握这种方法。我就是在阵痛开始时进行腹式呼吸的，因而四次分娩都轻松地度过了。

孕晚期运动关键是轻和慢

怀孕后期，孕妇的背部和腰部的肌肉经常是处于紧张的状态，容易出现腰背疼痛现象。因此，准妈妈的运动要简单、缓慢。

准妈妈可以选择散步或者一些简单的运动，微微出汗就可，不要让自己感觉到吃力或者累。

如果准妈妈在怀孕期间一直练习体操，到了怀孕后期可以继续坚持练习，但是不要练习动作难度大的，每次做操时间 30 分钟就可以了。另外，孕期瑜伽对于分娩时调整呼吸很有帮助，而一些棋类活动能够起到安定心神的作用，准妈妈也可以参与。

有助于准妈妈顺利分娩的运动

准妈妈如果从现在开始进行有助于分娩的运动训练，不仅可以帮助自己在分娩时顺利地生出宝宝，而且有利于产后身体各个部位恢复。

温馨提示

孕晚期准妈妈的体重增加，身体负担加重，运动的时候要注意安全，千万不能过于疲劳。运动的强度要控制好，脉搏不要超过 140 次/分钟，时间应该在 5~10 分钟为佳，不要久站久坐或者长时间走路。要做有过临床验证、安全可靠的孕期体操。

1. 增强肩臂肌肉力量的运动

（1）以自我感觉舒适的姿势坐在地毯上，或盘腿也行，面向前方；两条手臂向上屈肘，两只手的五指并拢，然后两手放在肩上。

（2）两手的手指略弯，手腕稍加用力按压肩部，两手肘稍稍向前向上抬起。心里默数到 10，先深吸气再做呼气动作，两手恢复原状。

（3）以自我感觉舒适的姿势坐在

地毯上，或盘腿也行，面向前方。左手臂屈肘并向下用力，右手臂向上举起，同时右手臂向右伸展。心里默数到 10，先深吸气再做呼气动作，身体恢复原状。

（4）以自我感觉舒适的姿势坐在地毯上，或盘腿也行，面向前方。右手臂屈肘并向下用力，左手臂向上举起，同时左手臂向左伸展。心里默数到 10，先深吸气再做呼气动作，身体恢复原状。

这一组运动中的每一个动作，可以重复做 10 次，要注意掌握节奏和活动强度。

2. 增强腿和脚部肌肉力量的运动

（1）随意端坐地毯上，手臂自然地放在身体两侧，双掌着地，两腿向前平伸；然后稍稍屈膝弓腿，脚跟着地，脚趾向上用力跷起，保持放松，小腿、脚踝、脚趾用力。心里默数到 10，先深吸气再做呼气动作。

（2）保持刚才的姿势，两腿向前平伸，脚跟着地，脚面向前，脚趾向脚心方向绷紧。心里默数到 10，先深吸气再做呼气动作，可以使整个腿部、脚部受力，然后身体恢复原状。

这一组运动中的每一个动作，可以重复做 10 次，注意动作要轻柔缓慢，转动身体要适度。

3. 增强腰背肌肉力量的运动

（1）以喜欢的姿势侧卧在地毯上，右手臂自然地放在身上，左手臂屈肘向头部弯曲，并且把小臂枕于头下，左腿向下伸直，右腿向上屈膝并放在一个枕头上。一边闭目养神，一边在心里默数到 10，先深吸气再做呼气动作。按照这个姿势，上身再向相反方向侧卧，做同样动作。

（2）双腿放松跪在地毯上，向前弓腰，双臂下伸，两只手扶地，两条手臂与大腿平行，两条小腿着地。心里默数到 10，先深吸气再做呼气动作，使身体重心移向两手和两膝。

（3）保持刚才的姿势，准妈妈将头慢慢地低下，靠颈部用力地挺直。心里默数到 10，先深吸气再做呼气动作，然后身体恢复原状，使背部受力。

这一组运动中的每一个动作，可以重复做 5~6 次，一定要注意动作轻柔缓慢，充分放松腹部。

温馨提示

这些运动适用于准妈妈在孕中期至孕 35 周之前练习，在不感到身体疲劳的前提下，每天训练 10 分钟左右，也可只练习其中一两个动作。练习时最好铺上地毯，注意动作缓慢、轻柔，强度要适度，还可在优美的音乐伴奏下进行训练。

准爸爸胎教

斯瑟蒂克： 准爸爸进行胎教的这段时间，主题不需要特别规定，既可以讲他当天的工作，也可以根据其兴趣、爱好或知识范围随意制订每天的课程。

亲自给胎宝宝写个故事

英国的一位数学家刘易斯·卡洛尔为了邻居家的女儿，写出了梦幻童话故事《爱丽丝漫游仙境》。英国的一位妈妈杰克·罗琳为了满足女儿床前故事的要求，回想起火车上遇到的戴着眼镜的小男孩，创造了哈利·波特和一个魔法世界。如果准爸爸有足够的创造力、想象力，也可以以周围常见的事物为题材，自编童话故事讲给胎宝宝听。

如何给胎宝宝写故事

也许准爸爸在为写什么而苦恼，其实，生活中到处都是童话故事的素材：花圃里的月季花中有个花仙子的故事；那只在路边的小狗说不定经历了神奇的冒险之旅……总之，只要准爸爸善于想象，就可任意发挥，随意编一些好听的故事来讲给胎宝宝听。

温馨提示

准爸爸也可以利用现有的童话，将所有主人公换成你和胎宝宝，让胎宝宝跟随爸爸这个勇士，畅游美丽的童话世界。

常陪准妈妈去公园散散步

散步是一种很好的安全的运动方式，可促进血液循环，增加呼吸量，促进胃肠蠕动，因此，散步具有健身防病、促进睡眠、促进消化吸收和排泄的作用。此外，散步不仅仅是运动胎教，它更是环境胎教和情绪胎教。

只要天气和身体允许，准爸爸就可以鼓动准妈妈出去散散步。

散步最好要选择空气清新、环境安静的地方，如花草茂盛、绿树成荫的公园或小区的人行道，那里尘土和噪声少，会让人感到身心愉悦。如果没有以上条件，可去车辆相对较少的街道散步，尽可能不要在污染较大的马路、大街上、人群嘈杂的商场和闹市中散步。汽车尾气的有毒物质、马达的轰鸣声、刺耳的高音喇叭声等都会对准妈妈和胎宝宝的健康造成极为不利的影响。

此外，准爸爸应该提醒准妈妈穿上适合散步的鞋，最好是弹性好、弯曲度高、柔软舒适的运动鞋，比如有支撑功能的运动鞋，这类鞋专门针为运动设计，符合人体力学原理，可以让准妈妈走起来更轻松，也会更好地保护准妈妈的双脚。

温馨提示

散步的时候，准爸爸不要忘记和胎宝宝交流，把自己看到的、想到的事情，描述给胎宝宝听。

与准妈妈一起做有趣的手影游戏

手影游戏是一种古老的传统游戏，通过手势的变化，模仿的各种动物惟妙惟肖、栩栩如生。太阳底下，给胎宝宝做光照胎教时，准父母都可以让这些可爱的小动物跃然在地上、墙壁上：一会儿是活泼可爱的小白兔，一会儿是展翅高飞的老鹰，一会儿是凶恶狡猾的大灰狼，一会儿又是憨态可掬的小肥猪……可以说，想象力有多丰富，手影的变幻就有多神奇。

通过神奇的手影游戏，可以将准父母带进一个充满童真和想象的世界，可以启发胎宝宝的联想思维。

大灰狼和小白兔

鸭子

猪

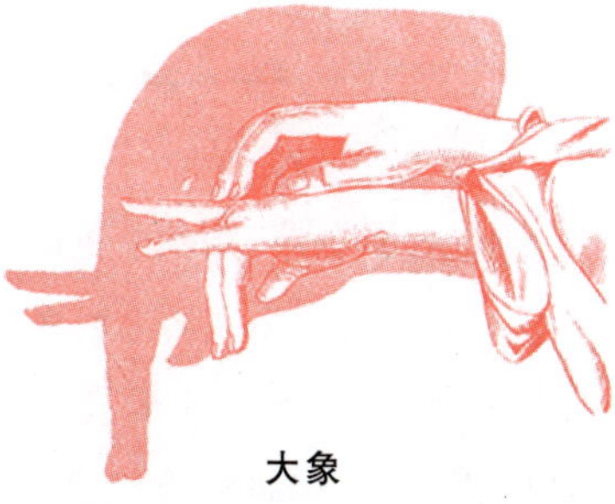

大象

小狗

天鹅

温馨提示

玩手影游戏的时候，准爸爸还可以利用手影给胎宝宝讲个故事呢。

摸一摸、夸一夸胎宝宝

每个宝宝都喜欢父母的爱抚和夸奖，胎宝宝也不例外。准爸爸多摸摸他，夸夸他吧，准爸爸的爱抚和夸奖不但能促进胎宝宝动作能力的发展，还会让他长大后反应更机敏。

1. 可以经常摸摸胎宝宝

胎宝宝也喜欢准爸爸的抚摸，起床后和睡觉前是进行抚摸胎教的好时机。准妈妈排空小便，平卧床上，下肢膝关节向腹部弯曲，双足平放于床上，全身放松，此时准妈妈腹部柔软，利于触摸。

准爸爸应先用手在腹部轻轻抚摸片刻，再用手指在胎儿的体部轻压一下，可交替进行。有的胎儿在刚开始进行抚摸或按压时就会作出反应，随着孕周的增加，胎儿的反应会越来越明显。当胎儿习惯指压后，他会主动迎上来。轻轻的触摸配合轻轻的指压可区别出胎儿圆而硬的头部、平坦的背部、圆而软的臀部以及不规则且经常移动的四肢。当轻拍胎儿背部时胎儿有时会翻身，手足转动，此时可以用手轻轻抚摸以安抚。

准爸爸可以一边抚摸一边跟胎宝宝说说话，这不但会让准妈妈感到温暖，也会让胎宝宝充分地感受到准父母的关爱，家的温馨。

2. 夸奖让胎宝宝更聪明

几乎所有的准爸爸都希望自己的胎宝宝更聪明，那就尝试运用夸奖的方法，将自己美好的愿望、祝愿传递给胎宝宝吧。比如，准爸爸可以抚摸着胎宝宝夸奖道：“宝宝今天真乖，不但努力地生长，还认真学习爸爸教的东西呢。”这种夸奖对胎宝宝身心发育有很好的促进作用。

温馨提示

抚摸胎教应避免在准妈妈饱食后进行。一般每天可进3次，每次约5分钟。

意念胎教

斯瑟蒂克：在第5个月感觉到胎动后，我好像更能清楚地感受到来自腹中孩子的心情了，我相信只要用心，孩子会比我预想的更加完美。为了使我的感觉以及想象的内容更好地传达给孩子，我总是尽量让自己先保持最佳的情绪状态，并集中注意力。

继续在心中塑造胎宝宝的形象

准妈妈与胎宝宝在心理与生理上是相通，准妈妈的想象是通过意念转化、渗透在胎宝宝的身心感受之中。准妈妈在为胎宝宝形象的构想中，会使情绪达到最佳的状态，而促使体内具有美容作用的激素增多，使胎宝宝面部器官的结构组织及皮肤的发育良好。

继续设想宝宝的形象

准妈妈要继续设计宝宝的形象，把美好的愿望具体化、形象化，想象着宝宝应具有什么样的面貌，什么样的性格，什么样的气质等。

准妈妈要在心里反复进行描绘，以“就是这样一个宝宝”的信念在心底默默地呼唤，使之与腹内的胎宝宝同化。久而久之，准妈妈所希望的东西将潜移默化地影响胎宝宝，可能为胎宝宝所接受。

闪光卡片胎教

斯瑟蒂克：这些数字卡片、算式卡片、图形卡片以及早晨学习用的字母卡片都可以用来做苏珊出生后的幼儿期的教材，所以必需好好保存起来。

用闪光卡片教数字

准妈妈通过深刻的视觉印象，将闪光卡片上描绘的数字、图形的形状和颜色，以及准妈妈的声音一起传递给胎宝宝，这就是联想法，这种方法很适合教胎宝宝学习抽象的数字和算术。

胎教方法：

（1）准妈妈集中注意力凝视其形状及颜色，让其在头脑中留下鲜明的印象。

（2）将数字联想成实物。仅仅看还是不够的，比如“1”这个数字，即使视觉化了，对于胎宝宝来说，也是一个极为枯燥的形象，为了学习起来饶有兴趣，窍门在于加上由“1”联想起来的各种事物。如铅笔、电线杆、火柴棍、英文字母 I 等，尽可能从身旁的材料中找出适当的例子来。

（3）用身旁的具体的“物”来表示“1”的意思，如一个苹果、一只猫、一个盘子等。当然，准妈妈不要忘记清楚地发好“1”的读音。

温馨提示

胎教成功的诀窍就是将三维要素，即具体的、有立体感的形象而不是平面的形象导入胎教中去，这要求准妈妈能经常开动自己的思维马达，多想象、多琢磨。

第八个月（29~32周）

以胎宝宝为中心安排未来的生活

约瑟夫在早晨起床后说“早上好”，出门时说“我走了”，回家时说“我回来了”，睡觉前说“晚安，祝你做个好梦”等，至少一天4次向胎儿打招呼。

晚饭后的1小时至1个半小时，是约瑟夫正式进行胎教的时间。这时，我就坐在宽大舒适的椅子上，心情舒畅愉快地缝制衣服、织毛衣或闭目静听，但绝不会心不在焉。

我全神贯注地倾听，有问题当场询问，努力去弄懂丈夫讲的内容。我认为这是决定丈夫参与胎教有效程度的关键。

——斯瑟蒂克

从本月开始，准妈妈顺利地进入了孕晚期！这以后是一段充满期待而又满载责任的时光。临近分娩，准爸爸也许更加忙碌了，但是也请千万不要吝啬和胎宝宝相处的时光，哪怕每天只花两分钟时间和胎儿打个招呼，那也是非常好的胎教。要知道，准爸爸不仅要照顾好准妈妈，而且也要给胎宝宝做好胎教。

准妈妈与胎宝宝的变化

准妈妈

1. 第29周

准妈妈的体重比孕前增加6千克~10千克。子宫的顶部比肚脐高7.6厘米~10厘米，进一步挤压到准妈妈的内脏，便秘、背部不适、腿肿也会进一步加重。

由于胎宝宝的增大，准妈妈甚至可以感觉到胎儿的细微动作了。

2. 第30周

由于胎儿近期体重的快速增加，准妈妈会觉得腰酸背痛，行动也越来越吃力。

准妈妈的子宫已上升到横膈膜处，这会让准妈妈感到呼吸困难，喘不上气来。准妈妈的消化系统也会因激素变化而运作变慢，尤其是胃部，吃饭后往往容易感觉不适。同时，准妈妈的关节会由于孕期体内激素分泌的变化而变得松弛，脚部会增大。

3. 第31周

胎儿不断地长大，几乎充满了整个子宫，这会让准妈妈的腹部变得有些紧张，肋下可能会觉得酸痛。

到本周为止，准妈妈的血容量比孕前增加了40%~50%，以保证供应给胎宝宝足够的养分，同时也为分娩做好了准备。准妈妈的子宫也在为分娩做准备，它的收缩更频繁，每次宫缩持续半分钟到1分多钟。

4. 第32周

相比于上周，准妈妈的体重估计又增加了400克左右。日渐沉重的腹部会让准妈妈容易疲惫，不愿意走动，但是准妈妈为了在分娩时更加轻松些，还是要适当散散步，活动活动。

准妈妈的子宫已经超过肚脐大约12.5厘米。由于子宫压迫到横隔膜上，还会继续让准妈妈感觉呼吸不顺畅。

温馨提示

偶尔准妈妈可能会觉得肚子一阵阵发硬发紧，这是假宫缩，不必紧张。

胎宝宝

1. 第29周

本周胎宝宝身长约有36厘米，体

重大约有1.1千克。

胎宝宝还是比较好动，在准妈妈肚子里不停地变换体位，有时头朝上，有时头朝下，并没有固定的姿势。不过大多数时候，胎宝宝都会因头部较重而自然采取头朝下的体位。

胎宝宝的视觉发育已相当完善，肌肉和肺正在继续成熟，皮下脂肪也初步形成，手指甲也已经很清晰，看上去显得圆润。

2. 第30周

本周胎宝宝身长约37厘米，重量在1.3千克左右。

胎宝宝占据子宫的空间越来越多，羊水也会有所减少，胎动也在逐渐地减少。

胎宝宝的头部还在增大，而且这时大脑发育非常迅速，大脑和神经系统已经发达到一定的程度，皮下脂肪继续增长。胎宝宝的听觉器官已经大致发育完成。

3. 第31周

现在胎宝宝大概身长39厘米，体重约1.5千克。31周的胎宝宝皮下脂肪更加丰富了，皱纹减少，看起来更像一个婴儿了，身体和四肢继续长大，直到和头部的比例相当。

在这一周里，胎宝宝的身体即将经历一个发育的高峰，各个器官继续发育完善。胎宝宝喝进羊水，形成的尿液经膀胱也排泄在羊水中，一天中羊水被吞进再经尿液排出，这样进行数次，为出生后的小便功能进行锻炼。

4. 第32周

本周胎宝宝的身长约40厘米，体重约1.7千克。

现在的胎宝宝与出生时的婴儿相似，各个器官继续发育完善，肺和胃肠功能已接近成熟，已具备呼吸能力，能分泌消化液。

宝宝心声

现在，我对自己的外表越来越满意，皱纹消失了，皮肤不再透明，身材也变苗条了。像我这样漂亮的小宝宝一定人见人爱。

什么？我听到有人在说我的坏话，说我是个懒蛋，因为绝大多数的时间都在睡眠状态。可是，这不能怪我啊，子宫的空间现在对我来说实在是太小了，我真是懒得动弹了，还是睡觉对我来说比较舒服。

温馨提示

孕晚期，由于身材的原因，外出的机会变少了，如果你已经开始休产假，那就完全“赋闲”了。待在家里有时难免无聊，不如学做一些有趣的手工制作，让自己忙碌起来，恼人的产前抑郁症就没有机会来骚扰你了。

情绪胎教

斯瑟蒂克： 当我心情焦躁、感到不愉快或者是生气的时候，我会采取到院子里采花、放喜欢的音乐或是给知心朋友打电话的办法来冲淡心中的不快。

做趣味布贴画，体验手工的乐趣

手工布贴画制作是一种古老的民间贴补工艺，利用各种材质和颜色的碎布完成拼贴。由于布料的纹理和颜色各有特色，效果往往非常有质感，用来做装饰画很不错。

1. 布贴画材料

（1）几种布料（留一块较大的布料做背景布，这块布可随准妈妈的喜好来定，如果你喜欢棉麻质感，可以选用一块较大的棉麻布）。

（2）笔（用来将构思好的画面勾勒出来）。

（3）双面胶（或胶水）。

（4）剪刀。

（5）A4 纸。

（6）硬纸板。

2. 布贴画制作步骤

（1）首先构思好要画的内容，将它画在A4纸上。

（2）将各种素材剪下后照着剪出同样的硬纸板素材。

（3）照着硬纸板选择各色布料剪出最终的素材。

（4）将剪好的素材布用胶水粘在背景布上即可。

> **温馨提示**
>
> 不同风格的画作可以打造不同的家居风格，在拼拼贴贴中可以感受思考的力量，表达自己的心情。布贴画温柔的视觉感受也会慢慢提升自己的家居品位。

布置婴儿房，改善心情

装饰房间、购买必要的婴儿用品可以有效地改善心情，除了备齐生活物品外，一个温馨的、足够大的空间也是宝宝非常需要的。

1. 选择哪里作为婴儿房

向阳、通风、清洁、安静是新生宝宝居室的最基本的需要，因为新生儿刚离开母体，抵抗力弱，极易受到环境的影响。

2. 选择什么样的色调

红、黄、蓝三色为基本色调，可以再用其他颜色加以调节，比如窗帘的颜色，最好选择两种，一种暖色的，在宝宝休息时使用；一种冷色的，在宝宝活动时使用。

3. 选择怎样的装饰

小碎花或者可爱的卡通动物的墙纸都可以用，也可以挂上画，在墙壁或顶面上画一些蓝天白云或者星星月亮之类也很好。不妨考虑留出一面墙或者一块小黑板将来给宝宝涂鸦。

4. 灯具的选择

一般的日光灯是必要的，另外，一些五颜六色的低强度彩灯可以调节情绪，锻炼宝宝对色彩和光的感受能力。在夜里用光线较弱的暖色灯泡代替日光灯照明更好一些。

5. 玩具的选择

一些可爱或古灵精怪的小玩具和小装饰都能吸引宝宝的眼球。另外，卡通的灯饰、靠垫、相架等也可以考虑。需要给新生宝宝选择能挂在婴儿床上方的悬挂玩具，不宜挂太高，因为新生儿的视力范围只有20厘米~25厘米，看不了太远。

6. 注意电器的摆放

婴儿房里若有插座或电器开关，最好是能用家具挡住它们，或者超出宝宝所能够到的高度，若有使用延长线，最好固定在墙边，而不要放在地面上。也可以买电源保护器。

温馨提示

准妈妈可以给胎宝宝准备几张黑白图卡，因为新生宝宝对黑白鲜明的东西有兴趣。经常给他看，可刺激他的视觉神经。

做手工：简单可爱的娃娃饼干

娃娃饼干，制作简单也超级可爱，准妈妈可以动一动手，制作可爱的娃娃饼干，送给自己和胎宝宝一份美食和好心情。

材料：

低筋面粉 100 克，黄油、牛奶巧克力各 50 克，鸡蛋一个，糖 40 克，盐适量。

做法：

（1）黄油软化后，加糖、盐，用打蛋器打至均匀顺滑（不需要打发）。

（2）鸡蛋液分三次加入黄油里，并用打蛋器搅打均匀（每一次都要让鸡蛋和黄油融合）。

（3）掺入低筋面粉，揉成一个光滑的面团（揉成面团即可，不要揉太久）。

（4）把面团放在案板上擀成厚约 0.3 厘米的薄面片，用直径 5 厘米的切模切出一个个圆形的面片。

（5）把切出来的面片摆放在烤盘上，送入预热好 190 度的烤箱，烤到饼干表面呈微金黄色。

（6）牛奶巧克力装入碗里，隔水加热并且不断搅拌，直到巧克力完全融化。

（7）饼干烤好冷却以后，拿起一块饼干，在融化的巧克力里蘸一下，转个方向，再蘸一下，这样，娃娃的头发就做好了。依次蘸好所有的饼干，并把蘸好的饼干放在冷却架上。

（8）把剩下的巧克力装进裱花袋，在裱花袋的前端剪一个很小的开口，在饼干上画出娃娃的眼睛、鼻子、嘴巴。等到巧克力凝固，可爱的娃娃饼干就做好了。

温馨提示

把面粉和黄油混合揉成面团的时候，不要揉太久，以免面粉起筋影响饼干的酥松性。

正确看待分娩时的疼痛

在结婚生子前，很多女性都对分娩疼痛有天然的恐惧感，觉得自己无法承受，然而事实证明，一旦怀孕，准妈妈的心态会慢慢发生变化，母性让准妈妈变得异常勇敢，很少有因为怕疼而放弃自然分娩机会的，而自然分娩过的妈妈也似乎并没有觉得这是难以忍受的。

1. 分娩疼痛很重要

（1）分娩就是把宝宝从子宫和产道中挤出来的过程，子宫收缩（疼痛）是宝宝娩出的动力，如果没有了子宫收缩，宝宝将无法娩出。

（2）分娩过程虽然会疼痛，但宝宝受到阴道挤压可以使肺部和头部得到锻炼，对今后运动状况及性格均有好处。

在医学不发达的过去，分娩疼痛是每一位妈妈必经的过程，可是如今随着无痛分娩的普及，子宫收缩的疼痛感可以通过药物得到抑制，分娩其实已经远远没有从前那样疼了。

2. 情绪紧张反而会加重疼痛

准妈妈紧张、焦虑、恐惧的心理会引起体内一系列神经内分泌反应，反而使疼痛加剧。有部分准妈妈觉得分娩疼痛达到“痛不欲生”的地步，这与心理因素是有很大关系的。

如果不将自己的注意力放在疼痛上，准妈妈会发现，分娩其实是被想象放大的一种疼痛，顺其自然，很快它就会伴随宝宝的啼哭而逝去。

分娩是一件自然而然的过程，瓜熟蒂落，准妈妈一定要相信自然的力量，相信自己和宝宝，不要因此而过于恐惧。

温馨提示

每个人对于疼痛的耐受力都不一样，所以准妈妈一定要对此有科学的认识，不要一听有妈妈说疼就感到害怕。另外，准爸爸一定要多疼爱妻子，爱能减轻和消除疼痛与恐惧感。

语言胎教

斯瑟蒂克： 在给胎儿讲故事时，准妈妈可以根据故事情节适时地调整语音、语调，这样胎儿就能更好地了解故事是怎样展开的，因为单调和毫无生气的声音是不可能唤起胎儿共鸣的。

朗诵唐诗：《池上逐凉二首》

池上逐凉二首

（一）

青苔地上消残暑，绿树阴前逐晚凉。
轻屐（jī）单衣薄纱帽，浅池平岸庳（bì）藤床。
簪缨（zānyīng）怪我情何薄，泉石谙（ān）君味甚长。
遍问交亲为老计，多言宜静不宜忙。

（二）

窗间睡足休高枕，水畔闲来上小船。
棹（zhào）遣秃头奴子拨，茶教纤手侍儿煎。
门前便是红尘地，林外无非赤日天。
谁信好风清簟（diàn）上，更无一事但翛（xiāo）然？

——作者：白居易

胎教点读

炎热的夏天，能消暑的事情便是最惬意的了。这首通俗易懂的唐诗将夏日的清凉景色向读者娓娓道来，沁人心脾。怀孕期间，准妈妈的体温可能比以前略高，因此更容易感觉热，感受一下在水池边乘凉的安逸与闲适，能让人静下心来。

朗诵诗歌：《时间与皱纹》

时间与皱纹

是谁请你来？
在妈妈的眼角
画了一条一条
稀稀疏疏的
鱼尾纹，
在外婆的额头
刻上一条一条
密密麻麻的
长皱纹。

你呀，
只懂得画线条，别以为很厉害，
我妈我外婆
根本不欣赏。
你没听她说：
不好不好，
洗都洗不掉，
擦也擦不掉。

时间哪，
你真是差劲的美容师。

——台湾儿童诗

胎教点读

时间让我们成长。如果你发现自己的容颜没有往日那般水嫩，请不要忧虑，也不必逃避，正视并淡然地对待它。成熟的美是到了一定阶段才会有的，虽然年龄不会永远 18 岁，但心灵可以一直年轻。当你发现时间在妈妈额头上化下的妆，嘘，千万不要大呼小叫，自己心里知道就行了，用行动爱她多一点儿吧。记得多留心生活，它会在适当的时候提醒你需要做什么事情的。

温馨提示

诗有很多种风格，像这首诗，几个有意思的句子，稍微拆解一下，就可以是一首小诗。其实，写诗也并没有想象中那么难呢。

和胎宝宝一起学习《三字经》

三字经

人之初，性本善。性相近，习相远。

译：人生下来的时候都是好的，只是由于在成长过程中，后天的学习环境不一样，性情也就有了好与坏的差别。

苟不教，性乃迁。教之道，贵以专。

译：如果从小不好好教育，善良的本性就会变坏。为了使人不变坏，最重要的方法就是要专心致志地去教育孩子。

昔孟母，择邻处。子不学，断机杼。

译：战国时，孟子的母亲曾三次搬家，是为了使孟子有个好的学习环境。一次孟子逃学，孟母就割断织的布来教子。

窦燕山，有义方。教五子，名俱扬。

译：五代时，燕山人窦禹钧教育儿子很有方法，他教育的五个儿子都很有成就，同时科举成名。

养不教，父之过。教不严，师之惰。

译：仅仅是供养儿女吃穿，而不好好教育，是父亲的过错。只是教育，但不严格要求就是做老师的懒惰了。

子不学，非所宜。幼不学，老何为。

译：小孩子不肯好好学习，是很不应该的。一个人倘若小时候不好好学习，到老的时候既不懂做人的道理，又无知识，能有什么用呢？

玉不琢，不成器。人不学，不知义。

译：玉不打磨雕刻，不会成为精美的器物；人若是不学习，就不懂得礼仪，不能成才。

为人子，方少时。亲师友，习礼仪。

译：做儿女的，从小时候就要亲近老师和朋友，以便从他们那里学习到许多为人处世的礼节和知识。

胎教点读

《三字经》内容大都采用韵文，每三字一句，四句一组，像一首诗一样，背诵起来，如唱儿歌。它是学习中华传统文化不可多得的儿童启蒙读物。这是节选《三字经》中的其中一个部分，准妈妈可将句意理解透彻后反复诵读给胎宝宝听。

讲故事：《送出去的花儿》

送出去的花儿

有一位牧师，他被派到新教区工作，在那里，他发现前任牧师种了数百朵郁金香。然而，附近学校上学的学生走过花园，每次都顺手摘走一些。

于是，每天早上上学的学童走过时，他便站在花园里，默默地看着。有一天，终于有个学生问道："先生，我可以摘一朵花吗？"

牧师便问："你要哪一朵？"那孩子选了开得最美的一朵郁金香。

牧师接着说："这朵花是你的。如果你把它留在这儿，过多大一会儿也不会谢！现在采摘，只能活几个小时。你想把它怎么样呢？"

孩子想了想，说："我要把花留在这里，过一会儿再来看它。"

当天下午，有十多个孩子都在这里选择了他们自己的花，每个孩子都同意把花留在这里，免得提早凋谢。

那年春天，牧师把整个花园的花都送了出去，但是一朵花也没有糟蹋，还因此交了不少的朋友。

——佚名

胎教点读

花儿很美丽，可是却离不开它的家园，一朵摘下来的花会很快凋谢，但是开在枝头的花朵却会越来越美丽。和花儿一样，人也离不开家庭，家人的关爱能让一个人的生活充满力量和希望。

美育胎教

斯瑟蒂克：准妈妈把听到的、看到的、想到的事物通过自己的声音、身体变化、心理感受传递给胎儿，接受了这一切的胎儿在出生时就会具有一种智力，至少具有某种素质。

欣赏名画：《折荷图》

画名：《折荷图》

作者：丰子恺

胎教点读

作品通过两个“折得荷花浑忘却，空将荷叶盖头归”的“小人儿”，将观者带入一个充满生活情趣、给人以无限遐想的绝妙美景中，再配以简洁明了、充满生机的景物，整个画境童意盎然。宛如初春的小雨，在一阵阵荡漾着乡间泥土芬芳的新春气息中，淅淅沥沥沁人心脾……

相信准妈妈能通过画面走入儿童纯真的世界中，发挥对于胎宝宝美好的想象。自然与淡泊的画境能令准妈妈心绪宁静，这是对胎宝宝最好的胎教。

欣赏名画：《摩特枫丹的回忆》

画名：《摩特枫丹的回忆》　　年代：1864 年

作者：让·巴蒂斯特·卡米耶·柯罗　　目前收藏地：法国巴黎罗浮宫

胎教点读

《摩特枫丹的回忆》是柯罗所有风景画中最具代表性的一幅。在乡村的湖边，一个晨雾初散的时刻，一个母亲正和孩子们一起采花。这样的温馨画面会给准妈妈带来似真似梦的感觉，抒情而富有诗意，优雅而不失韵律，仿佛这就是记忆中很久以前定格的一张老照片，特别容易引起准妈妈对自己童年时光的无限回忆。

画面中间景色是一片平滑如镜的湖面，透过薄雾的阳光洒在湖面和草地上，四处绽开的小花，映衬着茸茸绿草，大自然的无穷魅力会把准妈妈带入一个梦幻般的世界。准妈妈会插上想象的翅膀，引领胎宝宝感悟艺术的魅力，感受生活的美丽。

观看电影：《音乐之声》

片名：《音乐之声》　　　　时长：174 分钟

修女玛丽亚因为活泼好动和热爱自然的性格不适合修道院生活，修道院长决定让玛丽亚去冯·特拉普上校家做家庭教师，也借此让她探索出生活的真正目的。

玛丽亚用她天生的温柔和善良赢得了孩子们的友好并教会了他们唱歌，让孩子们在歌声中得到了快乐，并且她自己也收获了上校的爱情。

胎教点读

我们喜欢看童话，也喜欢童话的结局是这样的：从此，王子和公主还有孩子们过着幸福生活。《音乐之声》就是这样一个美丽的故事。

玛丽亚身上散发着真善美，感染着孩子们和她的爱人，也同样感动着准妈妈。这会帮助准妈妈孕育一个善良、聪明的胎宝宝。

音乐胎教

斯瑟蒂克：这一时期，胎儿对来自母体和外界的声音敏感起来。当听到准妈妈的心跳声和优美柔和的音乐，胎动就比较平稳，而当听到噪声和摇滚乐时，胎儿就会激烈地扭动起来。

聆听葫芦丝曲：《月光下的凤尾竹》

《月光下的凤尾竹》是一首著名的傣族乐曲，用傣族传统乐器葫芦丝来演奏，非常有民族特色。

体会《月光下的凤尾竹》里甜蜜的情意

当乐曲清幽飘起的时候，仿佛已经置身于翠绿欲滴的凤尾竹林，那里有美丽的姑娘在漫步起舞。听，竹林中传来了阵阵葫芦丝声，淡淡、悠扬，美丽的姑娘轻倚在凤尾竹旁，清澈的双眸中流露出期待的目光。乐声渐渐轻灵飘逸起来，姑娘在水池旁忘情地轻舞，凤尾竹旁吹奏起款款情歌，微风轻拂凤尾竹，在静谧的夜晚，葫芦丝声正倾诉着彼此心中的爱恋。

胎教点读

《月光下的凤尾竹》悠扬的曲调娓娓动听，给人以心旷神怡的感觉。一曲听完，仿佛和胎宝宝一起见证了一段浓情蜜意的恋爱，多么美好的时光啊。

欣赏名曲：《维也纳森林的故事》

《维也纳森林的故事》是小约翰·施特劳斯所作，乐曲非常优美，听者仿佛置身人间天堂：美丽的蓝色多瑙河畔，群山起伏，田野一望无际，羊儿在吃草，小鸟在啼鸣，马蹄“得得”响……

体会《维也纳森林的故事》里优美的风景

这首乐曲由序奏、五个圆舞曲和尾声构成，其结构属于典型的维也纳圆舞曲式。

乐曲的开始是一段很长的序奏，两支圆号的旋律描绘了优美动人的风景，双簧管和单簧管吹出抒情流畅的曲调。

然后，大提琴缓缓奏出第一圆舞

曲的主题，圆号美丽的牧歌和长笛玲珑的装饰音节，构成了一幅极美妙的且色彩斑斓的音画。

齐特尔琴的加入更增添了浓厚的奥地利民族色彩，这种特色型乐器拨奏出这首圆舞曲中最主要的一段旋律，轻柔而华美。

胎教点读

在清晨起床后，准妈妈推开窗子，闻着新鲜的空气，和胎宝宝随着这美妙的旋律一起穿越美丽的森林吧！

趣味小故事

环拥维也纳的维也纳森林是大自然赐给维也纳的一份礼物。几个世纪以来，人们严格地保护着它，至今这里仍然是一片保持原始风貌的天然林，非常美丽。许多居住在维也纳的大作曲家经常光顾这里，森林的美景常常激起他们的灵感。

聆听名曲：《平湖秋月》

平湖秋月是西湖十景之一。秋天月夜的西湖，恍若一幅素雅的水墨江南画卷，在其中眺望秋月，可以在恬静中感受西湖的浩渺，洗涤烦躁的心境。《平湖秋月》的乐曲相传就是吕文成在游览“平湖秋月”后所创作。

体会琵琶曲《平湖秋月》里的柔美清秀

这首琵琶曲篇幅不长，旋律舒展，一气呵成。它以清新明快、悠扬华美的旋律来描绘平湖秋月的胜景。

在乐曲声中，听者仿佛看到皎洁秋月清辉下的西湖，一潭平静的湖水，映照着一轮皎洁的秋月，湖面波光闪烁，青山、树、亭台、楼阁，在月光下仿佛披上了一层轻纱，好像是蓬莱仙境。

乐曲起承转合、环环相扣，由静而动，又由动而静，借景抒情，寓情于景，情景交融。在听的过程中，仿佛将一幅画卷摊开在你和胎宝宝的面前，充分地体现了中国传统的美学意境。

胎教点读

准妈妈和胎宝宝共享着同一个血液系统，对于那些旋律优美、节奏舒缓、曲调欢快的音乐会有共同的好感，而那些节奏强烈、音色单调的音乐则会受到排斥。因此，准妈妈可以跟着自己的感觉来播放乐曲。

朗诵关于冬天的童谣

冬

冬天到，喜鹊叫，
朵朵雪花像鹅毛，
松树、柏树绿油油，
蜡梅、水仙开得好，
雪下麦苗眯眯笑，
冬眠动物睡大觉。

雪人

天上雪花飘，
我把雪来扫。
堆个大雪人，
头戴小红帽。
安上嘴和眼，
雪人对我笑。

雪花

千朵花万朵花，
开在蓝天下，
飘飘飘洒洒洒，
飞向大地妈妈，
温暖着地下的，
许多嫩嫩春芽，
为孩子带来了，
无数冬的童话。

九九歌

一九二九不出手，
三九四九冰上走。
五九六九沿河看柳。
七九河开，八九雁来，
九九加一九，耕牛遍地走。

胎教点读

胎宝宝的听觉正在发育，准妈妈要随时记得分享自己的世界给他，这些内容会对胎宝宝形成良好的刺激，发展他的感觉和知觉。

温馨提示

冬天，准妈妈更需要注意补钙，多吃含钙的食物，天气好时多晒晒太阳，可以更好地促进胎宝宝的骨骼发育。

营养胎教

斯瑟蒂克：怀孕前我们常常储备一些罐装食品，可是因为罐装食品有很多盐分，所以现在约瑟夫和我都改吃新鲜蔬菜了。

合理饮食减轻孕期水肿

孕期发生水肿属于正常反应，这与子宫增大压迫到通往腿部的血管，减缓腿部血液循环有关，而且，孕激素导致钠排量减少，也会加重孕期水肿的症状。准妈妈可以通过适当的饮食调理来减轻水肿。

1. 吃一些利尿消肿的食物

适当食用红豆、洋葱、薄荷、大蒜、茄子、芹菜、冬瓜、西瓜等利尿消肿的食物，可帮助身体排出多余水分，消除水肿。

2. 不要吃过咸食物

钠摄入过量会加重水肿，为了避免水肿加重，准妈妈要吃一些清淡的食物，不要吃过咸的食物。孕中、晚期每日的食盐量控制在 6 克（相当于装满一啤酒瓶盖的量）以内即可。

3. 不吃难消化和易胀气的食物

容易水肿的准妈妈应少吃或不吃难消化和易胀气的食物，如油炸的糯米糕、白薯、洋葱、土豆等，以免引起腹胀，使血液回流不畅，加重水肿。

温馨提示

准妈妈不要因为水肿而减少饮水量，大多数孕期水肿不是因为准妈妈水喝多了。准妈妈每天至少摄入 1500 毫升的水。

过敏体质的准妈妈怎么吃

对于过敏体质的准妈妈来说，在日常生活中要特别谨慎，特别在饮食方面，有过敏体质的准妈妈应谨慎选择食物，以减少过敏性疾病的发生。

1. 以往准妈妈吃了会导致过敏反应的食物，孕期不能吃，甚至也不能用手接触。

2. 一些自己从没有吃过，但又无法确定是否导致过敏的食物，孕期也不要轻易尝试。如果准妈妈在食用某种食物之后，出现心慌、气喘、腹痛、腹泻，或出疹子、全身发痒等症状，首先要考虑到是否过敏，并立即停止食用该种食物。

3. 要注意饮食营养的均衡，少食用油腻、甜食及刺激性食物。

4. 多吃一些富含维生素C、不饱和脂肪酸的食物，如秋刀鱼、鲑鱼、沙丁鱼等，还有酸奶，抑制身体的过敏反应。

5. 多吃一些具有抗过敏功能的食物，加强皮肤的防御能力。洋葱和大蒜等含有抗炎化合物，可防过敏症的发病。

温馨提示

容易过敏的食物以海鲜和发物为主，其次是豆类，还有像牛奶、鸡蛋、芒果等食物也容易引起过敏。

防止营养过剩造成分娩困难

一次正常的妊娠，准妈妈的体重增长应控制在12千克以内，而胎宝宝的最佳出生体重应在3千克~3.5千克。为了符合标准，孕后期准妈妈的营养控制是关键，建议准妈妈在孕后期不要让每周的体重增长过多。

1. 营养过剩的危害

摄入营养过多，会使多余的热能转变成脂肪，堆积在准妈妈的体内，造成肥胖，而肥胖是与高血压、心血管病、高血脂、高胆固醇血症和糖尿病密切相关的，是许多疾病的高危因素。

另外，过多的营养可使胎宝宝生长发育加速，成为体重大于4千克的巨大儿。巨大儿由于身体过胖、肩部过宽，分娩时容易卡在骨盆里，而过度牵拉还容易引发产伤，如锁骨骨折等。

2. 防止营养过剩的方法

（1）少吃高热量的食物。准妈妈吃过多高热量的食物，多余的热量会转变为脂肪在体内储存，导致肥胖。高热量食物包括：肥肉、奶油、蛋糕、蛋黄、糖、巧克力、淀粉类食物。此外，含糖高的水果准妈妈也要少吃，如香蕉、石榴等。

（2）补充适量蛋白质。准妈妈每天需要100克左右的蛋白质。每天可吃1~2个鸡蛋或喝1~2杯牛奶，再加上一些瘦肉等，不要超量。

（3）吃绿色蔬菜可增加饱腹感。适当地吃一些主食，但不要太多，可以多吃芥蓝、西蓝花、豌豆苗、小白菜、空心菜等深绿色的蔬菜作为补充，增加饱腹感的同时，还能为自己补充膳食纤维、胡萝卜素、维生素C、钙、铁等营养素。

（4）改变烹饪方法。烹饪应按少煎、炸，多蒸、煮的原则，并可将一天的总量分成5~6顿进食。

温馨提示

准妈妈要密切地关注胎宝宝的生长发育进程，如果觉得胎宝宝增长过快，应该及早去医院做一次糖耐量的检测和营养咨询。

温馨提示

孕晚期的胃灼热在分娩后会自行消失，在没有征得医生同意前千万不要服用治疗消化不良的药物。

怎样通过饮食缓解胃灼热

到怀孕晚期，随着内分泌发生变化以及胎宝宝的不断长大，准妈妈腹部的空间会越来越小，胃部受到挤压会导致胃酸被“推”回食道，形成胃部反酸，造成烧灼的感觉，这就是胃灼热，这时准妈妈可以通过饮食来调理，以缓解胃部不适。

1. 白天应尽量少食多餐，使胃部不要过度膨胀，以减少胃酸逆流。

2. 临睡前喝一杯热牛奶，也会有较好的效果。

3. 放慢吃饭的速度，细嚼慢咽。不要在吃饭时，大量喝水或饮料，以免胃胀。

4. 多吃富含 β 胡萝卜素的蔬菜，以及富含维生素 C 的水果。

5. 在发生胃灼热期间，应避免食用容易引起胃肠不适的饮料和食物，如碳酸饮料、咖啡因饮料、巧克力、酸性食物、肉类熟食、薄荷类食品，以及味重、辛辣、油炸或脂肪含量高的食品。

适当多吃安神的食物

由于激素分泌发生变化，准妈妈的情绪变得不稳定，常常会感觉心烦意乱，这是正常现象。准妈妈可以适当多吃一些安神食物来调整情绪。

1. 牛奶

牛奶中含有色氨酸，它是一种人体必需的氨基酸。睡前喝一杯牛奶，其中的色氨酸量足以起到安神的效果。

2. 莲子

莲子有养心安神的作用，心烦梦多的准妈妈，可用莲子心加盐少许，水煎，每晚睡前喝一些。

3. 红枣

红枣具有补益脾胃、养血安神的功效。红枣可以当零食吃，但不要过量，每天 2~3 颗即可。

4. 黄花菜

黄花菜即金针菜，又名忘忧草、疗愁花等。黄花菜还含有丰富的卵磷脂，具有较佳的健脑益智功能，特别适合准妈妈食用。

温馨提示

鲜黄花中含有一种叫秋水仙碱的物质，对人体呼吸道、胃肠等有强烈的刺激，所以采摘的鲜黄花不宜直接食用。

怎么通过饮食缓解胀气

孕期腹胀是准妈妈常见的困扰之一。随着胎宝宝的不断长大，逐渐增大的子宫会自然会压迫到准妈妈的胃肠道，胃肠在受到压迫时，便会影响其中内容物及气体的正常排解，从而引起腹胀。

此外，准妈妈怀孕以后，活动量要比孕前减少许多，所以导致胃肠的蠕动减弱，再加上过多高蛋白、高脂肪的摄入，使粪便更容易在肠道内滞留，可引起便秘而使腹胀感更加严重。

如果只是孕期的生理变化及个人生活习惯所造成的腹胀，准妈妈可以从注意饮食、加强运动等方面着手，来改善孕期的腹胀问题。

1. 少量多餐

准妈妈可采用少量多餐的进食原则，每次吃饭的时候记得不要吃得太饱，便可有效减轻腹部饱胀的感觉。

2. 细嚼慢咽

准妈妈在吃东西的时候应保持细嚼慢咽、进食时不说话、不用吸管吸吮饮料、不常常含着酸梅或咀嚼口香糖等，这样做可避免多余的气体进入腹部。

3. 避免食用产气食物

有些食物易产气，准妈妈胀气状况严重时，应避免吃这类食物，例如豆类、蛋类及其制品、油炸食物、马铃薯等。另外，太甜或太酸的食物、辛辣刺激的食物也不宜食用，以免刺激肠胃，影响肠胃功能。

4. 多喝温开水

准妈妈每天至少要喝1500毫升的水，充足的水分能促进排便，以免大便累积在大肠内，加重胀气情况。

运动胎教

斯瑟蒂克： 大多数医生都认同，长时间的难产以及剖宫产，对准妈妈和胎儿都是不利的，所以为了自己，也为了胎儿，准妈妈掌握一些有益分娩的方法是非常重要的。

分娩辅助性动作练习

分娩能否顺利进行，很大程度上取决于准妈妈是否懂得用力、休息、呼吸这三方面的方法。在孕晚期分娩前准妈妈除了练习呼吸法，还要练习分娩时的按摩、压迫法及放松练习方法等分娩的辅助动作。

1. 腰部压迫法

身体前倾，座位，盘腿，两手握拳，两手向腰的上部及背部方向按摩。可在分娩第一阶段腰痛开始时使用，可以减轻腰部疼痛。

2. 分娩时的松弛法

肌肉松弛法：肘和膝关节用力弯曲，接着伸直放松，这是利用肌肉紧张感的差异进行放松肌肉的练习。

温馨提示

分娩辅助动作，应当坚持每天用一点儿时间来练习。但是如果已经被医生认为有早产可能的准妈妈就绝对不能练习分娩的辅助动作了。

受益一生的缩肛练习

缩肛练习是通过使肛门周围的肌肉及软组织一张一弛的运动，可显著改善该部分的血液循环，增强肛门括约肌等提肛肌肉群的功能。

在孕晚期，随着胎宝宝的逐渐长大，准妈妈的这些肌肉群所承受的压力也越来越大，缩肛练习能给准妈妈带来很多好处。

首先，进行缩肛练习可以促进阴道的收缩，提高阴道的伸张力，帮助准妈妈更顺利地产出宝宝。

其次，缩肛运动不仅锻炼骨盆底的肌肉软组织，且能让盆骨穴位得到按摩，对于便秘的准妈妈有很好的治疗作用，还可改善尿频、尿失禁。

练习方法：

1. 采用站立或者端坐姿势均可，

站立时两腿分开与两肩同宽；端坐时腰要坐直，双臂放松，深呼吸一口气（不需要憋气）。

2. 做缩肛运动时，会感觉到一股酥麻感由下至上传达到脑部，随后继续保持缩肛动作，不要松懈，至感觉有些难以坚持为止。

温馨提示

准妈妈在产后甚至在以后的生活中可以长期做缩肛练习，这对准妈妈产后阴道松弛有非常好的紧缩功效，而且可以调理五脏，起到很好的保健养生作用，是能让准妈妈受益一生的运动。

3. 每天练习 1~2 次。

如果准妈妈不知道如何做缩肛练习，有一个很简单的方法可以掌握，就是在小便的过程中强行中断，这时所做的就是缩肛运动！

运动胎教：强化腰背部肌肉

1. 站在椅背后，双手扶椅背；双脚分开与肩同宽，脚跟抬起；慢慢呼气，放下脚跟，恢复原状。每天早晚各做 5~6 次。做这个运动时，注意椅子要放稳当。

2. 背部平倚墙壁，脚离开墙面约一尺，站稳；背部缓慢下滑，达到自己能承受的位置，再缓缓向上移。站直后，再向下移，每天早晚各做 3~4 次。做这项运动时，需要有人在旁边守护。另外，鞋底的防滑功能要好。

3. 平躺下，双腿弯曲，双足平放，足部与肩部用力，轻轻抬高臀部与背部，然后放低，一上一下反复运动 5 次为 1 组。每天 3~4 次。

温馨提示

腰酸背痛的准妈妈在征得产科医生许可之后，还可以用托腹带来缓解腰部压力。 第一次用的时候，需要医生从旁指导，准妈妈和家人要认真学习。 用不用托腹带要听从医生嘱咐，医生如果认为没有必要用就不用。

有以下情况的准妈妈最好用托腹带：

1. 有过生育史，腹壁非常松弛，成为悬垂腹的准妈妈；
2. 腹部被撑得很薄，颜色发紫，感觉腹部皮肤发麻、发木的准妈妈；
3. 多胎妊娠、胎宝宝过大、站立时腹壁下垂比较严重的准妈妈；
4. 腰酸背痛，以及由于韧带拉长而致骨盆痛的准妈妈。

准爸爸胎教

斯瑟蒂克：通过实验说明，准妈妈不安的情绪和精神紧张，对大人本身来说也许无关紧要，但对于快速生长、进行着复杂发育过程的胎儿来说却是极其重要的。

谅解准妈妈的多变情绪

不少准妈妈在孕晚期情绪特别多变，好像小孩子似的，一会儿哭一会儿笑，一会儿委屈一会儿淡定，这大多不是由准妈妈本人的意志所能控制的。

1. 准妈妈情绪多变的原因

（1）激素影响。黄体酮和雌激素是调节生殖期的雌性激素，它们被认为是准妈妈孕期情绪多变的部分原因。

（2）身体负担加重。随着胎宝宝体重和个头的不断增加，身体特别是腹部所承受的压力越来越大，不能久站也不能久坐，上厕所的次数特别是夜晚明显增多。躺下起来的频繁动作处处要小心，睡眠很难真正地好起来，这会让准妈妈产生焦虑情绪。

（3）即将到来的分娩对每个没有经历过的准妈妈来说，多少有些担忧，而且，对于宝宝未来的担忧也会时不时地冒出来冲淡准妈妈的幸福感，所有这些担忧都会让准妈妈的情绪起伏不定。

2. 如何应对准妈妈多变的情绪

（1）准爸爸要理解准妈妈情绪变化是正常反应，学会包容准妈妈，在准妈妈情绪不好的时候，及时开导和安慰她，经常陪她散散步，听听音乐。

（2）一起学习有关孕育和分娩的知识，很多准妈妈情绪不好是因为担心胎宝宝，害怕分娩，多学习孕育知识，可以对各种情况都有所了解，不至于盲目地担忧。

温馨提示

如果准妈妈正处在闷闷不乐的状态中，可以做些事情让自己感觉好起来。睡一个小觉，找个朋友陪自己散散步或看场电影，心情一定会好很多。

（3）经常用幽默诙谐的语言，调节准妈妈紧张消极的情绪，如“你总是愁眉苦脸、闷闷不乐，我们的宝宝会挂着伤心的泪珠出来的”；当准妈妈假宫缩肚子疼时，就说“这是咱宝宝给的下马威呀”等。

帮准妈妈做按摩

到了孕晚期，腰酸背痛、水肿、疲劳等各种不适症状会接踵而至，困扰准妈妈。这时候，准爸爸体贴温柔的按摩，不但可以帮助准妈妈促进血液循环、减少不适感觉、纾缓压力，还可以让准妈妈感受到对她的关爱，从而使依赖的心理得到满足，改善由于不适而引起的焦虑情绪。

1. 腿部按摩

将手掌紧贴在小腿上，从跟腱起沿着小腿后侧按摩，直到膝盖以上10厘米处，反复多次。

功效：可消除水肿，预防小腿抽筋。

2. 腰背按摩

（1）用手掌掌根或拳面放在准妈妈后背脊柱两侧肌肉上，做轻快的、柔和的回旋运动，注意手要按住肌肉施加一定压力，不要在皮肤上摩擦。

（2）在一固定点按揉数10秒后将手向下移一手掌宽，再重复此操作，直至按揉到臀部以上。

功效：可以缓解准妈妈的腰背疼痛。

3. 头部按摩

（1）用双手轻轻按摩头和脑后，3～5次。

（2）用手掌轻按太阳穴，3～5次。

功效：缓解头痛，松弛神经。

温馨提示

人体对疼痛的承受力各有不同，而男性的手劲较大，所以准爸爸帮准妈妈按摩时，手法应平和，力量要轻重适宜，以准妈妈感觉舒服为准。

亲自为准妈妈做爱心蛋糕

胎宝宝在准妈妈腹中是个可爱的漂亮小娃娃了，想不想提前练手学做蛋糕，以便宝宝出生时，自制一个庆贺的小蛋糕呢？况且，自制的总是最用心的，这一举动一定会感动准妈妈的。

爱心蛋糕

材料：150克低筋面粉（普通面粉也可以），鸡蛋3～4个，牛奶60克，白砂糖100克，食用油少许。

做法：

1. 将鸡蛋的蛋黄与蛋清分离；在

蛋黄中加入60克左右的砂糖，4~5勺的牛奶。用打蛋器打散、搅匀。

2. 用打蛋器打蛋清，分次加入白砂糖；打到变成白色大泡沫的时候，加10克左右的糖再次打蛋清；待泡泡变小，糖全部融入蛋清后，第2次加入糖打蛋清；完全稠了，没有泡泡时，第3次加入糖打到发泡（将蛋清盆倒置，蛋清不掉落，就算发泡了）。

3. 将第二步搅匀的蛋黄糊糊，分三次掺入打好的蛋清中，用打蛋器搅拌均匀。

4. 掺入面粉，揉成松软的面团，再分成数个小面团。

5. 电饭煲按下“煮饭”预热10秒左右，锅底有点儿热就可以倒入少许的食用油，抹匀锅上的所有地方，以防蛋糕粘锅。

6. 放入小面团。

7. 按下“煮饭”，3分钟左右会自动跳到“保温”，这时打开电饭煲，将蛋糕翻一面。再按下“煮饭”，3分钟后即可。

温馨提示

做好的蛋糕要趁热从电饭煲中取出，若不及时取出，再将电饭煲盖上，盖子上的蒸馏水滴下去，会影响蛋糕的口感，蛋糕也会瘦身缩小。

意念胎教

斯瑟蒂克： 在怀孕期间，我常看伴有优美音乐的电视片，因为那里面常常展现出大海、河流、林木、花草等美好的自然风光，这些风光让我沉醉、遐想。

冥想可以营造更好的心境

如果准妈妈能时常静下心来冥想，这将对保持好心情有很大的帮助。

准妈妈的精神状态、生活方式和思考方式都会对腹中胎宝宝产生影响。冥想时，准妈妈的压力和紧张感可以得到释放，恐惧、焦虑、忧郁等不良情绪也会慢慢消散，还能帮助准妈妈开发潜在的心灵智慧，提高专注力和洞察力，让心灵变得纯净起来，并产生新的活力，从而身心变得平和。因此准妈妈做冥想训练可以使胎宝宝心情平静，健康生长。

1. 冥想训练方法

（1）保持轻松的姿势坐着，挺直背部，手心向上，放在膝盖上，轻轻挺起胸部，将脸部稍稍向上抬，闭上眼睛。

（2）让自己平静下来，想象一些美好的事物，比如海滩边，看着潮汐进退，配合呼吸。潮汐来了，吸气；潮汐退了，呼气，然后让大脑逐渐地放空。

（3）慢慢地吐气，默默地想象：我现在很舒服，很放松，这种放松的感觉真好，我可以看到紫色的门，这扇门一打开，就可以看到腹中的胎宝宝了。

2. 冥想时要注意什么

（1）尽量穿宽松的衣服，有利于身心放松。

（2）每天在早、晚心情平静的时候进行冥想，每次 10~15 分钟。

（3）尽量多想些美好的事情，将善良、温柔的母爱充分地体现出来，愉快的心境能促进胎宝宝的成长。

温馨提示

冥想时，如果准妈妈无法进入状态，也不要急躁。准妈妈不妨跟胎宝宝说一说话，慢慢也就会进入状态了。

闪光卡片胎教

斯瑟蒂克： 为了教字母、假名（日本语言的一种名称）和数字而准备的“闪光卡片”，每一张都必须用鲜艳的色彩绘制。为了能聚精会神地凝视卡片上描绘的字样、图形，鲜艳的色彩是非常需要的。

做有创意的认物闪光卡片

我们知道，闪光卡片并不仅仅只是胎教用具，花了准父母心思的闪光卡片还是绝佳的早教用具，所以闪光卡片的内容不用拘泥于字母、数字、图形、汉字等内容，还可以制作认物的卡片，比如水果、蔬菜、物品、动物、交通工具等，这在宝宝0~3岁期间会非常有用。

1. 制作卡片

如果准父母有不错的绘画功底，可以用之前介绍的闪光卡片制作方法，绘制出日常生活中常见的物体，比如对比鲜明的四季景色，春天的柳树、夏天的荷塘等。

假如准父母更加喜欢使用电脑绘制图片，效果也是一样的。准父母也可以将闪光卡片的制作结合拍照来进行。比如细心的准父母还可以将生活中每天会接触的事物拍出来，比如香蕉、苹果、橘子、米饭等，然后将图片通过PS，加上一些自己的创意再打印出来即可。

2. 胎教方法

教胎宝宝认物，为了使准妈妈的感觉和思考的内容与胎宝宝吻合，最重要的是保持平静的心情和集中注意力。学习开始的时候，准妈妈可以先把呼吸调整得深沉而平静，然后再拿出卡片，将看到的内容传递到脑海里。如果拿出的卡片是一个苹果，准妈妈首先可以告诉胎宝宝这是苹果，然后可以描述苹果是圆的、红彤彤的，尽量描述得细致。

准妈妈可以展开丰富的想象，例如想象自己和胎宝宝一起在摘苹果，苹果树上有很多苹果，苹果树很大很漂亮等。这些美好的想象都会传递给胎宝宝，给准妈妈和胎宝宝带来美好的体验。

第九个月（33~36周）

珍惜与胎宝宝在一起的最后时光

向胎儿传授知识的欲望，则会使眼前的一切顿然生辉：街上奔驰的汽车、自行车，路上的行人；动物、虫、鸟的行态；表现季节的花草树木；云彩的形状；风雨的声音；橱窗、柜台上摆放的商品；耸立的高楼大厦；工厂里有节奏的机器声；公园里嬉戏的身影……这一切事物都会随着你观察角度的变化而成为你感兴趣和关心的对象。

——斯瑟蒂克

现在，胎儿基本完成了发育，不过身体发展特点决定了你可能需要再等一等他，让他再长得壮一点儿。因为身体已经不太方便，限制了一些胎教活动。此时，那些动动脑、动动手的内容可以多加发挥。胎儿已经有意识了，而且能对准妈妈作出自己的反应，安排一些学习和求知的内容可以给胎宝宝更好的刺激。旺盛的求知欲可能令准妈妈遇到许多不懂的东西，那么不要忘了求助，准爸爸、图书馆、互联网、内行人都是知识的来源。

准妈妈与胎宝宝的变化

准妈妈

1. 第 33 周

准妈妈的体重增加了大约有 10 千克，手、脚、腿等可能都会出现水肿。

如果准妈妈是第一次分娩，那么从这周开始，胎儿的头部可能会逐渐下降，进入骨盆。这会逐渐减轻此前因为子宫压迫到横隔膜、胃部而导致的不适感觉。如果准妈妈此前有过生育史，那么胎儿入盆的时间就会晚一些。

2. 第 34 周

准妈妈的身体仍然在为分娩做准备，骨盆和耻骨联合处的肌肉和韧带还在继续变松弛。

由于胎宝宝继续长大，这会让准妈妈的肚脐更向外突出。准妈妈可以用绷带或纱布盖住向外突出的肚脐，以免敏感的肚脐处受到刺激或感染。

3. 第 35 周

由于胎儿的增大，并且逐渐下降，准妈妈可能会觉得腹坠腰酸，骨盆后部附近的肌肉和韧带变得麻木，甚至有一种牵拉式的疼痛，使行动变得更为艰难。不过值得高兴的是，由于胎儿在腹内的位置在逐渐下降，之前由于子宫压迫导致的呼吸困难和胃部不适等症状开始逐渐缓解。

准妈妈的子宫壁和腹壁已经变得很薄，胎儿活动时，可以看到胎宝宝手、脚、肘部在腹部凸显的样子。

4. 第 36 周

准妈妈的体重增长达到最高峰，大约已比孕前增重 11 千克。宫缩的次数会增加，准妈妈偶尔会有胎宝宝快要出来了的感觉。

胎宝宝

1. 第 33 周

本周胎宝宝的身长约为 41 厘米，体重在 2 千克左右。

现在有的胎宝宝头部已开始降入骨盆。胎宝宝的皮肤不再那么红红的、皱皱的，指甲已长到指尖，但一般不会超过指尖。呼吸系统和消化系统发育已经接近成熟。

2. 第 34 周

现在胎宝宝的身长 42 厘米左右，体重在 2.2 千克左右。

这周胎宝宝的中枢神经系统仍然在发育，肺部已经发育得很成熟了。此时胎宝宝应该已经为分娩做好了准备，将身体转为头位，即头朝下的姿势，完全倒立了，头部已经进入骨盆，紧压在准妈妈的子宫颈口。

胎宝宝的皮下脂肪层还在变厚，他看上去有点儿圆圆胖胖的。

3. 第 35 周

35 周的胎宝宝身长约 43 厘米，体重约为 2.4 千克。

胎宝宝的肾脏已经完全发育，肝脏也能够代谢一些废物了，大部分身体发育都已完成，除了不会哭，他现在基本具有新生儿所有的行为能力。

4. 第 36 周

本周胎宝宝的身长约 45 厘米，体重在 2.7 千克左右。

现在胎宝宝的脾脏已经发育完成，并可以分泌胰岛素了，所有器官几乎都已发育成熟。覆盖胎宝宝全身的绒毛和在羊水中保护胎宝宝皮肤的胎脂正在开始脱落。胎宝宝现在会吞咽这些脱落的物质和其他分泌物了，它们将积聚在胎宝宝的肠道里，直到他出生。这种黑色的混合物叫作胎粪，它将成为胎宝宝出生后的第一团粪便。

宝宝心声

对妈妈来说，分娩过程中最精彩的部分应该是我的小脑袋慢慢地露出来吧。为了配合妈妈顺利分娩，我不得不将自己在子宫里转成头朝下屁屁朝上的姿势。说实话，这个姿势挺老土的，但能如此广为流传也是有理由的，相比之下，剖宫产似乎有很多不如顺产的地方，而且还会在妈妈的肚皮上留下长长的疤痕。

为了出生更容易，我的头骨不会完全固化，不像妈妈和爸爸的脑袋，头骨硬硬的一整块，而是分成一小块一小块的，而正囟门那儿还是软软的呢。只有这样我的脑袋才能很好地通过产道呀。如果妈妈看到我刚出生时脑袋形状怪怪的，不要紧张，过一段时间就能恢复成漂亮的圆脑瓜了。

温馨提示

孕 9 个月开始，是胎宝宝骨骼发育的重要时期，胎宝宝体重的一半都是在这个时期增加的。因此你需要加强营养，多吃动物性蛋白食品，尤其要补充足够的钙、磷、铁。

情绪胎教

斯瑟蒂克：当准妈妈愤怒、不安、悲哀时，身体内分泌出的激素及其大脑生成物质会通过胎盘传给胎儿，这样会使胎儿陷入和准妈妈一样的精神状态。

讲小时候的事，令心情更祥和

在孕晚期，胎宝宝不仅能听到人们的讲话声和其他声音，而且还能分辨男性和女性的声音，熟悉与不熟悉的声音。降临人世前，他可能没有太多的活动空间了，少了像从前那样在子宫里的自由活动，这会不会很寂寞呢？此时准妈妈行动也比较不方便了，很适合坐下来与胎宝宝聊聊新的话题。

1. 聊聊儿时的事情

宝宝出生后将要开始自己的婴幼儿生活了，那爸爸妈妈的小时候呢，是否还记得那时候的事情。好好回忆一下，翻翻儿时的照片，和胎宝宝分享一下自己小时候的故事吧。那些和小朋友一起玩到天黑的日子，那些跳皮筋、丢沙包、跳房子的日子……它们会迅速击中准妈妈心里最柔软的地方，回到久违的快乐时光中去。

2. 邀请姥姥或奶奶一起分享

准妈妈还可以邀请宝宝的姥姥或者奶奶，为胎宝宝讲一讲自己或者准爸爸小时候的事情，很可能自己都会是第一次听到这些事情呢，这会带给大家很多的惊喜。

不过由于胎宝宝比较熟悉准妈妈的声音，因此在和老人家聊天的时候，准妈妈不妨巧妙适时地对胎宝宝重复一下谈话的内容。比如：“宝宝，你听到了吗？奶奶说爸爸小时候可爱哭鼻子呢。”

合适的时机，可以让准爸爸参与到聊天中，比如和公婆一起吃饭时，一起聊聊老公的小时候，让准爸爸也有机会跟胎宝宝说话。

温馨提示

准妈妈若是语调平和、温柔，胎宝宝会很享受，而当准妈妈和人争吵甚至沮丧时，他也会焦躁不安，甚至用动作来与你一起回应。因此准妈妈在忍不住想“粗声粗气”前，一定要多多留意胎宝宝的感觉。

停止胡思乱想，拒绝产前抑郁

产前抑郁一般表现为容易哭、情绪低落、食欲缺乏、极度缺乏安全感等，越是临近产期，准妈妈越是容易紧张，有时候，甚至准爸爸也会有产前抑郁现象。如果注意力久久集中在上面，就会胡思乱想，加剧紧张焦虑的情绪，所以必须注意调整。

1. 夫妻互相关心、鼓励

分娩过程的痛楚，会否诞下畸形胎宝宝，自己会否难产等，这些都可能成为准爸爸、准妈妈担心的事情。如果不能及时解决心中的疑虑，很可能情绪起伏会比较大。

准爸爸要密切关注准妈妈的心理变化，多关心、体贴她，不给她压力，多承担一些家务，让她保持愉快和稳定的情绪，帮助她了解分娩常识，减轻对分娩的恐惧感和紧张感。

准妈妈也要明白，焦虑紧张感不仅仅是自己才有，老公可能也饱受煎熬，换位思考，多体谅准爸爸，用自己的勇敢去感染他。平时夫妻之间要多沟通，互相督促，互相鼓励。

2. 给在职场中的准妈妈更多支持

职场准妈妈会面临事业和孕育的双重压力，更容易担心怀孕和生育后身材走样，害怕产后会失去怀孕前的一切。

职场准妈妈需要更多精神上的支持，准爸爸可以用身边的正面例子鼓励她。很多准妈妈并没有因为怀孕而失去职场地位，即便工作上会有不顺利，家庭也是准妈妈坚实的后盾。

3. 赶走抑郁的小守则

（1）睡好觉。

（2）做到“三个不”，即对今天不生气，对昨天不后悔，对明天不担心。

温馨提示

即使胎宝宝现在长得没有测量的那么大，他的内部系统和组织依然在日趋完善，钙、蛋白质、铁和叶酸的摄入很重要，因此准妈妈要多注意，多吃些鱼类、豆制品等营养食品。

看看小笑话，会心笑一笑

没见过

妈妈：“瞧你这手，多脏呀！你什么时候看到过我的手像你这样脏？”

女儿：“没有，妈妈。我从来没有看到过你像我这么大的时候。”

不要留到明天

母亲说：“今天能完成的事，不要留到明天。”

儿子道："好吧，把刚才的蛋糕给我，我今天都吃光了吧。"

省钱了

"爸爸，你可以省钱了！"

"省什么钱？孩子。"

"今年你不用再花钱给我买课本了，我已经留级了。"

足球热

父亲："咦，叫你买个热水袋，怎么买了个足球？"

儿子："足球比热水袋好，省得灌水麻烦。"

父亲："可足球不能取暖呢。"

儿子："怎么不能？你不见报纸上讲，今年全世界将出现'足球热'吗？"

猪的儿子

父亲："你这么笨，真是个小猪猡！你知道小猪猡是什么吗？"

儿子："知道，它是猪的儿子。"

适得其反

"这次算术考试得了多少分？"

"3分。"

话音刚落，"啪！啪！啪！"小明的屁股上挨了爸爸的3鞋底子。

"下次再考，得多少分？"

"下次我1分也不要了。"

诚实的孩子

一个来做客的夫人非常奇怪她的小侄子为什么那么规矩。

"你真乖，"她说："你为什么这么听话呢？"

小侄子答道："因为妈妈答应给我买个玩具熊猫，如果我不嘲笑你那蒜头鼻子和扇风耳的话。"

胎教点读

笑一笑可以释放身体里许多消极因子，孕期最后阶段是既紧张又兴奋的一段历程，准妈妈记得多笑一笑，让自己开心，也让胎宝宝放松放松。紧张不仅无益于分娩，还会影响到胎宝宝的情绪，所以，多看看小笑话吧，最后的关头一定要加倍快乐。

趣味横生的脑筋急转弯

1. 有趣的脑筋急转弯

（1）有一坛酒埋在地下过了一千年，结果它变成了什么？（酒精）

（2）有一只猪，它走啊走啊，走到了英国，结果它变成了什么？（Pig）

（3）蝴蝶、蚂蚁、蜘蛛、蜈蚣，它们一起工作，最后哪一个没有领到酬劳？（蜈蚣，因为无功不受禄）

(4) 动物园里大象的鼻子最长，那第二长的是谁呢？(小象)

(5) 哪种水果视力最差？(芒果)

(6) 小强为什么能用一只手让车子停下来？(打的)

(7) 如果有一辆车，司机是王子，乘客是公主，请问这辆车是谁的呢？(如果的)

(8) 金木水火土，谁的腿长？(火腿肠)

(9) 有一头头朝南的牛，它向左转原地转三圈，然后向后转原地转三圈，接着再往右转，这时候牛的尾巴朝哪个方向？(朝下)

(10) 有一个人，他是你父母生的，但他却不是你的兄弟姐妹，他是谁？(自己)

(11) 什么情况下，能用一只手就让疾驰的汽车停下来？(招手就能让出租车停下)

(12) 请问用铁棒打头和用木棒打头哪一个最痛？(头最痛)

(13) 小明在一座桥上看到前面有一只狼，后面有一只老虎，又不能跳河，你猜，他怎么过去的？(晕过去的)

(14) 人身上什么器官最大？(胆，胆大包天嘛)

(15) 猴子爬上香瓜树摘香瓜，一分钟摘一颗，一天可以摘几颗？(香瓜不长在树上)

2. 转换思维，玩玩外国脑筋急转弯

Who is closer to you, your mom or your dad？(爸爸和妈妈谁和你更近？)

—— Mom is closer because dad is father. (“father”(父亲)与“farther”(更远))

What fruit is never found singly？(什么水果永远不会是单个的？)

—— A pear. (“pear”(梨)音同“pair”(一对))

Why are young men unwilling to date the daughter of the Fortunes？(年轻人为什么不愿意和福琼家女儿约会？)

Because she is Miss Fortune. (“Miss Fortune”音同“misfortune”(不幸))

温馨提示

玩脑筋急转弯要多动动脑才能行，不过正因为这样，玩过之后通常都会非常有成就感，令心情更好，所以准爸爸、准妈妈不妨常玩。

语言胎教

斯瑟蒂克：约瑟夫认为标准的发音、正确的遣词用句对胎儿的情绪发育以及正确的语言感觉发育都是至关重要的。

诵读童趣盎然的唐诗

池　上

小娃撑小艇，偷采白莲回。
不解藏踪迹，浮萍一道开。

——作者：白居易

译文：天真活泼的孩子们撑着小船，偷偷地去采人家的白莲花。可他们却不知道，回来时小船在浮萍中间留下一条清清楚楚的水路，暴露了他们的行踪。

小儿垂钓

蓬头稚子学垂纶（lún），侧坐莓苔草映身。
路人借问遥招手，怕得鱼惊不应人。

——作者：胡令能

译文：一个头发乱糟糟的小娃娃学着大人在钓鱼，他侧身坐在青苔上，草地上的影子一动不动。有人问路，那孩子连忙远远地摆了摆手，生怕惊动了鱼，也不敢大声答话。

宿新市徐公店

篱落疏疏一径深，树头花落未成阴。
儿童急走追黄蝶，飞入菜花无处寻。

——作者：杨万里

译文：在稀稀落落的篱笆旁有一条远去的小路，路旁的花已经凋落了。孩子们在那里奔跑着追扑黄蝴蝶，可是蝴蝶飞到菜花丛中去了，孩子们一下子就找不到它们啦。

所 见

牧童骑黄牛，歌声振林樾（yuè）。
意欲捕鸣蝉，忽然闭口立。

——作者：袁枚

译文：黄牛背上骑着一个牧童，他高兴地唱着歌，嘹亮的歌声在树林里飘扬。忽然他看到一只知了，孩子应该是很想要捉到它，因为他马上就不再唱歌了，而且还一声不响地站到了树下呢。

村 居

草长莺飞二月天，拂堤杨柳醉春烟。
儿童散学归来早，忙趁东风放纸鸢（yuān）。

——作者：高鼎

译文：农历二月天，青草铺满了大地，黄莺在天上飞来飞去，堤岸旁杨柳随风轻舞着，水面上有轻烟般的水汽，真是令人心醉的美景啊。孩子们放学归来，早早赶到这里，趁着春风劲吹的时机放起风筝来了。

胎教点读

孩童的一举一动都趣味十足，让人心生怜爱。看看诗人眼里的这些孩童吧：那不知道把自己藏起来的采莲孩童，那专心致志钓鱼的幼儿，还有那追逐蝴蝶的孩子们……

讲故事：《神奇的雨伞》

神奇的雨伞

一只小蚂蚁在回家的路上走着走着，忽然下起了大雨。唉呀，雨下得这么大，该往哪儿躲一下呢？这时，他见旁边有朵蘑菇，就躲到了蘑菇伞下面。

雨下得越来越大，一只蝴蝶爬过来，对小蚂蚁说："你看我全身都湿透了，飞不起来了，让我也在这儿躲躲雨吧！"

"哪儿有地方啊，光我一个还嫌小呢！不过，来吧，一起来试试吧！"小蚂蚁想了想说。于是，蘑菇伞下增加了一只蝴蝶。

雨下得更大了，一只老鼠路过，也想要挤一挤。小麻雀也来这里躲雨。后来又来了一只小兔子，"狐狸在追我，我在你们这里躲一躲吧。"大家挤挤挪挪，给小兔子腾出来一块地方。

果然，不一会儿狐狸来了，他问："你们看见一只兔子了没有？"

"没有哇。"大家齐声回答。

狐狸挨近他们，用他的尖鼻子闻了闻，问："他没有藏在这里？"

"你自己看，这么挤，哪有地方啊？"狐狸晃了晃大尾巴走了。

雨终于停了，太阳出来了，大家纷纷从蘑菇伞下走出来。小蚂蚁说："原先光我自己还嫌地方小，后来又来了蝴蝶、老鼠、小麻雀，还加了小兔子，地方也不太挤。这是怎么回事呀？"

一直蹲在蘑菇顶上的小青蛙哈哈大笑。他说："小蚂蚁，你干吗不抬头瞅瞅给你挡雨的伞？"小蚂蚁抬头一看，啊，小蘑菇在哗哗的大雨中，悄悄地变成一朵大蘑菇了！

——作者：苏捷耶夫（俄罗斯）

胎教点读

蘑菇是喜欢喝水的植物，喝饱了就会长得又快又大。春天的雨非常珍贵，这个时候万物复苏，春雨的滋润会让植物欢快地生长。准爸爸、准妈妈可以外出欣赏一下这个时节的雨后春景，看看是否也能看到瞬间长大的蘑菇。

讲故事：《小蝌蚪找妈妈》

小蝌蚪找妈妈

春天来了，青蛙妈妈醒来了，她从泥洞里爬出来，“扑通”一声跳到池塘里，把一条透明的带子挂在了水草上。这些透明的带子上黏附着很多又黑又圆的卵。

天气越来越暖和了，又黑又圆的卵慢慢地长大了，变成了一群尾巴长长、脑袋大大的小蝌蚪。小蝌蚪们在水里游来游去，好不快活。

一天，鸭妈妈带着小鸭子来池塘游泳，小蝌蚪们看到了，不禁想为什么自己没有妈妈呢？“我们的妈妈在哪里呢？”一只小蝌蚪问道，他们你看看我，我看看你，谁都不知道。小蝌蚪们决定问问鸭妈妈。鸭妈妈告诉他们可以自己去找，他们的妈妈头顶上有两只大眼睛，还长着又宽又大的嘴巴。

小蝌蚪们谢过鸭妈妈，就去找自己的妈妈了。游着游着，他们看到一条大鱼，大鱼的头顶长着两只大眼睛，嘴巴又宽又大，这不就是妈妈吗？小蝌蚪们高兴了，追上去喊妈妈。可是大鱼说不是他们的妈妈，他们的妈妈有四条腿。

谢过大鱼，他们继续找妈妈。游着游着看到一只乌龟，乌龟长着四条腿，小蝌蚪想这回真的是妈妈了，便追上去喊妈妈。可是乌龟告诉他们自己不是他们的妈妈，他们的妈妈肚皮是白的。

小蝌蚪谢过乌龟，继续往前游去找妈妈。游着游着看到一只大白鹅，肚皮是白的，他们想这回可找到妈妈了，追上去大声喊妈妈。大白鹅告诉他们自己不是他们的妈妈，他们的妈妈穿着绿衣服。

谢过大白鹅，小蝌蚪们又开始找妈妈，游啊游啊，游到池塘边，看见一只青蛙坐在荷叶上，穿着绿衣服，可小蝌蚪们闹了那么多笑话，不敢再贸然地喊妈妈了。他们小心翼翼地问青蛙："请问您认识我们的妈妈吗？她头顶上有两只大眼睛，嘴巴又宽又大……"青蛙呱呱地笑了，说："傻孩子，我就是你们的妈妈！"小蝌蚪们疑惑了："为什么我们跟您一点儿都不像呢？"青蛙告诉他们，等他们长大了，就像了。

果然，过了几天，小蝌蚪们长出了两条前腿，又过了几天，长出了两条后腿，连皮肤都变成绿色的了，终于跟妈妈一样了。

胎教点读

亲情是一条坚实的纽带，无论如何也割不断。宝宝跟妈妈的亲情从胎儿期就开始了。准妈妈要把胎宝宝当成一个家庭成员，经常跟他交流，告诉他自己的一切，让他熟悉自己，这可为宝宝出生后和妈妈建立亲子关系打下基础。

读诗歌：《我的恋人》

我的恋人

我将对你说，我的恋人，
我的恋人是一个羞涩的人，
她是羞涩的，有着桃色的脸，
桃色的嘴唇，和一颗天青色的心。

她有黑色的大眼睛，
那不敢凝看我的黑色的大眼睛——
不是不敢，那是因为她是羞涩的，
而当我依在她胸头的时候，
你可以说她的眼睛是变换了颜色，
天青的颜色，她的心的颜色。

她有纤纤的手，
它会在我烦忧的时候安抚我，
她有清朗而爱娇的声音，
那是只向我说着温柔的，
温柔到销熔了我的心的话。

她是一个静娴的少女，
她知道如何爱一个爱她的人，
但是我永远不能对你说她的名字，
因为她是一个羞涩的恋人。

——作者：戴望舒

胎教点读

《我的恋人》是一首现代口语形式的自由诗体，非常朴素、自然、亲切。准妈妈自己读一读，或者准爸爸深情地念给准妈妈和胎宝宝听，都能使准妈妈觉得心绪宁静，并将这样的好感觉传递给胎宝宝。

读诗歌：《春风在哪里》

春风在哪里

春风在哪里，春风在哪里？

树儿说：当我的枝叶翩翩起舞那是春风在吹过。

春风在哪里，春风在哪里？

花儿说：当我的花朵频频点头那是春风在吹过。

春风在哪里，春风在哪里？

草儿说：当我的身体轻轻晃动那是春风在吹过。

春风在哪里，春风在哪里？

春风就在我们身边。

春风吹绿了大地，春风送来了温暖。

春风飘来了花香，春风带来了希望。

胎教点读

春风，这是不是熟悉又陌生的字眼呢？春风就在我们身边，当你感受春天时，春风带来了许多春天的信息，比如翩翩起舞的杨柳，扑面而来的清爽感觉等。向你的胎宝宝描述一下春风拂面的凉爽感觉，还有飘飞的杨柳、阵阵的花香吧。

欣赏宋词：《点绛唇》

点绛唇

蹴罢秋千，起来慵整纤纤手。露浓花瘦，薄汗轻衣透。

见有人来，袜刬金钗溜，和羞走。倚门回首，却把青梅嗅。

——作者：李清照（宋代）

胎教点读

上句用“慵整纤纤手”“露浓花瘦，薄汗轻衣透”，给读者描绘出一个身躯娇小、额间鬓角挂着汗珠、轻衣透出香汗刚下秋千的如花少女，天真活泼、憨态可掬的娇美形象。紧接着，词人转过笔锋，使静谧的词境风吹浪起，写少女忽然发现有人来了，她匆匆忙忙地连鞋子也顾不上穿，光着脚，害羞地朝屋里就跑，头上的金钗也滑落了。这首词把封建社会深闺少女的心理和行动逼真地摹写出来了……整首词语言质朴，风格明快，内容形象、生动、逼真。准妈妈用心读这首词，一个真实美好的画面仿佛就立刻展现在眼前。

美育胎教

斯瑟蒂克：无论什么时候，胎教时绝不能缺少对胎宝宝的爱和祝他幸福的愿望。

欣赏散文诗：《写给儿子的第一首诗》

写给儿子的第一首诗

你望着我，孩子，就像我
从那纯真的童年望着自己一样。
我因你而重生，通过你的明眸
我又回到了那美好的时光。

我曾同你一样，逐日长大。总之，
我又不由自主地清楚记起
童年时期那无忧无虑的日子，
记起那些天真无邪的游戏。

你从一位忧郁而贤惠的女人
腹中降生，但是你嘴角的微笑
却驱散了她那无穷无尽的烦恼。

在她怀里睡的你——我——的童年吧，
我的孩子，但愿你永远也不要醒来，
在你身上我又找到了自己儿时的欢快。

——作者：蒙特希诺斯（西班牙）

胎教点读

诗人用敏感的心思记录了看到孩子时的心情，从孩子天真无邪的眼睛里，好像回到了自己的童年，重温那时的无忧无虑。还写到孩子的微笑带给他——一个母亲无限的快乐，读起来温馨又浪漫。祝福自己的宝宝也有一个快乐、幸福的童年！

欣赏电影：《菊次郎的夏天》

片名：《菊次郎的夏天》

时长：121 分钟

武田先生的一生在别人看来卑微而猥琐，遇上一个有一点儿忧郁的小男孩后，出于不愿意看见他不开心，于是努力安慰他，开始展现他的无赖式的笑料。从中我们能看到他从心底慢慢涌现出的温情。

两人过得十分愉快，夏天就这么过去了。对小男孩来说，这是一个特别的夏天，对武田先生来说，这同样是一个特别的夏天，一个或许很容易被遗忘的夏天。

胎教点读

影片中的景色无可挑剔，从水中芦苇上的青蛙、吃着菜叶的毛毛虫，到蔚蓝色的大海、闪烁的星空、草香蝉鸣、漫山遍野的绿色，加上路上遇到的各种各样的人群，这是一幅孩子眼中的夏日风情画。

美丽、感动、温馨、开心、笑容、情不自禁等词语也许是准妈妈看过这个片子之后会想到的。人生路上，幸福并不在目的地，而是在寻找幸福的路上。和胎宝宝一起品味《菊次郎的夏天》，细细品味孕育的时光，这就是人生最美的事情。

简笔画竹子，沉淀自己的心绪

自己动手画一幅 Q 版的竹子吧，这会让准妈妈的心绪更宁静。

1. 画圆柱。用笔先画一个圆柱，再把圆柱一边延长，再画一横。

2. 画叶子。然后用笔把圆柱最后一边补上，再画三个锐角三角形，做叶子。

3. 补充叶子。再用同样的方法，画三角形的叶子。画两组，就大功告成了。

竹子谣

青竹子，紫竹子，
圆竹子，方竹子，
竹子做成竹屋子，
竹屋里住着竹鸡子，
竹鸡吃着竹虫子，
竹虫要吃竹叶子，
竹叶连着竹枝子，
竹枝连着竹节子，
竹节里住着竹鼠子，
竹鼠碰着了竹荚子，
竹荚子后面是竹林子，
竹林里有把竹锄子，
我拿竹锄种竹子。

温馨提示

简笔画就要突出一个“简”字，要做到能少勿多，能直不弯，能简不繁。

欣赏西洋画:《玫瑰》

画名:《玫瑰圣经》

作者:皮埃尔-约瑟夫·雷杜德

胎教点读

作者出生于一个画家世家,相传他一生只画玫瑰。不同的是,雷杜德系统地掌握了植物形态方面的自然科学知识,这让他笔下的玫瑰更科学,画得也更漂亮。玫瑰集爱与美于一身,既是美神的化身,又溶进了爱神的血液。准妈妈在欣赏这些作品的时候,通过联想,想象到美好的事物,引起感情上的共鸣,产生美的感受,再将这种感受传递给胎宝宝,从而达到对胎宝宝进行美育胎教的目的。

欣赏西洋画：《泉》

画名：《泉》

作者：安格尔

年代：1856 年

让-奥古斯特·多米尼克·安格尔 1780 年 8 月 29 日生于蒙托邦，是 19 世纪法国杰出的古典主义画家。

安格尔的绘画吸收了 15 世纪意大利绘画、古希腊陶器装饰绘画等遗风，画法工致，重视线条造型，强调纯洁而淡漠的美。古典艺术在他这里获得了升华，他也因此成为名副其实的“古典鼻祖”。他的代表作有《宫女》《泉》《土耳其浴室》《大宫女》等。

胎教点读

《泉》是法国画家安格尔最著名的裸体油画杰作，画面表现的是一个手托水罐正面站立着的少女形象，她略含羞涩，面庞美丽，体态优美匀称。

《泉》这幅画创造出的不仅是一个纯洁少女的化身，更创造了恬静、典雅、抒情诗般的意境，而这种意境对准妈妈非常好。如果准妈妈在这种美的意境中去想象自己腹中的胎宝宝，该是多么美好啊。

音乐胎教

斯瑟蒂克：只要有时间我就见缝插针地创造机会，哼唱一些歌曲，让胎儿不断地听到那和着旋律的动人歌声，向他传递爱的信息。

欣赏名曲：《小狗圆舞曲》

《小狗圆舞曲》是肖邦的作品，也叫降《D 大调圆舞曲》，是肖邦在世时最后发表的圆舞曲，也是肖邦圆舞曲中最著名的一首。

体会《小狗圆舞曲》里悠然自得的快乐

乐曲描写小狗飞快旋转追逐自己尾巴的样子，曲调健康活泼、悠然自得、诙谐有趣。全曲为简单的三段体。在四小节序奏后，主旋律以反复回转的形态出现，其速度之快令人目不暇接；中段则是甜美而徐缓的旋律，与第一段的急促形成鲜明的对比；第三段为第一段旋律的反复。

趣味小故事

让《小狗圆舞曲》变得有趣的还有一件事，这首曲子是肖邦为他当时的女友乔治·桑所作。乔治·桑的一条小狗特别喜欢飞快地转着圆圈追逐自己的尾巴，惹得她非常高兴。于是她要求肖邦用音乐表现出来，就这样《小狗圆舞曲》诞生了。

胎教点读

这是一首欢快的曲子，当情绪低落时，它的欢乐情绪能迅速感染准妈妈，驱散准妈妈的不快。

教胎宝宝学"唱"音符

教唱音符可以从练习每个音符的发音开始，例如："1、2、3、4、5、6、7、i""i、7、6、5、4、3、2、1"。反复轻声教唱若干遍，每唱完一个音符停顿几秒钟，想象胎宝宝正张嘴跟唱，给一定复唱的时间。

在教胎宝宝唱音符时，室内应保持安静，尽量避免噪声干扰。每天教唱1~2次，每次3~5分钟，最好定时教，并拟订一个施教计划，由夫妻二人交替进行。另外，音乐电影里的主题曲《Do-re-mi》是很好的音符教唱素材，这部电影也值得一看。

胎教点读

音符可以刺激胎宝宝的大脑，构成音乐记忆，奠定后天的音乐基础，使胎宝宝拥有更多的音乐天赋。胎儿期是进行音乐启蒙的关键阶段，准妈妈千万不要错过了。

营养胎教

斯瑟蒂克： 当烤箱里的扒鸡发出诱人的香味时，我一边美美地闻着那香味，一边对苏珊说："多好闻啊，鸡马上就烤好了。"我想，当我闻到烤好的鸡肉味时，苏珊也一定会通过某个系统接收到这香味的信息。

什么零食适合在此时吃

到了怀孕后期，胎宝宝压迫消化系统，导致准妈妈进食后常感腹胀，在正餐时准妈妈不能吃得太多，两餐之间会感觉肚子饿，这时候应适当吃些零食补充点儿能量。那么，哪些零食适合孕晚期食用呢？

1. 葡萄干

能补气血，利水消肿，其含铁量非常高，可以预防预期贫血和水肿。

2. 无花果

无花果能健胃润肠，还能催乳，是孕晚期的绝佳零食，尤其是孕晚期有些便秘的准妈妈更适合吃。

3. 酸奶

酸奶里含益生菌，可以帮准妈妈调理肠胃，同时又富含蛋白质，是补充蛋白质很好的来源。而且酸奶既爽口，又很容易被消化吸收。

4. 全麦面包

全麦面包能够增加体内的膳食纤维，还能补充更全面的营养，有便秘问题的准妈妈可以尝试把它作为小零食。

5. 海苔

海苔浓缩了紫菜当中的各种B族维生素，特别是核黄素和烟酸的含量十分丰富。它含有15%左右的矿物质，各种微量元素与大量的矿物质，有助于维持人体内的酸碱平衡，而且热量很低，纤维含量很高，对准妈妈来说是不错的零食。

6. 西梅

新鲜的西梅是水果中补充维生素A的最佳来源。西梅中所含的钾比较丰富，钾对维持人体电解质平衡起着重要作用。西梅含铁也很丰富，铁是

温馨提示

准妈妈在选择海苔时一定要选择低盐类的，尤其在怀孕期间有高血压疾病或水肿的准妈妈，更应该严格限制钠盐的摄取。

构成血红蛋白的原料，能携带血液中的氧分，尤其是对孕晚期的准妈妈更为重要。其中的膳食纤维能促进肠道蠕动，防止准妈妈便秘。每日食用3~5枚即可。

如何增强准妈妈变差的食欲

孕晚期，有些准妈妈会感觉胃口大开，但是，也有不少准妈妈胃口变得差了。对于胃口变差的准妈妈，要注意饮食的小细节，设法促进食欲。

1. 少吃多餐

改变饮食习惯，最好一天吃6顿，3大餐，3小餐。每次进餐不必强求吃多，想吃的时候就吃。

2. 提高烹调技术

准爸爸要提高烹调技术，食物既要做到吸引人的视觉感官，同时还要做到清淡爽口、富有营养。

3. 多吃新鲜蔬果

菜椒、番茄、黄瓜、鲜香菇、鲜平菇、苹果等新鲜蔬果，色彩鲜艳，营养丰富，易诱发人的食欲，多进食蔬菜水果，除了可开胃，还能预防便秘，防止胃肠道不畅引起的食欲减退。

4. 改善饮食环境

要保持餐厅空气清新，经常开窗通风，准爸爸还可以在餐厅摆放两盆绿色植物。准妈妈少去有异味的地方，进食时听轻音乐，餐桌上可放一些鲜花等，这些都能帮助促进食欲。

温馨提示

在孕晚期，如果准妈妈每周体重的增加低于0.2千克，就需要特别注意营养的摄入了。

西红柿虾仁

原料：虾仁300克，西红柿250克，豌豆50克，鸡蛋清1个，水淀粉1大匙，葱末、姜末各少许，盐、鸡精、料酒、白糖、油各适量。

做法：

（1）虾仁洗净，放碗内加盐、料酒抓匀，加蛋清、水淀粉上浆。

（2）西红柿用热水烫后剥皮，去籽，切直径1厘米左右的丁。

（3）锅置火上，放油烧热，放入虾仁过油后捞出备用。

（4）锅内留底油，加葱末、姜末炒出香味，加入西红柿丁煸炒，随即加入盐、鸡精、白糖、虾仁，用水淀粉勾稀芡，加青豌豆炒熟，淋上熟油即成。

功效：虾仁含丰富的优质蛋白质和钙质，西红柿则富含多种维生素，搭配食用可以满足身体的营养需求。酸味的西红柿还能开胃，对孕期的准妈妈颇有益处。

妊娠高血压疾病患者的饮食调养

妊娠高血压疾病是一种非常常见又严重影响母婴安全的孕期疾病，以高血压、水肿、蛋白尿为主要症状，严重时会出现抽搐、昏迷甚至死亡，医学上称为“子痫”。

妊娠高血压主要发生在怀孕 24 周以后，怀孕 32 周后是本病的高发期，患妊娠高血压疾病的准妈妈可通过合理饮食来进行调理。

1. 补充蛋白质

妊娠高血压疾病患者因尿中蛋白丢失过多，常有低蛋白血症，因此摄入优质蛋白不可忽视，应多摄入牛奶、鱼虾、鸡蛋等，每日补充的蛋白质量一般为 80 克左右。

2. 控制钠盐的摄入

摄入过多的钠，会导致血压上升，每日盐量应控制在 4 克左右，含盐量高的食品如肉汁、调味汁、腌制品及油炸食品等都应尽量避免。

3. 多吃含钾、钙丰富的食物

多吃含钾、钙丰富而含钠低的食品，如土豆、芋头、茄子、海带、莴笋、冬瓜、西瓜等，钾盐能促使胆固醇的排泄，增加血管弹性，有利尿作用。

4. 补充锌、维生素 C 和维生素 E

患妊娠高血压疾病的准妈妈血清锌的含量较低，维生素 C 和维生素 E 能降低妊娠高血压疾病的反应，需要适当补充。

5. 减少动物脂肪的摄入

炒菜最好以植物油为主，每日 20 克~25 克。

6. 控制食物的摄入总量

准妈妈要合理地控制食物的摄入总量，以达到控制体重增长速度与幅度的目的。整个孕期的体重增长应控制在 10 千克 ~ 12 千克，尤其是孕后期，每周增重 0.5 千克为宜。

温馨提示

患了妊娠高血压疾病，准妈妈也不必过于担心，只要定期做产前检查，及早治疗，好好休息，病情多半可以得到控制并好转。

准爸爸胎教

斯瑟蒂克：在胎儿5个月以后，准爸爸必须时刻意识到胎儿在倾听自己的声音，并经过准妈妈的腹壁确认准爸爸的身影。

准爸爸给胎宝宝朗读诗词

准爸爸为胎宝宝读一读这些传世经典作品，能培养胎宝宝的对审美的感受，也能让胎宝宝加深“父子”亲情。

在大自然的景物里，月亮是很有浪漫色彩的，它能启发人的艺术联想。月亮集中了人类许多美好的理想和憧憬。这首词一定能让准爸爸产生无限的憧憬和遐想，思想犹如长了翅膀一般，天上人间自由地飞翔着。

水调歌头·丙辰中秋

苏　轼

明月几时有，把酒问青天。不知天上宫阙，今夕是何年？

我欲乘风归去，又恐琼楼玉宇，高处不胜寒。

起舞弄清影，何似在人间！

转朱阁，低绮户，照无眠。

不应有恨，何事长向别时圆？

人有悲欢离合，月有阴晴圆缺，此事古难全。

但愿人长久，千里共婵娟。

西江月·夜行黄沙道中

辛弃疾

明月别枝惊鹊，清风半夜鸣蝉。

稻花香里说丰年，听取蛙声一片。

七八个星天外，两三点雨山前。

旧时茅店社林边，路转溪桥忽见。

这首词以轻快灵活的笔调，描绘了宁静而又生机勃勃的乡村夏夜景象。词人将眼中所见、耳中所闻信手拈来，略加点染，置入画面，看似粗枝大叶，实则却很细腻。词中美景与闲情融为一体，没有高深的典故和华丽的辞藻，却清新可人，生动有趣。

昭君怨·咏荷上雨

杨万里

午梦扁舟花底，香满西湖烟水。

急雨打篷声，梦初惊。

却是池荷跳雨，散了真珠还聚。

聚作水银窝，泛清波。

这首小令用轻松活泼的笔调写自己梦中泛舟西湖和被雨惊醒后的情景。梦境与现实对照写来，曲折而有层次，极富变化。细细品味，准爸爸的眼前一定能展现出一幅荷花的阵阵幽香，晶莹璀璨的珍珠在碧绿的“盘”中跳动，最后聚在叶心，像一窝水银倾泻的美景。

准爸爸负重20斤体会怀孕感受

宝宝9个月了，一路走来的幸福与艰辛也许准妈妈的体会更深刻，准妈妈是不是经常抱怨你不理解她呢？不妨玩一个游戏——换位体验，也亲自体验一下做准妈妈的艰辛吧。

换位体验

1. 准爸爸可以找一个袋子，把袋子里灌上大约20斤重的米，然后，扎紧袋子口，将袋子缠在腹部。

2. 现在，准爸爸可以去做一做准妈妈经常做的事情，比如打扫一下房间，或者是擦桌子、睡觉等。

3. 在游戏的过程中，不要忘了胎宝宝的存在。准妈妈可以邀请胎宝宝做考官，体验过程中不妨多问问胎宝宝准爸爸的表现怎么样，跟他说一说游戏中发生的事情等。

4. 做完换位体验游戏后，准爸爸不妨扮演一下胎宝宝，模仿宝宝的语气与准妈妈对对话，由于对准妈妈的感受理解得更真切，因此这时的对话一定是饱含深情，可以令一家三口的感情更和美，也会使准爸爸更能体会到准妈妈怀孕的艰难。

温馨提示

一些医院或者是准妈妈俱乐部也会组织这样的换位体验活动，如果有兴趣的话，准爸爸和准妈妈可以报名参加。

提前物色称职月嫂

一名月嫂选择得好与不好，直接关系到宝宝和妈妈的身心健康，因此，准爸爸应该提前物色称职的月嫂。

1. 优秀的月嫂应当具备的条件

一般来说，月嫂必须身体健康，要有爱心、耐心，有产后护理技能和带宝宝的经验，同时还要有一定的知识水平和接受新知识的能力。

2. 如何聘请到满意的月嫂

（1）可通过亲戚朋友，让他们推荐，看是否有曾带过月子里的宝宝，有育儿经验的月嫂。

（2）去正规家政公司，找接受过专业知识、技能培训的月嫂。

（3）在雇用月嫂之前，应该把自己的要求尽量讲清楚，并对月嫂进行面试，以对其秉性进行初步了解，避免请到不合心的月嫂。

温馨提示

找家政公司，要记得验看家政公司的营业资格，以及月嫂的身份证、健康证、从业经验、照片等证件；签订合同要写清服务的具体内容，收费标准，违约或者事故责任等；付费时索要正式发票。

帮准妈妈克服分娩恐惧

不少准妈妈由于没有分娩经验，因此总会有些精神紧张或不知所措，对分娩产生恐惧心理，这种心理对顺利分娩是很不利的。这时候，准爸爸应该多安慰和帮助准妈妈，让她战胜恐惧。

1. 发挥爱的力量

爱是准爸爸给准妈妈最大的支持，这虽然不用刻意训练，但会融入生活的点点滴滴中。准爸爸对准妈妈的抚摸、拥抱和亲吻，情感的表达，以及赞美，这些可以成为强大的心灵“止痛剂”。

2. 和准妈妈一起学习分娩知识

人的恐惧大多是由于缺乏科学知识胡思乱想而造成的，所以，准爸爸可以多了解一些分娩知识，然后向准妈妈讲解，并在她需要的时候给予提醒，消除她对分娩的恐惧感和紧张情绪。此外，准爸爸可以配合准妈妈练习一些分娩技巧，比如分娩时的活动技巧、用力技巧以及何时该吃东西，让准妈妈对分娩建立自信。

3. 积极的心理暗示

准爸爸经常带准妈妈去看望漂亮健康的小宝贝们，并引导准妈妈想象自己家宝贝的可爱样子，通过各种方式给准妈妈积极的心理暗示，让准妈妈对自己的分娩充满期待。积极的心理因素可让事态向积极方向发展。

4. 做好分娩准备

分娩的准备包括孕晚期的健康检查，心理上的准备和物质上的准备。一切准备的目的都是希望母子平安，所以，准备的过程也是对准妈妈的安慰。如果准妈妈了解到家人及医生为自己做了大量的工作，并且对意外情况也有所考虑，那么，她的心中就应该有底了。

温馨提示

家人最好不要谈论自己或者别人曾经分娩的痛苦经历，否则会增加准妈妈对分娩的恐惧。

意念胎教

斯瑟蒂克：你可以把从抽象的音乐，也就是从某种音乐（或是旋律）中感受到的东西传递给胎儿，这在培养他的爱心和情感方面是极为重要和有效的。

致快乐的小天使

8个月圆满结束以后，胎宝宝已经在准妈妈的腹中长得很好了，说不定此时正在调皮地微笑呢。准妈妈深呼吸一下，闭上眼睛，继续在心中想象胎宝宝的样子，和胎宝宝展开对话。

“亲爱的宝宝，我是最最爱你的妈妈。宝宝，现在，你睡在妈妈的肚子里，还时不时地伸伸你的小胳膊、踢踢你的小腿，这些妈妈都能感觉得到。

“再过一个月，我们就能见面了，爸爸和妈妈就可以见到亲爱的宝宝你了。爸爸和妈妈多么期待着这一天的到来啊。

“宝宝，妈妈会给你最多最好的爱，让你无忧无虑地长大，会带你到很多地方去玩，给你买你喜欢的玩具和书，会和你一起玩游戏，给你讲故事。”

温馨提示

准妈妈可以默默地在心里和胎宝宝说话，也可以发出声音来。

闪光卡片胎教

斯瑟蒂克：为了使准妈妈的感觉和思考内容与胎宝宝相吻合，最重要的是保持平静的心情和集中注意力。在学习开始前，我总是把呼吸调整得均匀而平静，然后把要教的内容在头脑中描绘出来。

学习繁体“爱”字，感受爱的力量

在繁体字“爱”中，有一个“心”。每一个准妈妈都会用心为胎宝宝来安排生活，让他体会到自己对他的深深的爱。

准妈妈用心付出的爱，将胎给宝宝向未来世界迈出第一步的勇气和力量，教胎宝宝繁体“爱”字，让胎宝宝感受妈妈的爱。

学习方法

1. 准妈妈将汉字“爱”制成一张卡片。

2. 准妈妈把呼吸调整得均匀而平静，一边发音，一边用手指临摹字形，并且将注意力集中在字的色彩上，以加深印象。在这个过程中，准妈妈要保持平静的心情和集中注意力。

3. 准妈妈闭上眼睛，在头脑中把“爱”的意义反复描绘。“爱”是什么呢？爱是一家人在一起其乐融融的情景，爱是看着宝宝熟熟睡去的模样，爱是妈妈甜美的笑脸……只要是准妈妈能想到的，都可以在脑中重现一遍，让胎宝宝和准妈妈一起感受这股爱的暖流。

温馨提示

准妈妈要充满爱心和信心，让胎宝宝感受到爱的暖流。如果准妈妈觉得枯燥，或是感到不自信，这种不良心情会直接影响到胎宝宝，即使坚持做胎教，也会收效甚微。

用闪光卡片教算术

在前面给准妈妈介绍了用闪光卡片教胎宝宝认识数字和字母的方法，这个月可以更复杂一点儿，教胎宝宝来学习算术。

1. 准备卡片

以数字 3 为例，准妈妈可以准备彩色的万能墨水笔和图画纸。用很大的字来进行含有 3 的加减法运算，像 1+1+1=3，1+2=3，3−1=2，3−2=1 等。进行各个数字的组合，而且每个数字都用不同颜色，一张图画纸只写一个算式。

2. 胎教方法

准妈妈将写好的几张图画纸，排列起来构成一幅丰富多彩的图案，然后展开联想。以数字 3 为例，准妈妈可以先想象 3 的形状，像两个半圆黏在了一起，然后联想与 3 有关的数字，比如进行加减法运算：1+1+1=3，1+2=3，3−1=2，3−2=1 等。

准妈妈可以假想脑海中有一支可以变换颜色的笔，然后自己正在把这些算式写在纸上，这样下来，很快就能将运算方式理解得更透彻。

此外，准妈妈还可以将实物与闪光卡片对照起来运用。例如，在一个苹果的旁边再放一个苹果，就变成两个苹果，用算式表示就得出“1+1=2”这个式子，再通过自己的视觉将其印在脑子里。同时出声地对胎宝宝说：“这里有一个苹果，我再从筐里拿一个摆在这里，现在变成几个了？”

准妈妈要把注意力集中在眼前的苹果和算式上，要和胎宝宝一起思考，代替胎宝宝回答“两个”并传递给胎宝宝，不要拘泥于“记住数字以后，再教算术”的这个常规。

温馨提示

准妈妈本身必须乐于这样的学习，如果觉得枯燥，那么，这种心情就会直接影响到胎宝宝，而影响胎教的效果。

1+1+1=3

第十个月（37~40周）

迎接分娩，做好最后的胎教

我相信苏珊领会了我们俩对她的深深的爱，并知道自己是在一个十分安全可靠的地方。这一切都给了苏珊向未来世界迈出第一步的勇气和力量。可以说，对准父母、对外面世界的信赖与安全感是产生创造力的源泉。

——斯瑟蒂克

多么欣喜，胎宝宝还有1个月就要出世了！这意味着他正在发育成熟，非常健康，并且正在为出生做好充分的准备，而准妈妈却很可能因为分娩临近而倍感焦虑、紧张。其实，轻松、自信、平和的心态反而会令分娩更为顺利，因为胎儿会感受到力量与勇气，并且配合准妈妈，而低落的情绪立即就能被胎儿体会到，扰乱他的安全感，这是多么遗憾的事情啊。

准妈妈与胎宝宝的变化

准妈妈

1. 第 37 周

准妈妈子宫内的羊水逐渐减少，从而腾出更大的空间给逐渐增大的胎宝宝。宫缩频率继续增加，为即将来临的分娩做着准备。准妈妈可能还会不断地想上厕所，便次增加，阴道分泌物也更多了。

2. 第 38 周

准妈妈的体重可能会停止增加，甚至减少少许，这是因为胎儿的生长速度也在下降。但准妈妈的身体依然会越来越感到沉重。

准妈妈的膀胱依然会因为胎儿的挤压，而经常产生尿意。

3. 第 39 周

准妈妈的体重、宫高等已经基本稳定了。但是随着胎头的下降，准妈妈的尿频、便频症状可能又加剧了。

同时，随着预产期的临近，准妈妈的宫缩可能变得更加明显，子宫和阴道也会变得更加柔软，阴道分泌物会增多。一般情况下，分泌物是白色的，一旦出现茶色或红色分泌物，就意味着要分娩了。

4. 第 40 周

准妈妈的子宫底又回到 32 周时的高度了，不过腹围会比 32 周时大。由于胎儿已经固定在骨盆，准妈妈的胃部压迫减轻，饭量会有所增加，但仍然会有尿频的现象存在。

一般情况下，准妈妈将会在本周分娩出胎宝宝。

胎宝宝

1. 第 37 周

胎宝宝仍然在生长，本周胎宝宝身长 46 厘米左右，体重约 2.8 千克。

胎宝宝的神经细胞数目已基本发育完成，他的大脑有 130~180 亿个神经细胞，脑细胞数目已与成人基本相同。

胎宝宝的头现在已经完全入盆，随着预产期的临近，胎宝宝显得越来越安静。

2. 第 38 周

本周胎宝宝的身长 47 厘米左右，体重约 3.2 千克。

胎宝宝的各个器官发育完全并已

各就各位，脑和肺部也开始了工作，并会在出生后继续发育成熟。

胎宝宝本身的免疫系统虽已建立，但还不十分成熟，为了补偿这种不足，胎宝宝可以通过胎盘接受来自准妈妈的抗体，从而抵御一些像流行性感冒等感染。

3. 第39周

本周胎宝宝的身长48厘米左右，体重3.2千克~3.4千克。

胎宝宝此时身体各器官都发育完成，体重在本周会继续增加，他的脂肪正以每天超过14克的速度增长。

4. 第40周

本周胎宝宝的身长50厘米左右，体重约3.4千克，他已经是一个成熟的胎宝宝，随时可以出生了。

此时，胎宝宝所处的羊水环境有所变化，由原来清澈透明的羊水变成现在的乳白色浑浊的液体了。此外，胎盘正在老化，传输营养物质的效率在逐渐降低，胎宝宝娩出后即完成使命。

随着出生，胎宝宝的最后一个成熟的器官肺部将建立起正常的呼吸模式，当他出生后第一次呼吸时，会激发心脏和动脉的结构迅速产生变化，从而使血液输送到肺部，并发出第一声啼哭。通常第一声啼哭是没有眼泪的，因为他的泪腺功能还没有被开发，这种情况会持续两三周。

宝宝心声

很快我就是个足月宝宝了。这种心情有点儿类似于妈妈当年高中毕业还没进入大学的时间吧。我也得好好准备一下我的毕业宣言了。嗯，那应该是出生时一声接一声的嘹亮啼哭，这是我健康的最好证明之一。

在最后的一个月里，我会经常练习用肺呼吸的哦，好让自己一出生就熟练地开启独立的肺循环。妈妈再坚强一些哦，我们一起努力加油，一定能顺利见面的！

听说出生后就可以吃到这个世界上最美味的食物——母乳了，对于我这个在子宫内泡了200多天羊水的小宝宝来说，这可是天大的好消息啊！唔，我得赶紧训练一下怎么吃奶才行啊。

温馨提示

许多准妈妈对分娩感到恐惧是因为分娩的过程中往往会发生一些令人尴尬的事情，比如在产床上放屁或大便。其实这是很正常的现象。如果你有大便意向的话，医生会很高兴，因为这预示着宝宝马上就要出生了，而且分娩过程进行得很顺利。如果你能从这个角度出发，你就不会再感到害怕，反而会很高兴了。

情绪胎教

斯瑟蒂克： 要保持心情的平静，自我情绪的调整最重要。

了解自然分娩的好处会让情绪更稳定

虽然十月怀胎很辛苦，分娩也伴随着程度不一的疼痛，但想到不久可爱的宝宝就要降生，忍受再多的辛苦和疼痛都是值得的。其实，有些准妈妈可能不知道，怀孕分娩对自己的身心也有不可替代的益处。

1. 减少子宫、卵巢的病变概率

怀孕期间，子宫内膜暂停周期性剥脱出血，子宫内膜的上皮细胞在月经周期所必经的“损伤”—“修复”—“再损伤”—“再修复”的过程暂时停止，发生癌变的机会也同时减少了。

另外，怀孕让女性体内产生一种抵抗卵巢癌的抗体，它能有效地阻止卵巢癌的发生。

2. 改善痛经与月经不调

在孕育宝宝的过程中，女性的身体如子宫、乳房会经过一个再次发育的过程，内分泌也能得到自发的调节，痛经和月经不调都会得到改善。

3. 延缓更年期的到来

孕育宝宝的过程会让卵巢暂停排卵，直到哺乳后的第4~6个月才恢复，这期间，大约有15个卵子推迟了排出时间，这会使卵巢的衰退时间推迟，从而可推迟更年期的到来。

4. 令准妈妈的感觉变得更灵敏

怀孕似乎能提升准妈妈的嗅觉，甚至味觉，当然，这样灵敏的嗅觉在怀孕初期可能会加剧晨起时的恶心感，但到了后期，却会令准妈妈倍加享受各种美味。

5. 怀孕令准妈妈更美丽

怀孕期间，绝大多数准妈妈都会变得容光焕发，更加美丽，产前产后的细心调理会让这种美丽一直延续到分娩之后。这是因为孕期女性基础代谢会增加，身体的内分泌能得到更好的调节，雌激素水平高，因而皮肤更光洁、弹性更好。

温馨提示

在最后一个月里，随时可能面临分娩，准妈妈一定要明白，放松情绪对顺利分娩非常重要，紧张和焦虑只是一时的，只要学会调节，注意调整呼吸，集中注意力，以乐观的心情迎接宝宝的到来，就可以帮助缩短产程，顺利分娩。

国外准妈妈的精神放松法

孕期放松精神的方法有很多，国外的准妈妈们也有一些有趣的放松方法，一起来看看她们是怎么做的吧。

1. 日本准妈妈：插花

日本的准妈妈喜欢选择插花或是有关盆景制作的精神放松法。开始前，她们会在一间灯光柔和的房间里，尽量地放松自己，使身体和精神达到稳定的状态。

2. 俄罗斯准妈妈：歌唱

俄罗斯的准妈妈在专家倡导下，开创了语言胎教和音乐胎教的“结合体”，她们将要对胎宝宝说的话唱成歌曲给胎宝宝听，以使心情变得愉悦以及取得更好的胎教的效果。

3. 秘鲁准妈妈：听海豚的叫声

秘鲁科学家发现：海豚的叫声有助于刺激胎宝宝脑部的活动，还能在

某种程度上提高胎宝宝的器官感知能力，胎宝宝能对海豚的叫声产生反应。

因此，有关人员便训练海豚游近准妈妈，并对着她们的腹部发出叫声。不少秘鲁准妈妈纷纷与海豚“亲密接触”，这种海豚胎教法成为秘鲁准妈妈的胎教新潮流，对她们放松孕期的焦虑情绪、体验孕期的快乐带来不错的效果。

温馨提示

放松方式可以借鉴，但不必刻意模仿，自己喜欢的方式才是最适合最有效的。

做好分娩前的心理准备

虽然做了充分的准备去迎接这个新生命的到来，但是临近分娩，难免还是会有这样或者那样的顾虑和担心，准妈妈需要及时梳理内心，减轻顾虑，自信地迎接分娩。

充分相信自己与医生

首先，准妈妈要相信自己的身体，只要不出意外，都是能够应付自然分娩的。如果总是害怕或者担心，往往会因为这样的心理而导致自然分娩的失败。

然后，准妈妈应好好地配合医生，虽然对分娩过程有所了解，但实际分娩中，准妈妈看不到胎宝宝的具体情况，医生会根据自己的观察与判断指导准妈妈，充分相信医生，才能正确用力，顺利分娩。

最后，准妈妈要懂得放松情绪与身体，这会让分娩过程非常顺利。缺乏安全感、不能放松身体是产程延长的重要原因。

温馨提示

真正在产床上维持分娩姿势的过程并不是很长，也非常自然，所以年轻的妈妈千万要放下身体的羞辱感，不要因为种种担忧而放弃了自然分娩，否则非常可惜。

语言胎教

斯瑟蒂克：在给胎儿讲故事时，准妈妈可以根据故事情节适时地调节语音、声调，这样胎儿就能更好地了解故事是怎样展开的，因为单调和毫无生气的声音是不可能唤起胎儿共鸣的。

朗读诗歌：《牵蜗牛去散步》

牵蜗牛去散步

上帝给我一个任务，叫我牵一只蜗牛去散步。
我不能走得太快，蜗牛已经尽力爬，每次总是挪那么一点点。
我催它，我唬它，我责备它。
蜗牛用抱歉的眼光看着我，仿佛说："人家已经尽了全力！"
我拉它，我扯，我甚至想踢它。
蜗牛受了伤，它流着汗，喘着气，往前爬……
真奇怪，为什么上帝要我牵一只蜗牛去散步？
"上帝啊！为什么？"天上一片安静。
"唉！也许上帝去抓蜗牛了！"好吧！松手吧！
反正上帝不管了，我还管什么？
任蜗牛往前爬，我在后面生闷气。
咦？我闻到花香，原来这边有个花园。
我感到微风吹来，原来夜里的风这么温柔。
慢着！我听到鸟叫声，我听到虫鸣，
我看到满天的星斗多亮丽。咦？
以前怎么没有这些体会？我忽然想起来，
莫非是我弄错了！原来上帝是叫蜗牛牵我去散步。

——作者：张文亮（台湾）

胎教点读

我们太容易在人生的道路上走得匆忙，以至于来不及闻一闻花香，来不及享受微风的温柔，也忽略了星辰的美丽。当一家人一起出门散步时，放慢的脚步一定也会让你注意到很多被忽略的景色呢。将你的惊喜发现分享给腹中的胎宝宝吧，将来也别忘了让孩子带着你出去看风景。

朗读诗歌：《爸爸，你一定不能走》

爸爸，你一定不能走

在这沉睡的乡村里，中午寂静无声，恍如阳光灿烂的午夜，我的假日已经过去了。

整整一个早晨，我的四岁的小女孩跟着我，从这间屋子走到那间屋子，严肃而沉默地望着我准备行装，到后来她厌倦了，就带着一种奇怪的静默坐在门旁，自言自语地咕噜："爸爸一定不能走！"

在吃饭的时候，一天一度的睡意袭上了她的身子，可是她的母亲已经把她忘记了，孩子伤心得连抱怨的话都不想说了。

最后，当我伸出手臂向她道别的时候，她一动都不动，只是悲哀地望着我说："爸爸，你一定不能走！"

她这句话逗得我笑出了眼泪，使我想到这小小的孩子竟敢向这个为生计所驱使的巨大世界挑战，她不用别的，仅仅凭借这几个字："爸爸，你一定不能走！"

——选自泰戈尔的《游思集》

胎教点读

当你真正拥有一个孩子后，生活可能会发生无法预料的幸福片段，孩子对父母的依恋是以那样天真而纯洁的原始冲动上演着，没有比做了父母的人更能体会到这微妙的感觉了。养育孩子，不仅仅是心甘情愿的付出，更是沉甸甸的人生收获，与新生命的故事，准爸爸、准妈妈才刚刚开始呢，未来还有数不尽的好时光。

朗诵诗歌：《皓月》

皓月

皓月闪烁在树林，
枝干上，树叶下
发出一种声音，
啊，心上的人。
池塘像深邃的明镜，
倒映着黑色的柳影，
风在柳梢啜泣嘤嘤……
梦幻吧，是时候了。
辽阔，温馨的宁静
似乎走下
星光闪烁的苍穹，
这正是美满的时刻。
……

——作者：魏尔伦（法国）

胎教点读

月光充盈的晚上，皓月当空，诗人在夜色中感情十分充沛，从平静的水面中、柳林中、晚风中、苍穹中感受到了惬意，进而有感而发。从古至今，大自然的景色都是人们心灵慰藉的极好来源，准妈妈不要忽视了窗外的风景，在月光柔美、天清气朗的日子里，不妨也到夜色中去体验一下这种美妙的感觉。

朗诵诗歌:《爱》(节选)

爱

我爱你，不光因为你的样子，

还因为，和你在一起时，我的样子。

我爱你，不光因为你为我而做的事，

还因为，为了你，我能做成的事。

我爱你，因为你能唤出，我最真的那部分。

我爱你，因为你穿越我心灵的旷野，如同阳光穿透水晶般容易，

我的傻气，我的弱点，在你的目光里几乎不存在。

而我心里最美丽的地方，却被你的光芒照得通亮，

别人都不曾费心走那么远，别人都觉得寻找太麻烦，

所以没人发现过我的美丽，所以没人到过这里。

我爱你，因为你将我的生活化腐朽为神奇。

因为有你，我的生命，不再是平凡的旅店，而成为了恢弘的庙宇，

我日复一日的工作里，不再充满抱怨，而是美妙的旋律。

我爱你，因为你比信念更能使我的生活变得无比美好，

因为你比命运更能使我的生活变得充满欢乐。

而你作出这一切的一切，不费一丝力气，一句言辞，一个暗示，

你作出这一切的一切，只是因为你就是你。

——罗伊·克里夫特（爱尔兰）

胎教点读

有一些文字，它不复杂，也无悬念，却能穿过我们的眼球、耳朵，让你忘不掉，那些真挚的情感，像悠扬的音乐一样，时常在脑海中萦绕，就仿佛时间的流逝不存在一样。和胎宝宝一起，静静享受这美妙的感觉吧。

读散文诗：《树真好》

树真好

树真好，高高的大树挡住了烈日。

树长在河边，长在山谷，长在高高的山冈上。

很多很多树在一起，就成了大森林。树让一切都变得那么美好。

如果你只有一棵树，那也很好。因为，树上有好多树叶。

整个夏天，都可以听到风吹树叶，沙沙地响。

秋天，树叶纷纷飘落，我们在落叶中玩耍。

一双小脚踏着树叶，连滚带爬好高兴。

我们用树叶造房子，把落叶堆成小山，点燃篝火。

树真好，它长着粗壮的树干和枝条。

我们爬到树干上，看人们的院子。

我们坐在树杈上，静静地思考。

我们还在树上，嬉笑玩耍，扮演海盗。

如果它是苹果树，我们就爬上去摘苹果。

猫咪蹿到树上，躲开追它的狗。

鸟儿在树上安家，快乐地生活。

干枯的树枝从树上跳下来，我们拿来在沙滩上画画儿。

树真好，树上可以荡秋千，或者，挂一篮鲜花。

当你休息的时候，锄头也靠着树歇会儿吧。

树真好，它可以遮住阳光，让树下有大片的阴凉。

奶牛卧在树荫下，躲开了夏天的热浪。

人们在树荫下野餐乘凉，宝宝在车里睡得香。

房子旁边要有棵树，树让屋里舒服又凉爽。

这棵树能挡住狂风，保护你家的房顶。

自己动手来种棵树吧。

挖一个大坑，栽一棵小树，浇上好多水，再轻轻填上土。

最后，别忘了把铁锹挂回车库。

一天又一天，一年又一年，眼看着小树越长越高。

你不禁骄傲地告诉每一个人：“那是我种的树。”

人人都想有棵树。

他们回到家中，每人种下一棵树。

——作者：贾尼思·梅·伍德里（美国）舒杭丽译

胎教点读

这是一首真挚质朴而又文笔优雅的散文诗，或许准爸爸、准妈妈还从未这样全面地想到过一棵树的好处，跟着这首诗去想象你生活中的树，会有别样的体会的。日常世界里处处都有美，记得跟胎宝宝一起多体会。

讲故事:《秀才的谜语》

秀才的谜语

从前,有个姓张的秀才,靠卖字为生,但除了清明节前,生意都不太景气。这不,又要到清明节了,秀才的生意果然好了起来,手里也宽裕了,他便拿着钱到酒馆去喝酒。

店小二认识秀才,赏识他的才学,不愿他出丑,但又不能不听老板的交代,只好小心翼翼地小声提醒他:"秀才,老板说最近生意不好,不赊账的。"

秀才听了,知道店小二的好意,也不气恼,把钱拿出来交给店小二,说:"我不会赊账的,你看这钱够不够?"店小二接过钱高兴地说:"够了,够了,足够了。你想吃什么?"

秀才点了几个菜,然后又对店小二说:"我看还能剩下点儿钱,这样,我出个谜语,如果你能猜到,剩下的就赏给你了。你看怎样?"店小二回答道:"有谜猜就是了,哪里需要赏钱。"

于是秀才就出谜语了:"好,你听着,这个谜语是'句中有一字,每月猜三次,就是秀才猜,也得猜十日'。打个字。"店小二略一琢磨,便已经猜到了,但不想直接说出来,就对秀才说:"我先给你上酒菜,酒菜上齐了再猜。"

酒菜上齐了,店小二也没再提猜谜的事,张秀才以为店小二猜不出,也就不再逼问了,自顾自吃喝起来,一会儿便喝得微醺了。

见秀才吃喝得差不多了,店小二端了一碟包子给他,对他说:"今天没有水饺了,你看改吃包子怎么样?"秀才心情正好呢,拿起包子就咬了一口,这时店小二说:"秀才豪爽啊,一口吃掉半只包。"秀才听了一愣,随即醒悟,知道店小二已经猜到了谜语,对店小二赞不绝口。

原来,这个谜语的谜底是一个字:"旬"。

胎教点读

好聪明的店小二啊,在寻常市井中处处藏龙卧虎。出门在外,需要保有几分谦逊,这样不仅是对自己的保护,也是对别人的尊重。

讲故事：《春天来了》

春天来了

“奥菲，”熊妈妈说，“现在我们该睡觉了，等你醒来的时候，就是春天了。”

“我怎么能知道春天来了呢？”奥菲问妈妈。

妈妈说：“当你看见花儿开了，蜜蜂和蝴蝶在头顶上飞舞，那就是春天来了。”

于是，奥菲蜷着身子睡着了……

睡着睡着，奥菲醒来了。可是他看不出春天来了没有。于是，他悄悄地走到洞口，踮起脚尖，揉揉迷迷糊糊的眼睛，往外一看……

……蝴蝶！（其实是蝙蝠）

“春天来了！春天来了！”奥菲大叫起来，“妈妈，快醒醒！快来看蝴蝶！”可是等妈妈出来，却只看到了纷纷飘落的雪花。她对奥菲说：“冬天才刚刚开始，回去睡觉吧。”

“可是，春天什么时候才会来呢？”奥菲很迫切。

“等到燕子来了，小鸟唱歌了，那就是春天来了。”熊妈妈困得连话都说不清了。

那好吧，奥菲又蜷着身子继续睡觉……

奥菲一觉醒来，心想，现在春天一定来了。他轻轻地走到洞口，往外一看……

……树上有鸟！（大概是喜鹊）

“妈妈，快醒醒！”奥菲尖叫起来，“春天来了！鸟儿在树上唱歌呢。”可是等熊妈妈出来了，却只看到树上挂着的冰凌，听到寒风吹过来树枝发出的哨声。

“你是在做梦呢，奥菲，”熊妈妈说，“赶快回去睡觉吧！”

“可是妈妈，到底什么时候春天才会来呢？”奥菲缠着妈妈问。

这时熊妈妈实在困得不行了，她对奥菲说：“你赶快回去睡觉！等春天来了，我会叫你的。”

奥菲只好接着去睡，在梦里，他看见了蝴蝶、鸟儿和花儿，突然，他被冰凉的泉水惊醒了。奥菲兴奋地摇晃着妈妈，熊妈妈不耐烦地嘟囔着：“奥菲，我最后跟你说一遍，现在不是春天！”

可是奥菲不管，他不停地摇着妈妈，终于，妈妈起来了，他们噔噔地走到洞口，往外一看……

……真的是春天！

温暖明亮的阳光照得熊妈妈睁不开眼，她揉揉眼睛，又眨了一眨，笑着说：“春天终于来了……可我的奥菲跑到哪儿去了？”（奥菲在草地上美美地睡着了）

——凯瑟琳·沃尔特（英国）

舒杭丽译

胎教点读

冬天来了，春天已然不远，这最后的时光是扣人心弦的一段日子，也是阳光灿烂的日子。很快，你生命中的天使就会来到眼前，鼓足勇气去迎接分娩的到来吧。

美育胎教

斯瑟蒂克： 只要身体和气候条件许可，我都会尽量到大自然中去走走，为胎儿创造接触各种事物的机会，为此我每次都稍微改变一下散步的路线，这样眼前出现的景色都会稍有不同，比如花的颜色、变幻的天空等，我总能从中找到新鲜感，保持一颗好奇心。

亲近自然，感受环境美

大自然幽静、清爽、舒适，令人赏心悦目，大自然是我们旷达而亲切的母亲，任何时候，它都是我们心灵的宁静港湾。常常亲近大自然，日后胎宝宝的性格也会更宽容、开朗，惹人喜爱呢。

到林间、草地去走走

早上起床后，如果天气不错，不妨到有树林或者草地的地方去散散步，走一走，感受一下大自然带来的最清新的感觉，呼吸一下新鲜的空气。在欣赏秀丽的大自然景色的同时，充足的氧气能使得血液更加新鲜，胎宝宝会像喝足水的庄稼一样高兴起来。

别忘了与胎宝宝分享

在亲近大自然的时候，准妈妈要记得告诉胎宝宝你看到了什么美丽的事物，将内心的感受描述给腹内的胎宝宝，如：蓝色的天空、翩翩起舞的蝴蝶、歌声悦耳的小鸟、沁人肺腑的花香等，让胎宝宝感受到，就如同他也亲眼看到了美丽的大自然一样。

温馨提示

外出时要记得多带一件宽松的衣服，保暖对准妈妈很重要，随身携带一件衣服是个好习惯。

欣赏名画：《第一步》

画名：《第一步》　作者：凡·高　年代：1890年　目前收藏地：凡·高美术馆

胎教点读

《第一步》是凡·高临摹自米勒的同名作品，虽然是凡·高临摹的作品，但是整幅画都显露出凡·高个人的风格。用色鲜明，色彩斑斓，多用蓝、黄和绿色，明亮度比较高，贴近自然，他把人物框上厚实的黑色线条，让画面有实实在在的朴素感觉。

画面中洋溢着育儿乐趣及一家人在一起的朴素亲情，相信这种温暖的感觉会令准妈妈受到感染，让胎宝宝感到温暖，感受到生命的活跃与实实在在，平凡中满溢着和谐、慈爱、生机盎然。

欣赏名画：《圣雷米的白杨》

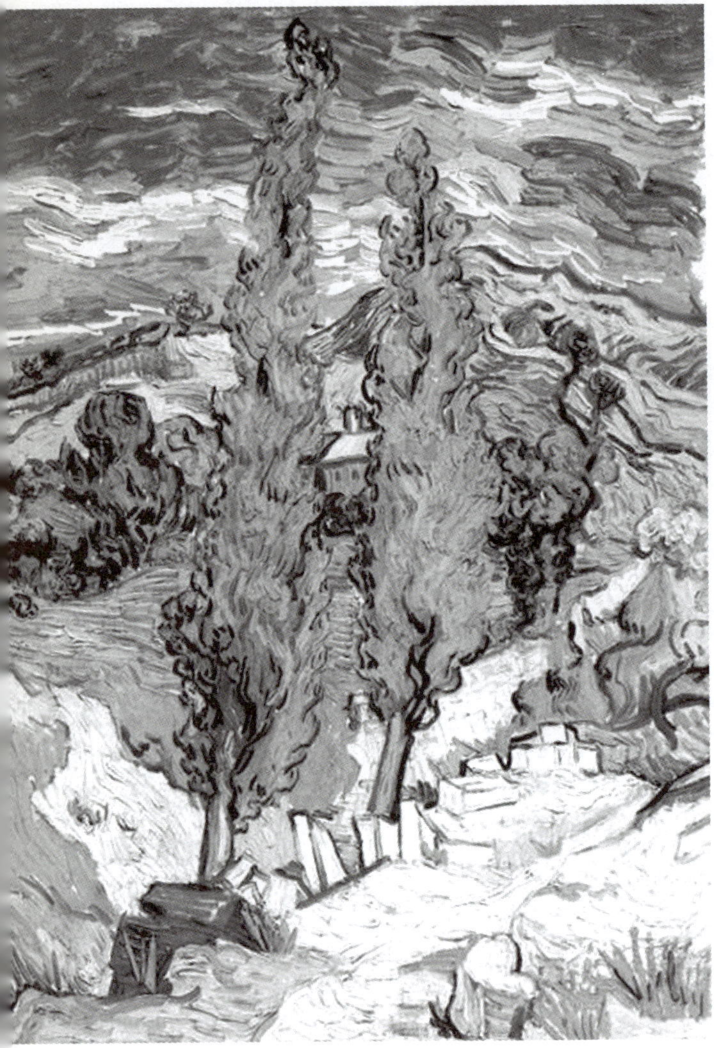

画名：《圣雷米的白杨》

作者：凡·高

年代：1889 年

目前收藏地：美国克里夫兰艺术博物馆

胎教点读

这幅《圣雷米的白杨》是凡·高的晚期代表作。两棵倚山而立的白杨树，高大、倾斜而缠绕，产生了向上旋转升腾的动感，像燃烧着的火焰，带给人激情和希望。

深浅不同的蓝色短粗笔调表现天空，强烈的色彩和浓重而饱满的线条反映了凡·高对生活的强烈情感。

做大白菜拓印，享受艺术的乐趣

1. 材料准备

大白菜一棵，可水洗的手指颜料，白纸。

2. 制作步骤

（1）将大白菜的根部平削下来。

（2）在削面均匀涂上喜欢的颜色。

（3）拿着大白菜的根部，将颜料拓印在纸上，一朵美丽的牡丹花就出现了。

胎教点读

如果拓印效果满意的话，还可以印在贺卡或者信封上，等干了以后作收藏用，或者寄给朋友们。这不仅环保，而且非常有纪念意义。

温馨提示

拓印是非常便捷的画画方式，可以拓印的东西非常多，大自然里的叶子、树枝、羽毛、花朵等，都可以试试。

好书推荐：《月亮忘记了》

书名：《月亮忘记了》

作者：几米（台湾）

《月亮忘记了》是一个绘本故事，故事开始于一个失足坠楼的男子带下了天上的月亮，于是，城市开始了失去月亮的日子。

在黑暗中，人们企图用人工复制月亮，却终究无法赶走强烈的孤独，枯萎的树梢、受伤的人工月亮，都像是在控诉人们曾经不懂得珍惜。孤独的人们，遗忘了对爱的记忆！

不过，走失的月亮并没有孤独太久，一个小男孩拾到了天上的月亮，他们相处得非常好。月亮向他微笑为他发光，在衣橱里探险，在窗前跳舞，在屋顶分享神秘而安静的时刻。小男孩的温暖，让月亮遗忘了陨落的孤独。

胎教点读

在月亮走失的故事中，准妈妈和胎宝宝慢慢去品味美的存在吧，这种美在月亮中，在生活中，在你心中，在生活的每一个角落里。

温馨提示

孕期你可以阅读一些美好而温暖的故事，因为不方便出行，你可以少去图书馆或者书店，托朋友给你借阅或者在网上购书比较好。

音乐胎教

斯瑟蒂克：只要是能使你心里充满幸福和甜蜜的歌曲或乐曲，都可以成为胎教的内容。

欣赏笛子曲：《喜相逢》

这首《喜相逢》的乐曲音乐形象生动，具有深厚的乡土气息，它通过极其传统的、较夸张的演奏技法，表现了亲朋久别重逢、全家团聚时的欢乐情景。

体会《喜相逢》里团聚的欢欣

全曲共分四段：

第一段节奏自由，速度缓慢，表现了分别时难舍难离的情绪，而后转为轻快、活跃的清脆笛音；

第二段优美轻快，表现久别重逢时的欢乐，渐渐变得热烈而欢快；

第三段活泼清脆，表现愉快返乡的情景；

第四段全家团聚，用有力的笛声来表现喜悦的情景。

胎教点读

在这曲笛子清脆而圆润的乐声中，跳跃的音符能引领准妈妈进入欢欣雀跃的情绪中。笛子既能奏出欢快华丽的舞曲和婉转优美的小调，又能表现辽阔、宽广的情调，同时也可以演奏悠长、高亢的旋律，甚至可以表现大自然的各种声音，比如模仿各种鸟叫等，演奏技巧十分丰富，不妨多听一听。

欣赏洞箫曲：《清明上河图》

这首乐曲就是根据宋朝画家张择端的传世名画《清明上河图》写意而成，洞箫曲清婉悠扬，用旋律描绘画面，十分精彩。

体会《清明上河图》乐曲中的繁华情景

在悠扬、舒缓、恬静的洞箫乐曲声中，一幅《清明上河图》的宏大画卷缓缓展现在听者脑海中：北宋东京汴河早春的晨曦初露，郊外乡间小路旁的枝叶已露春芽，踏青、扫墓的人和马车及做买卖人的正缓缓向城里走来。随着旋律的悠长、高亢，汴河两岸的繁华和富足逐渐展现出来，一派太平盛世的景象。乐曲结束时回应乐曲的开头，悠扬、沧桑，仿佛是迎接一天日落后的寂静。

胎教点读

这首乐曲旋律优美流畅，意境深长，准妈妈可以体会到浓浓的古典氛围，令情绪恬淡祥和。从乐曲中准妈妈可以静静地感受音乐的美妙。

营养胎教

斯瑟蒂克： *在饮食上我竭力避免可能会给胎儿造成不良影响的饮食方式。*

准妈妈怎样吃利于分娩

准妈妈临产前正确、健康的饮食是顺利分娩的前提条件，若准妈妈营养摄入不合理，或者是摄入过多，就会使胎宝宝长得太大，出生时造成难产。所以一定要合理地安排此期的饮食。

1. 饮食应该以量少、丰富、多样为主，一般采取少吃多餐的方式进餐，要适当控制进食的数量，特别是高脂肪类食物。

2. 饮食的调味宜清淡些，少吃过咸的食物，不宜大量饮水。同时，准妈妈应选体积小、营养价值高的食物，如动物性食品，避免吃体积大、营养价值低的食物，如土豆、红薯，以减轻胃部的胀满感。特别应摄入足量的钙，准妈妈在吃含钙丰富食物的同时，应注意维生素的摄入。

3. 准妈妈要摄取足够的优质蛋白质和必需脂肪酸，进食适量的植物性

温馨提示

准妈妈也可以榨一些鲜果、鲜菜汁喝，能补充维生素以及帮助排除体内堆积的毒素和废物，也有助于胎宝宝的发育。

油。注意均衡营养，热量高的食物、甜食、米、面包等主食不要吃太多，要多吃含有优质蛋白质的蛋、牛奶、肉类以及大豆制品等，同时也要考虑食用含有其他营养成分的食物。

少食多餐保证营养充分

准妈妈妊娠第10个月了，因为胎宝宝逐渐长大，准妈妈的胃部受到挤压，再加上黄体酮的影响使肠胃蠕动减缓，食物在胃中停留时间变长，而且准妈妈的括约肌会比较松弛，导致胃液逆流到食道，从而容易引起胃部不适感，轻者表现为饭量变小，容易胃胀，重者还会有恶心、喉咙灼烧的感觉。

面对这些问题，在饮食安排上，准妈妈可采取一日多餐的方式，尽量补足因胃的容量减小而摄入减少的营养，均衡摄取各种营养素，防止胎宝宝发育迟缓。另外，由于胃部空间变小，可以多选择一些体积小但营养价值高的食物，如奶制品或动物性食品等。

温馨提示

为了保证吃得均衡，建议准妈妈每天至少吃20种食物。这听起来有点儿多，但实际上很容易做到，因为每一道菜都需要几种材料搭配。

顺产准妈妈临产时的饮食原则

分娩非常消耗体力，如果饮食安排得当，不仅能补充身体需要，还能增进产力，加快产程，帮助准妈妈顺利分娩。

自然分娩一共分为三个产程。顺产第一阶段：子宫颈扩张，顺产第二阶段：胎儿娩出，顺产第三阶段：胎盘娩出。而每个时间段所需的营养其实也有不同，待产准妈妈们不妨可以根据下面几个时间段来调节饮食。

1. 第一产程

第一产程持续的时间较长，宫缩引起的阵痛让准妈妈不能好好休息，影响正常进食。接下来的分娩中要消耗大量体能，所以准妈妈必须补充能量，这个时期应选择包子、稀饭、蛋糕、巧克力等柔软、易消化的食物。每次不必吃太多，要少食多餐。

2. 第二产程

第二产程子宫收缩频繁，强烈的子宫收缩会压迫胃部，引起呕吐。加上疼痛加剧、消耗增加，更需要补充一些能迅速被消化吸收的高能量食物。此阶段的准妈妈应尽量在宫缩间歇摄入一些果汁、藕粉、红糖水等流质食物。平时不建议食用的碳水化合物能为准妈妈迅速提供能量，如巧克力、果汁、糖水等，临产前可以食用。

3. 第三产程

第三产程时间较短，一般不勉强准妈妈进食。如果产程延期，可以补充糖水、果汁等以免脱水或体力不支。

温馨提示

分娩前不宜吃油腻、含蛋白质过多、需花太久时间消化的食物。

剖宫产准妈妈的饮食原则

准妈妈在接受剖宫产手术前，在饮食上有一些需要格外注意的地方。

1. 不宜大补。不宜滥用高级滋补品，如高丽参、洋参，以及鱿鱼等食品。因为参类具有强心、兴奋作用，鱿鱼体内含有丰富的有机酸物质——EPA，它能抑制血小板凝集，不利于术后止血与创口愈合。

2. 剖宫产术后 6 小时内准妈妈应该禁食。剖宫手术，由于肠管受刺激而使肠道功能受刺激，肠蠕动减慢，肠腔内有积气，易造成术后的腹胀感。6 小时后宜食用一些排气类食物（如萝卜汤等），以增强肠蠕动，促进排气，减少腹胀，并使大小便通畅。

3. 术后约 24 小时胃肠功能才恢复，胃肠功能恢复后进食流食 1 天，如蛋汤、米汤等。

4. 排气后，饮食可由流质改为半流质，食物宜富有营养且易消化，如烂粥、汤面等。然后根据新妈妈体质，饮食再逐渐恢复到正常。

温馨提示

术后不久的新妈妈，应禁止过早食鸡汤、鲫鱼汤等油腻肉类汤和催乳食物，可在术后 3 天再食用。

临产前可以喝的美味鲜汤

临产阶段，合理的营养将给准妈妈带来充足的体力，同时也能为健康带来益处。下面为准妈妈量身选择了三款美味的汤，适合准妈妈的口味和生理需要，准妈妈不妨尝试一下：

鱼头汤

材料：大鱼头1个，五花肉、香菇少许，葱丝、姜丝、豆腐、大白菜、盐适量。

做法：

（1）五花肉、香菇切丝；豆腐切成小块；大白菜洗净后，片成小片；鱼头用油煎到半熟。

（2）锅里放少许油加热后，放进五花肉丝、香菇丝、葱丝、姜丝爆香。

（3）再放入大白菜、豆腐、鱼头及水，煮1小时后放进少量盐即成。

营养功效：鱼头营养丰富，可以帮助准妈妈增加体力。

莲藕干贝排骨汤

材料：适量新鲜莲藕、干贝、排骨及少许盐。

做法：

（1）干贝于前一天晚上用10倍的水浸泡至第2天，浸泡的水留着备用。

（2）莲藕洗净后不削皮也不切片，留下两头的节，以整节整节的方式下锅。

（3）排骨余烫过后，将所有食材放进锅里，加进6倍的水（含浸泡干贝的水）及少许盐，开大火煮滚后，改用小火炖1个小时即可食用。

营养功效：此汤可以帮助准妈妈改善体质，增进产力。莲藕最好选大一点儿的，排骨重量与莲藕相同，干贝取莲藕的1/10，一般以7颗为平均量。

红枣水

材料：红枣7颗。

做法：

取红枣7颗洗净，在每颗红枣上用小刀划出7条直纹，这样可以帮助养分溢出，然后用热开水280毫升浸泡8个小时以上，接着再加盖隔水蒸20分钟即可。

营养功效：不论自然产或剖官产，需在产前10天开始喝红枣水，每天喝280毫升，冷热皆可，一日分2~3次喝完。

温馨提示

准妈妈在临产前一周应禁吃人参、黄芪等补物。人参、黄芪属温热性质的中药，自然产前单独服用人参或黄芪，会因为补气提升的效果而造成产程迟滞，甚至阵痛暂停的现象。

运动胎教

斯瑟蒂克： 散步不仅有利于孕妇的身体健康，也可以为进行胎教的准妈妈提供了解社会的场所，散步中能教的内容也是多种多样的。

还可以继续散散步

准妈妈在临近分娩时应多散步，这样不仅可以预防便秘和静脉曲张，避免自己和胎宝宝的体重增长过快，减轻身体的种种不适，而且还可使关节韧带变得柔软，腹肌更有力量，从而在分娩时顺利生出宝宝。

散步时要注意的问题

1. 散步以稍慢的散步为主，以准妈妈不感觉疲劳为度。

2. 准妈妈散步时必须有人陪伴。

3. 现在，准妈妈的肚子很大了，可能已经看不到自己的脚了，所以要避免远足或走任何不平坦的路段，防止摔倒。

4. 散步时最好带上手机、水、毛巾等物品。

温馨提示

准妈妈在散步时也可以顺便做做骨盆底肌肉练习。

简单练练盘腿坐

盘腿坐练习可以增加准妈妈背部肌肉的力量，使大腿及骨盆更为灵活，并且能改善身体下半部的血液循环，使两腿在分娩时能很好地分开，更利于顺利分娩。

盘腿坐的具体做法

1. 在地上垫上垫子，准妈妈轻轻坐下，保持背部的挺直。

2. 两腿弯曲，使脚掌相对，让脚尽量靠近身体。

3. 两手抓住脚踝，两肘分别向外压迫大腿的内侧，使其伸展。

4. 保持这种姿势 20 秒。

温馨提示

准妈妈也可两腿交叉而坐，也许会感到更舒服，但在做的过程中要注意不时地更换两腿的位置，以免阻碍血液循环。

准爸爸胎教

斯瑟蒂克： 即使有时我因怀孕反应而无缘无故地焦急不安，约瑟夫也总是给我非常大的理解和安慰，让我的情绪缓和下来……

陪产，准备好胎教的最后冲刺

基本上每个自然分娩的准妈妈，都会存在心理障碍，紧张是她们的共同特点，所以当家人，尤其是准爸爸在身边时，对准妈妈的感情、心理都是一种安慰，有利于减轻准妈妈的痛苦，加快产程。同时，目睹宝宝的艰难出生过程，也可以增强准爸爸对家庭的责任感。

1. 确定自己是否适合陪产

如果准爸爸在陪产前没有预期心理准备，对分娩的生理过程缺乏认识，或者本身心理承受能力就较弱，那么，准爸爸陪产，就不能给准妈妈带来任何帮助，还有可能会在心中留下阴影。因此，准爸爸如果想要陪产，首先要做好心理准备，清楚自己的能力，再做一个心理评估，决定自己是否适合陪产。

2. 了解陪产要做的工作

（1）待产期准爸爸可做的事

待产期主要是指准妈妈未上产床前，在家中和待产室中度过的整个待产过程。

A. 替准妈妈准备一些营养可口的食物以储存体力。

B. 用被子和枕头做靠垫，让准妈妈调整到最舒服的姿势，或者带准妈妈就近散散步。

C. 说说笑话来缓解准妈妈对产痛的恐惧。

（2）在进入待产室之后，准爸爸可做的事

A. 准备些适合准妈妈吃的食物，如鸡汤面、花色粥、蛋饺面、乌鱼面等，帮助准妈妈有足够的体力应对分娩。

B. 协助准妈妈如厕。准妈妈要如厕时，准爸爸可以搀扶准妈妈去。

C. 认真观察子宫收缩与胎宝宝的心跳，了解母体与胎宝宝的状况。可以准备一个本子，记录每小时中出现的阵痛次数和胎心音监测结果，提供给护士做参考。

D. 协助更换产垫。在待产过程中，护理人员会在准妈妈的臀部下方垫上一层产垫，保持被褥的清洁。准妈妈随时可能会出现下体出血或大量流水的状况，准爸爸要随时观察产垫，一方面提醒护理人员来更换，另一方面也可监控产妇是否“破水”。

E. 轻轻按摩减痛。有针对性的按摩可以大大缓解准妈妈痉挛式产痛和坠酸式产痛。准爸爸可以依次按摩准妈妈的脊椎、尾骨、大腿内侧、腹部、臀部、颈部、上臂以及双手。

F. 呼吸减痛。正确的呼吸方法可以帮助产程顺利进行，减少宫缩时的疼痛。产痛来临时准妈妈时常忘记其中的一些呼吸原则，准爸爸要记得提醒她。在宫缩5分钟一次的“规律产痛”来临前，应采取慢而深的呼吸；而在宫缩规律而频繁之后，要采取短而快的呼吸方法。而在子宫开全前1小时，即宫口开到8~10指之间时，可换用先快速呼吸4次后快速吹气一次的节奏，并维持此节奏直到上产床。

(3) 娩出期准爸爸可做的事

A. 准爸爸站在准妈妈头颈部的位置，并随时告知准妈妈分娩的进程。准妈妈看不见胎宝宝娩出的情况，而且准妈妈到这一阶段多半在“精疲力竭”地冲刺，因此准爸爸要学会鼓励准妈妈：“我们的宝宝要出来了！”“还差一点点！你做得很棒！咱们就要成功了，握着我的手！再来一次。”诸如此类的鼓励必不可少。

B. 坚持小范围的按摩。在这一阶段，按摩准妈妈的手、肩和脸，哪怕是单侧的按摩，都能对准妈妈的情绪起到很好的安抚作用。

C. 补充水分。在娩出过程中，准妈妈大汗淋漓，消耗了相当大的体力，准爸爸可以帮助准妈妈喝点儿水。

(4) 宝宝娩出后新爸爸可做的事

A. 拍摄整个迎接新生命的过程。包括剪断并结扎脐带、过磅，护士向准妈妈展示新生儿，护士填写出生卡片，给宝宝脚上套辨别卡片，新妈妈欣慰的笑容等，作为日后珍藏的记忆。

B. 继续观察陪伴新妈妈。在胎盘娩出后，新爸爸应该继续跟到观察室观察，预防意外发生，因为六成以上的产后大出血会发生在产后1小时内。

温馨提示

在分娩前后，准妈妈因为焦虑和疼痛有可能会变得急躁易怒，脾气变化无常，准爸爸不要对此太在意。

C. 协助哺喂母乳。自然分娩的新妈妈，在产后半小时内就会接手照料宝宝的任务，新爸爸可以在一旁协助妈妈哺喂母乳。

提前准备好待产包

进入第 10 个月，准妈妈就要分娩了。为了预防随时可能出现的分娩，从第 37 周起，准爸妈就应该开始购置住院分娩所需要的各种物品，把它们装到一个待产包里，以备不时之需。

1. 新生宝宝所需要的物品

（1）衣物：帽子 1 顶，浴巾 2 条，包被 1 条。

（2）清洁用品：婴儿护臀膏 1 支，婴儿专用洗发露、沐浴露各 1 瓶，婴儿润肤露 1 瓶（浴后和抚触使用），爽身粉 1 盒，婴儿毛巾 4 条。

（3）纸制品：婴儿湿巾至少 2 包（便后清洁用），纸尿裤（出生婴儿装）至少 2 包。

（4）奶粉（准妈妈越早下奶，吃的机会越少）。

2. 准妈妈所需要的物品

（1）衣服：一次性内裤 1 包（产后恶露比较多，最好不穿原来的内裤，改穿比较方便的一次性内裤），睡衣 2 件（最好选带哺乳功能的前开口睡衣），靠垫（坐着喂奶用），袜子 2 双，合脚的布鞋 1 双，出院时穿的衣服一套。

（2）卫生护理用品：塑料盆 1 个（剖宫产用得上，家人能帮忙擦擦脸），毛巾 2 条，梳子、镜子、牙具、洗浴用品、护肤品等个人卫生用品一套，卫生纸 2 卷，超长卫生巾 4 包（医院也可能提供），看护垫 1 包（医院也可能提供），一次性马桶垫 1~2 个。

（3）哺乳用品：吸奶器 1 个（帮助开奶），一次性防溢乳垫 1 盒（哺乳时防止弄脏衣服），乳头保护霜 1 支（用不用皆可，如果能忍住疼最好不用）。

（4）餐具及零食：饭盒、筷子、勺等餐具 1 套，水杯 1~2 个，可弯曲吸管若干，红糖 1 包，简单的零食（如饼干、巧克力之类，饿了可补充能量）若干。

（5）其他生活用品：产后束腹带 1 条（如果是自然分娩，产后第二天

温馨提示

有的医院会为新生宝宝准备薄包被、衣服（4 件左右）、三角尿不湿、隔尿垫等护理用品；有的医院还会为准妈妈准备哺乳内衣，准爸爸最好先电话咨询一下，以免重复准备。

就可以使用），手机及充电器，小记事本、笔（记录一些事情），随身听或者 MP3（帮助缓解紧张、放松心情），照相机或摄像机（给宝宝拍照片或录像，以做纪念）。

（6）身份证、户口簿（如果有献血证要带好，以防万一）、准生证、就诊卡、医保卡、围产手册或病历、各项化验单、特殊检查报告单等资料。

做好随时入院的准备

此时，胎宝宝各方面功能都已具备，最重要的是能够建立自主呼吸，随时都有可能出生，准爸爸需要随时待命，做好入院的准备。

1. 入院前准爸爸要做的准备

（1）事先安排好工作的事情，与老板或者上司打好招呼，以便在准妈妈出现临产征兆后可以随时离开工作岗位。

（2）把去医院需要带的物品都集中放在一起，所有物品分类装入各个小包，然后一起装入一个大包中，陪护的人要清楚都有什么物品和物品放置的地方。

（3）宝宝也有可能在夜里出生，准爸爸的作息要规律，早些睡觉，保持旺盛精力，以便在准妈妈有需要的时候及时给予帮助。

温馨提示

临近分娩的时候，准妈妈身边需要始终有人陪伴，无论什么时候都不要让准妈妈一个人独处，外出时尤其如此。

别忽视了准爸爸的产前焦虑

很多准妈妈在快要分娩的时候，会产生强烈的恐惧感、孤独感，也就是所谓的“产前焦虑症”。其实，准爸爸作为家庭的支柱，他会面临更大的压力，也有可能会患上产前焦虑症。情况严重的准爸爸还有可能会出现恶心、想吐等不适。

焦虑是负面的情绪，可能会影响到准妈妈的情绪，胎宝宝也会连带着受到影响，所以准爸爸一定要采取措施，克服焦虑的情绪。

1. 控制情绪

当准爸爸感觉到担心和焦虑时，要想办法让自己放松些，比如应适当的休息、保持充足的睡眠、坚持适量的运动以及采用均衡的饮食等。不要让这种负面情绪不断加重。一定要控制住自己，想点儿高兴的事，而不是沉浸在恐惧的泥潭之中。

2. 建立自己的支持系统

每个人都需要帮助，准爸爸也应该学会利用周围的资源，把压力排解出去。想想看目前和宝宝到来的日子里到底需要得到哪些人的帮助。从现在开始建立一个支持系统，可以包括妻子、父母、兄弟姐妹、朋友、医生等。有了这些人的帮助，比自己去面对自然会轻松很多。

3. 找人倾诉

学会向父母、朋友倾诉自己的忧虑，不要把自己的不良情绪埋在心里。如果不良的情绪没有及时地宣泄出来，积累到一定程度以后，会产生心理和身体疾病。

4. 摸一摸胎宝宝

在胎宝宝有胎动时，用手摸摸准妈妈的肚子，感受胎宝宝的各种动作。这样做有助于让自己有马上要当爸爸了的感觉，成就感会油然而生。而且这也是在感受胎宝宝生命的力量，让准爸爸有信心能呵护他成长。

5. 多了解有关分娩的知识

通过了解相关知识，准爸爸会相信现在的医疗技术很发达，因为分娩给妻子和胎宝宝带来的风险绝大部分是可以控制的。

温馨提示

准爸爸有时间可以把去医院的路事先走一遍。因为准妈妈一旦破水，就得马上送她去医院，这是至关重要的事情，所以应该预先演练一遍。

意念胎教

斯瑟蒂克：胎儿的感知力充满着神秘莫测的可能性，并且往往是远远地超过人们想象的范围。

意想，帮助准妈妈克服焦虑

日渐临近的分娩使准妈妈感到忐忑不安甚至有些紧张，这时准妈妈可以通过意想胎教缓解一下。意想能够提高自己的自信心，帮助准妈妈克服焦虑，并能最大限度地激发胎宝宝的潜能，对克服怀孕抑郁症也很有效果。

1. 意想胎教

准妈妈摆出舒服的姿势让身体放松，然后想象最令人愉悦和安定的场景。准妈妈沉浸在美好的想象之中，格外珍惜腹中的胎宝宝，以其博大的母爱关注着胎宝宝的变化。胎宝宝会接收到这些健康的、积极的、乐观的信息。

2. 意想预产法

准妈妈在心里祈求平安和顺产时，坐下来，放松呼吸，腰部挺直伸展，两腿盘起，双手自然放在膝盖上，然后深呼吸。将深深吸入的空气聚集在肚脐下面，然后慢慢呼出去，如此反复。然后在心里想象分娩的每一个过程，尽量想得真切，这对准妈妈顺产很有好处。

温馨提示

准妈妈感觉焦虑烦躁的时候，也可以在准爸爸的陪伴下，去环境优美的地方散散步，这对缓解焦虑很有帮助。

想象宝宝即将到来

想象是一种意念，这种力量会作用于自身，也会作用于他人。相关实验显示，当人们想象美丽的花朵、草原、瀑布时，就会产生“舒适”的感觉。积极的想象是激励我们的重要精神力量，也是个人存在与发展的重要精神支柱。所以，现在准妈妈不妨想象一些自己喜欢的情景，比如，可以想象一下胎宝宝出生后聪明可爱的样子。

准妈妈自己置身于一个舒适的环

境中，或是坐着，或是躺着。使身体完全放松，从脚趾开始，一直到头顶，想着一步步地放松身体的每一块肌肉，让所有的紧张从身体中流出。用腹部又匀又长地呼吸，慢慢地从10倒数到1，每数一下都觉得自己是更深地放松了。

当准妈妈感到自己深深地放松了之后，开始想象自己逗宝宝玩的情景。想象宝宝是多么活泼可爱，自己的心情是多么愉快欢乐，这样喜悦的心情会充溢在自己心头。

准妈妈要觉得这一过程是欢快有趣的，每天都反复做，可以是5分钟，也可以是半小时。

温馨提示

在大脑里保留这些美好的情景的同时，准妈妈可以在内心对自己做一些十分积极的、肯定的陈述（出声或不出声都可以）。例如："我正在和可爱的宝宝度过一个美好的晚上。""我正抱着宝宝在公园里散步，他看到了美丽的花和嫩绿的小草。"这样胎教效果会更好。

用闪光卡片胎教

斯瑟蒂克： 我们教胎宝宝的东西涉及各个方面，从英文字母、数数方法、加法、减法，一直到自然界的万物及社会常识。

闪光卡片教识字

认字能增加宝宝的词汇量，有研究证实，宝宝日后的阅读能力并不取决于更早地阅读，而是词汇量的多少，词汇量越大阅读能力越好。这个时期胎宝宝学习能力比较强，是教胎宝宝认字的好时机。

闪光卡片教胎宝宝识字是一种行之有效的胎教方法。这种方法通过准妈妈集中注意力，专注、认真地观察、讲解和学习，进而对胎宝宝起到潜移默化的影响。

1. 准备卡片

准妈妈可以用一些带有底色的纸片，用不同颜色将各种字写在纸片上，卡片的底色与卡片上的字分别要用对比度鲜明的颜色如黑与白或红和绿等，一开始可以教一些笔画简单的汉字，如“人”“山”“大”“日”“月”等，以便于胎宝宝记忆。

2. 胎教方法

准妈妈在教授时应该集中注意力，一边用手描绘字的轮廓，一边准确发音，告诉胎宝宝字的形状、颜色、意义等，比如教“日”时，告诉胎宝宝“日”是指“太阳”，把空中的太阳描述给胎宝宝等。

温馨提示

每天抽时间定时并反复地练习，久而久之可以培养胎宝宝的识字能力。

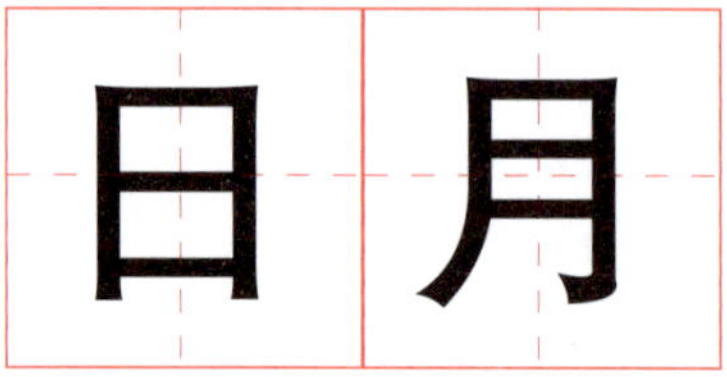

早教是斯瑟蒂克胎教的见证与巩固

在胎儿出生后，你第一次教她数数时，如果把曾用于胎教的实物再次摆在婴儿面前，这时，婴儿会将在她胎内学过的东西逐渐反馈回来，并作出令你吃惊的反应。

我们认为，接受了胎教而出生的婴儿已经做好了吸收新知识的准备，并且坚信在苏珊还未出世的时候，我们每天以充满爱的声音对她讲的一切，一定能在她头脑中的某一个地方留下印记。她在母腹中听到的、感觉到的、理解了的东西将会永不消失地影响她的一生，并一定会引导她走上幸福的人生之路。

——斯瑟蒂克

遗忘是人的自然属性，但是重复与坚持却能驱走遗忘，胎教的内容在宝宝出生后一定要继续坚持，仍然要跟他说话、念画册、读散文、听音乐、唱儿歌，将以前用过的胎教道具拿给宝宝看。不要对此怀疑，这是一件非常有意义的事情，也很有趣的，这能吸引宝宝的注意力，丰富他的生活。用不了多久，爸爸妈妈就会看到胎教带来的惊喜的反馈。

早教从出生开始

斯瑟蒂克：胎宝宝是有记忆力的，你在怀孕期间教给他的那些知识，包括儿歌、故事、讲过的数字和图形，还有听过的音乐，都会在他的大脑中留下记忆。所以，在宝宝出生之后，你所要做的就是继续这种学习，用熟悉的东西唤起宝宝的记忆。

什么是早教

早期教育是根据宝宝生理和心理发育的特点以及敏感期的发展特点，而进行有针对性的指导和培养，为宝宝多元智能和健康人格等的培养打下良好的基础。

早教涵盖医学、教育学、心理学等几大领域，具体项目主要包括良好性格培养、身心健康发育、复合智力提升等方面。

说到底，早期教育是关于生存能力的学习和关于学习能力的学习，生存能力必须同宝宝的年龄相适应，学习能力则是为将来打基础。

温馨提示

早期教育的核心在于提供一个教育营养丰富的环境，对宝宝的大脑发育和人格成长进行“激活”，从而为其日后的发展打下一个坚实的基础。

早教对宝宝发育的重要性

早教应适应婴幼儿特有优势或敏感期，适应其浓厚兴趣和强烈要求，适应婴幼儿发展的客观规律，是在最佳时机去获得事半功倍的效果。

良好的早期教育，包括声音、图画、玩具、游戏等的刺激，可使宝宝的智商更高，行为更加合理，眼手协调能力更强，听力、语言及阅读能力更高。随着他的成长，可表现出自发性增加，侵略性减少，与伙伴及父母的关系融洽，以及对社会的适应能力更强，身心也更健康，性格也更活泼。

宝宝学习的黄金时期是 3 岁以前，最好从新生儿期开始教育。根据敏感期和大脑发育理论，人类对各种信息和各项能力发展的敏感期都集中出现在生命的最初几年，这个时期是人一生中独特和重要的发展阶段，是对宝宝大脑开发的最佳时机。

温馨提示

宝宝一生下来就有很多潜能，如果不给予丰富的刺激，使这些能力发挥出来，就会影响宝宝一生的发展。

早教不等于教育训练

宝宝从出生那刻起，就是有能力的学习者，家长要关注并培养其身体、情感、认知、社会活动能力等方面。早教不是单纯地找老师给宝宝上课，额外强加给宝宝训练，爸爸妈妈要做到“以情为先、以养为主、教养结合”。

顺应宝宝的发展规律

进行早教需要根据宝宝的生理、心理特点，顺应宝宝的发展规律进行相关的教育。0~3岁的宝宝正处于情绪情感和语言发展的关键时期，因此，早教的重点是把握好语言、智能、体能、感官等七个幼儿身心发展的顺序和规律，采取鼓励性学习，创造快乐环境，开发其本身已有的潜能。通过游戏的方式开发体能、想象力、社交能力，帮助记忆、提高语言能力……开发他的各种能力比单纯地学习和机械记忆更适合这个阶段的宝宝。

另外，早教需要循序渐进，千万不能操之过急，如果家长对宝宝的期望值过高，就会无端给宝宝今后的发展增添压力。

温馨提示

大多数家长希望宝宝是个神童，可是事实是天才宝宝所占的比例非常少，90%以上的宝宝都是普通的正常宝宝，因此，如果家长给正常的宝宝定一个超常的标准，那结果只能等于拔苗助长。

新生儿的早教

斯瑟蒂克：孩子们在出生的第一个月，大部分时间是在睡眠中度过的。当她们睁开眼睛时，我总是像她们还未出生时一样轻声地跟她们讲话、给她们唱歌，非常珍惜这短暂的时间。而她们对此表现出很满足的样子。

给宝宝声音刺激

宝宝对声音的感觉相当敏感，给予宝宝良好的声音刺激，可以促进宝宝听力的发展。

妈妈可以在宝宝醒着时，用亲切、温柔的语调和宝宝说话，也可以给宝宝听一些轻快、柔和的音乐，或者给宝宝唱儿歌，还可以在宝宝耳边摇动发声玩具，并变换玩具位置，让宝宝追踪声源。

这样不但可以发展宝宝的听觉，还可以锻炼宝宝分辨声音来源的能力，宝宝听到声音后会转动身体寻找声源，还能锻炼宝宝的视觉、大肌肉，以及感觉统合能力。

温馨提示

宝宝不喜欢噪声，如果听到刺耳的声音宝宝会将头转向相反的方向，甚至用哭声来反抗，妈妈应该注意，避免宝宝的周围有噪声污染。

跟宝宝讲话

新生宝宝虽然还听不懂大人的话，但是如果妈妈多跟宝宝说说话，可以刺激宝宝的神经发育，同时还会使宝宝感受到关爱，从而心情愉快。

妈妈在跟新生宝宝对话的时候，可以把他当作能听懂自己的话一样，跟他说自己要做或正在做的事情，也可以向他表达自己的问候。比如可以在他醒来时，问一问他："你醒了？饿了吗？"给他换衣服时就跟他说："妈妈要给你换衣服了，这是你的小内衣，白色的。""我们先穿这只胳膊。"这些简单的话，都会给他一定的刺激。

妈妈在跟宝宝说话时，眼睛最好

盯着宝宝的眼睛，声音、语调、语气、表情要相互配合，尽量丰富，这样宝宝在听你说话的时候，各种感官可以得到协调锻炼。

温馨提示

虽然在这个阶段，宝宝还听不懂，但是母子对话，新妈妈最好不使用儿语，要养成好的习惯，用清楚准确的短语，给宝宝以良好的刺激。

巩固胎教的成果

宝宝出生后，应该继续复习胎教内容。如果妈妈反复地给宝宝与胎教内容相关或相同的刺激，宝宝就可能逐渐回忆起胎教时学到的东西，作出令父母感到吃惊的反应。

复习胎教内容

之前跟胎宝宝经常说的话、用的词，尽量频繁地出现在宝宝耳边，宝宝对这些词的理解和运用将早于其他词语。

在孕期说给胎宝宝听的小故事，再一次说给宝宝听，以加深他的印象，说不定他还会露出满意的表情。

还有那些胎教音乐，在宝宝出生后，妈妈可以继续放给宝宝听，这样有助于唤醒宝宝最初的记忆。

胎教经常用到的某个道具，也要尽量多地出现在宝宝视野中，并反复强调这个道具的名称，宝宝对这个道具会非常感兴趣，并逐渐记住这个道具的名称，以后说这个名称的时间也会较早。

温馨提示

在宝宝出生后，准妈妈也可以配合本书，复习之前的胎教内容，巩固胎教成果。

增进与新生宝宝的情感

宝宝出生后，准妈妈可能会遇到一些难题，不仅是喂养上的问题，还有情感上的暂时障碍，这是正常的，很多妈妈在宝宝出生后会出现母性迟钝的现象，但一段时间后都会渐渐爱上宝宝。为了让妈妈与新生宝宝尽快建立起甜蜜的情感，可以采取以下几个方法。

1. 让宝宝听一听妈妈的心跳

有经验的产科医生会在宝宝出生后30分钟内，把宝宝放置在妈妈胸前，这就是为了让宝宝听到妈妈的心跳，让他安心。搂抱对母子关系的建立和日后安抚宝宝都有事半功倍的效果，宝宝的表情也会因此显得安恬及放松。

2. 肌肤相亲，温柔抚触

哺乳时尽量与宝宝肌肤相亲，使

宝宝感受到妈妈的怀抱是他最安全的场所。他会安静地满足这种依恋，并形成早期记忆。

3. 表情刺激

宝宝出生后，对人脸表现出明显的兴趣，如果爸爸妈妈的脸在宝宝适宜的视线范围内出现，他会饶有兴趣地注视，如果这时爸爸妈妈对着他微笑，宝宝也会露出浅浅的微笑来回应。爸爸妈妈和宝宝的这种交流，能够促进宝宝的模仿能力，增进彼此的感情。

4. 尽量母乳喂养

进行母乳喂养是母爱的一部分，当新生宝宝吮吸妈妈的乳房，能让妈妈满胀及疼痛的乳房变得轻松，新妈妈再就势理一理宝宝的头发，爱抚一下宝宝，母子间的情感通过乳汁这一通道会变得密不可分。

5. 写宝宝日记

写宝宝成长日记，收集宝宝成长的手模、脚模、胎毛，都会令你对“新妈妈”这一角色充满发现和惊喜，会令你对宝宝的到来充满感恩和欣喜。

温馨提示

现在许多家庭会请月嫂，这可以让新妈妈得到更多的休息，省去琐碎的麻烦，但不能让月嫂完全代劳，这不利于父母与宝宝建立亲密情感。所以，有条件的父母最好自己多带宝宝，这是与宝宝建立情感的最佳方式。

给宝宝做按摩

宝宝天生就渴望妈妈的拥抱、抚摸，在妈妈给宝宝按摩的过程中，宝宝对妈妈的信任和依恋逐渐加深，同时，妈妈的按摩让宝宝拥有了充足的安全感，这对宝宝以后的性格发展也是非常有利的。

另外，按摩时宝宝体内的激素及胰岛素水平会升高，这时宝宝的身体血液循环加快，对食物的消化吸收率也较高，因此经常接受按摩的宝宝体重增长速度较快。

给宝宝按摩的方法

妈妈可以给自己双手涂点儿润肤霜，然后双手手心向下覆在宝宝身体上，从上往下缓缓滑动，腹部可以打圈按摩。

给宝宝按摩时，要观察宝宝的反应，总结出宝宝喜欢的按摩方式和按摩部位，并作为重点经常重复，不必每次都按部就班。

温馨提示

宝宝吃奶前后 30 分钟～1 小时内，以及宝宝情绪异常激动时，都不要给宝宝按摩。

让宝宝看妈妈的脸

宝宝出生后前半年是视觉发育最快的时期，也是最重要的时期，视觉关键期长达 4～5 年，有效的视觉刺激可以促进宝宝的视觉能力和观察能力的发展。

宝宝躺在小床上，在他觉醒时，妈妈在小床的左侧、右侧以及前方 20 厘米处，让宝宝从不同角度观察妈妈的脸。能够对宝宝形成有利的视觉刺激，加强大脑的视觉潜能，培养宝宝的观察力，以及空间认知能力。

温馨提示

等宝宝两三个月时可以让宝宝在妈妈对面观察妈妈的脸。宝宝在婴儿期如果没有得到丰富的视觉刺激，会抑制大脑的视觉潜能，只有让宝宝多看、多观察、多接触，积累丰富的经验，才能充分发展他的智能。

摸一摸，给宝宝触觉刺激

新生宝宝从生命的一开始就已有触觉，触觉是宝宝安慰自己、认识世界以及和外界交流的主要方式，新生宝宝对不同的温度、湿度、物体的质地和疼痛都有触觉感受能力。他有冷热和疼痛的感觉，喜欢接触质地柔软的物体。

让宝宝摸一摸各种质地的东西

准备各种质地的东西，如木制的拨浪鼓、小毛巾、小西红柿等，把不同东西挨个塞在宝宝的手里，引导宝宝去摸一摸。

在与妈妈的身体接触时，宝宝的触觉也很敏锐，与接触其他东西不同的是，宝宝更喜欢接触妈妈，当妈妈抱起宝宝时，他喜欢紧贴着妈妈的身体，依偎着妈妈，因此妈妈应多抱宝宝，给宝宝这样的机会。多一点儿亲子抚摸，对宝宝的情绪、智力都很有好处，有利于中枢神经系统的发育。

新生儿喜欢看黑白图片

新生宝宝对黑白的东西比较感兴趣，宝宝在0~3个月看黑白图片不仅能促进其视力发育，还能对其进行早期智力开发。

温馨提示

在引导宝宝摸不同东西的同时，妈妈可以用温柔的声音告诉宝宝这些东西的特点，尽管宝宝听不懂，但他乐意听妈妈说话。

让宝宝看图片的方法

1. 准备几幅黑白图片，一张是妈妈，一张是爸爸，其余的可以是同心圆、黑白方格、斜纹、波浪纹、电子琴键盘、地图图片，用A4或B5纸打印出来即可。

2. 在宝宝醒来时，将黑白图片放在宝宝床栅栏内侧距离眼睛20厘米处，妈妈可以记录宝宝第一次看的时间，以后每天连续看的时间，一周左右，宝宝看的时间缩短，可以换上其他的黑白图片。要注意的是，不宜长时间让宝宝看，也不可总在一个位置，以免造成宝宝视觉疲劳或斜视。

温馨提示

如何能辨别宝宝有了观察熟悉事物的能力呢？妈妈可以将自己照片再挂到宝宝床边，宝宝偶尔看一眼或看几秒就眨眼或视线偏离，当妈妈挂上同心圆或其他新图片时，宝宝能看一分钟左右，就可以说明宝宝有观察熟悉事物的能力了。

游泳促进宝宝的身心发育

“婴儿游泳”是1岁内的婴儿在专用安全保护措施下，由经过专门培训的人员操作和看护，在出生当天即可进行的一项特定的、阶段性的人类水中早期保健活动。

1. 让宝宝游泳的好处

（1）游泳时，宝宝的四肢就能有一段时间完全自由的活动，与不参加游泳训练的宝宝相比，运动发育大大提前，很早就能完成协调和粗细的动作。

（2）游泳可以帮助新生宝宝尽早排出胎便和消退生理性黄疸。

（3）宝宝出生前就是生活在水的世界里，出生后如果能再回到水里，会感觉安全、愉悦，还会促进大脑发育。

（4）促进宝宝胃肠道激素的分泌，增强其食欲和消化功能，促进宝宝生长发育。

2. 宝宝游泳需要注意的事项

（1）宝宝脐带如果还没有脱落，游泳前要把宝宝的肚脐用防水贴贴住，等宝宝游完后，再把防水贴取下，并对脐部进行消毒处理。

（2）选择适合宝宝颈围的游泳圈，防止游泳圈过大或过小，以宝宝套上游泳圈后，脖子与游泳圈之间仍可以插入两指为好。

（3）宝宝游泳的水温要接近宝宝的体温，最好在36℃～38℃，室温在25℃～28℃。

（4）游完后，要及时用毛巾或被子把宝宝包住保暖，以防感冒。

（5）宝宝游泳最好不要超过10分钟，两次游泳时间间隔最好在2天以上。

温馨提示

3岁以前的宝宝不要去成人游泳池游泳，只能去专业婴幼儿游泳池。

图书在版编目（CIP）数据

和斯瑟蒂克学胎教／游川主编．—北京：中国妇女出版社，2014.5

ISBN 978-7-5127-0807-5

Ⅰ.①和…　Ⅱ.①游…　Ⅲ.①胎教—基本知识　Ⅳ.①G61

中国版本图书馆CIP数据核字（2013）第283313号

和斯瑟蒂克学胎教

作　　者：游　川　主编
策划编辑：赵延春
责任编辑：赵延春
封面设计：吴晓莉
责任印制：王卫东
出版发行：中国妇女出版社
地　　址：北京东城区史家胡同甲24号　　邮政编码：100010
电　　话：（010）65133160（发行部）　　65133161（邮购）
网　　址：www.womenbooks.com.cn
经　　销：各地新华书店
印　　刷：北京集惠印刷有限责任公司
开　　本：170×240　1/16
印　　张：21
插　　图：16面
字　　数：335千字
版　　次：2014年5月第1版
印　　次：2015年4月第2次
书　　号：ISBN 978-7-5127-0807-5
定　　价：39.80元